中国历史研究院
Chinese Academy of History

创刊于1954年 · AMI（集刊）核心集刊

学术性集刊资助

近代史资料

总152号

中国社会科学院近代史研究所《近代史资料》编辑部 编

SOURCES IN MODERN CHINESE HISTORY

中国社会科学出版社

图书在版编目（CIP）数据

近代史资料. 总 152 号 / 中国社会科学院近代史研究所《近代史资料》编辑部编. -- 北京：中国社会科学出版社，2025. 8. -- ISBN 978-7-5227-5238-9

Ⅰ. K250.6

中国国家版本馆 CIP 数据核字第 20258MP352 号

出 版 人	季为民
责任编辑	韩国茹
责任校对	张爱华
责任印制	张雪娇

出　　版	中国社会科学出版社
社　　址	北京鼓楼西大街甲 158 号
邮　　编	100720
网　　址	http://www.csspw.cn
发 行 部	010-84083685
门 市 部	010-84029450
经　　销	新华书店及其他书店

印刷装订	北京市十月印刷有限公司
版　　次	2025 年 8 月第 1 版
印　　次	2025 年 8 月第 1 次印刷

开　　本	880×1230　1/32
印　　张	9.375
插　　页	2
字　　数	242 千字
定　　价	68.00 元

凡购买中国社会科学出版社图书，如有质量问题请与本社营销中心联系调换
电话：010-84083683
版权所有　侵权必究

目　录

·近代史料·

穷愁录 ………………… 李慈铭 著　张桂丽 整理（1）

左宗棠未刊折件五种 …………… 牛澎涛 整理（43）

贺涛藏友朋弟子书札辑证 ………… 朱曦林 辑证（53）

蔡锷电文稿辑录 ………………… 邓江祁 整理（115）

川岸文三郎对华作战日记（一）

　　……………………… 姜　涛　吴京昂 译（174）

程天固往来未刊函札 …………… 黄德强 辑译（204）

考察钢铁厂迁建委员会报告两篇

　　………………………………… 吴　顺 整理（232）

·史料与史学·

"历史研究中的史料整理与利用"笔谈（二）

日记整理中人名字号与人物研究漫谈…… 张　剑（281）

陆地日记的虚与实 ………………………… 黄道炫（291）

穷愁录

李慈铭 著　张桂丽 整理

　　说明：李慈铭（1830—1894），初名模，字㤤伯，一字莼客，号越缦，浙江会稽人。同治九年（1870）举人，光绪六年（1880）进士，官至御史。一生著作丰富，以《越缦堂日记》最负盛名。

　　《穷愁录》系李慈铭同治元年（1862）四月至闰八月病中之读书、见闻记录，兼记时事，其内容主要抒发"幽忧孤愤"之情。稿中所载读书笔记多经史札记、官制沿革，虽系随笔杂记，但实为《越缦堂读书记》不可或缺之内容。又有《国子监宜改立专经博士议》一篇，考证历代所设经学博士，可观其崇古尊经之学术旨趣。上海商务印书馆、北京燕山出版社曾影印其日记稿本，但因《穷愁录》稿成后收录在《柯山漫录》中，未能与日记全稿一同被影印。2024年，浙江大学出版社出版卢敦基主编《李慈铭日记》点校本，该稿也未收入。

　　《穷愁录》稿本现藏上海图书馆、国家图书馆。上图藏本《柯山漫录·穷愁录》一册，卷首题"《柯山漫录》卷六卷七，《穷愁录》卷第六之一"，卷首自上而下钤有"慈铭私印""越缦堂主""白华绛跗阁清课"朱方，乌丝栏钤有

整理者：张桂丽，复旦大学古籍整理研究所研究员。

"上海图书馆藏""上海市历史文献图书馆藏"两朱长方。内封有唐风题签:"李莼客先生《柯山漫录》之一《穷愁录》,尧臣仁兄属署,六十九叟唐风。"国图藏本《柯山漫录·穷愁录》一册,卷首题"《柯山漫录》,《穷愁录》卷第六之一",卷首自上而下钤有"越缦堂主""李慈铭字㲉伯"两朱方。两本版心下皆镌"翰宝斋"。

两馆所藏皆李慈铭手稿,自序文字亦一致,但各成系统。国图藏本仅"《礼》曰'思事亲,不可以不知人'"一段是读书笔记,余皆邸钞。上图藏本则较详细,读书笔记、邸钞皆载,且有陈骥等人批点校语,藉此可知李氏日记当时已在友朋间传阅且允许评点。本篇以上图藏本为底本,补以国图藏本,并将陈骥(署名"德")等人评语一并收录。

《穷愁录》者,李子居京师日幽忧孤愤之所作也。

呜呼!古之文而穷者多矣。不文而穷,乃最貌躬。自生自灭,乌乎天贼;不息不言,乌乎人愬。而降兹毒、离兹辱者,天耶?人耶?安所测之?虽然,天能吾厄,而不能夺吾笔;人能吾绝,而不能关吾舌。吾笔不精,吾舌不灵,身既不容,而奚求文字之长存?道既不行,而奚待后世之知音?

呜呼!昔在有唐,宗衮卫公著《穷愁志》矣。小子渺焉,异代私淑。功业文章,万无其一。而有一同者,其愁之穷乎?虽然,朱厓英爽,其不以我为翟马周乎?

同治壬戌五月,越缦生自序

《礼》曰:"思事亲,不可以不知人",交游之累,自古所慨。两汉最尚风义,而前有张、陈,后有萧、朱,皆黄山谷所谓石交化豺虎者。范蔚宗举汉之善交,称王阳、贡禹、陈遵、张竦、廉范、庆鸿、陈重、雷义八人。此外闻者，惟范式、张邵耳。唐世称善交者，惟杨凭、李廓、许孟容、穆质四人，为天下所慕。故朱公叔感刘伯宗而著《绝交论》，刘孝标嗛到溉兄弟而广之。然刘氏穷其状，不过曰五交三衅，岂知今日之鬼蜮万状有不能尽写者？若予与某编修兄弟①，本刘氏之所谓谈交、穷交，而蹈其二衅，可痛也夫。

《洪范》六极，遇其一者，已为人生之极苦。予近日则兼其疾、忧、贫、恶、弱之五。幼苦赢瘦，近成痼废，偃卧之际，支体不关，疾也；严亲早亡，一弟夭折，期功之惨，岁月相属，忧也；生产数斥，旧业将尽，出门以后，饥寒洊臻，贫也；面目可憎，骨节不媚，头责子羽，殆非伦比，恶也；受辱竖子，忍诟伧夫，鸱枭相随，视为鸾凤，弱也。（郑康成《尚书注》，恶为貌不恭之罚，容毁故致恶。伪《孔传》云："恶，丑陋也"。）所不至者，凶短折耳，而凶短折之人，万无备斯五者之理，使予未龀、未冠、未婚而死，岂有斯患耶？此褚彦回年甫逾四十，而其弟已叹为名德不昌乃复有期颐之寿也。（郑康成谓，未龀而死曰凶，未冠曰短，未婚曰折。最确。）

东坡作《常师古墓志》，言原宪之贫，扬雄之无子，冯衍之不遇，皇甫士安之笃疾，遇其一者，人犹哀悼，而况兼之？呜呼，若仆者，身虽未死，然已兼此四者，而又益以卢谌之伤乱，张俭之弃家，有母有弟，有弟之孤，皆陷贼中，诚寇荣所谓苟生则为穷人，极死则为冤鬼者矣。我生不辰，谓之何哉？

东汉马、邓两族，家法最为修整。明德、和熹两后，皆徽音冠代，不私其家。马廖、邓骘，恭慎尤著，而亡身覆宗，与吕、

---

① 指周星诒、周星誉。

霍、上官无异。北魏杨播，治家严肃。其弟椿津，敬睦之风，万代仪表，而河阴之变，湛族以死。遗一杨愔，匡辅高齐，独于桀暴之君，力救生民之祸，忠而获罪，卒灭其门。唐柳公绰仲郢，极治闺门，箕裘世美。仲郢子玭，著为《家戒》，而子弟罪黜，衣冠不振，卖国贼璨遂夷其宗。李德裕三世名德，力庇单睃，而孤寒八百，南望崖州，功业不终，子孙几尽。凡此之流，何可悉数，但举其著者耳。茫茫天道，报施岂易言哉？不欺暗室，岂况三光？此有梁正士所以悲涕而绝笔也。

羊侃为其客烧金帛数十船，笑而不言。郭元振在太学，其家送钞数十万。有客叩门，言有数丧未葬，初不相识，尽以乞之，不问其名。元振资竭，遂不与试而归。裴宽罢郡西还，见一士坐树下，甚贫，举一船金帛、奴婢尽与之。士乃张建封也。樊泽应制科，途遇熊执易，以赀绝困滞旅邸。泽以所乘马与之，遂不赴举。此数公者，奇情豪气，千载如生。马迁之传《货殖》，有同感乎？

国朝故事，满汉六部尚书、侍郎，依部之次序为班之先后。今年同治改元恩科会试，倭艮峰（倭仁）以工书为正总裁，而万藕舲（青藜）以兵书为副，向所未有也。盖倭以帝师故，特重其职耳。

汉军人有入相者，向补汉大学士缺，近惟官少保（官文）以汉军为满缺也。

粤贼中伪英王陈玉成者，广东人，初隶贼之孩儿兵，勇悍莫比，性嗜杀，所遇无遗种，两目上有炙疮，故号四眼狗，攻陷郡县以百计，为桀贼之最。今年四月二十九日邸抄，钦差大臣袁甲三、胜保驰奏，四月十五日总兵张得胜等会楚军帅多隆阿克复庐州府城，逆首伪英王四眼狗陈玉成率余党三四千人窜入寿州，苗沛霖与其下苗景开诱擒之，并伪导王陈仕荣、伪从王陈得德等贼魁数十人皆送军前。有诏就地凌迟正法，传首皖、豫诸军营。苗沛霖既悔过自新，免其治罪，俟更立功，再降恩命。苗景开擢副将，余升赏有差。时粤贼方犯关中，势甚猖獗，闻玉成死，颇夺气，遂解西安之围。此举诚骇人意，独惜其假手于苗练，亦诸帅之耻也。抑天将成苗氏之功以自赎乎？胜帅之疏，即请开复苗沛霖原官，廷议缓之，庶为得体。

有明以来，宰相致仕再起者，不更为他官，盖以故相之尊，本非降黜，不宜屈其名位，最得朝廷之体。近岁贾黄县母忧起复，以大学士衔为吏部尚书。去年新政，常熟①、寿阳②皆由退老起用，常熟以大学士衔管理工部，寿阳以大学士衔为礼部尚书，而彭长洲于咸丰十年以首揆移疾，未半载复出，（眉注：康熙中，熊青阳以大学士丁忧，后起为礼部尚书。）署兵部尚书，新政改署左都御史，此尤国朝故事所无者矣。（西汉宰相无为他官者，东都以后，始更授卿校大夫诸官，至唐尤轻，有为庶子、少尹者矣。唐之同平章事，犹今之军机大臣也。）

国家更代之际，礼部之职独重，大丧大典、吉凶取则，宜慎其选也。咸丰初，杜文正以帝师拜协揆，管礼部事，今文宗山陵复用寿阳，皆出于特简者。

五月间，两江督相曾国蕃［藩］遣员解何桂清至京。桂清自有旨逮问后，迁延沪上。先帝屡诏促之，卒不行，迄今两载余始至。至日，诏大学士、六部、九卿会鞫于刑部。户科给事中郭祥瑞请速正典刑，疏先上。吴人吏科给事中谢增、礼科给事中卞宝第、兵科给事中王宪成、工科给事中何桂芬、御史何兆瀛合疏继之。六月初五日，大学士桂良等会议奏上，请援斩监候律从重

---

① 翁同龢，江苏常熟人。
② 祁寯藻，山西寿阳人。

拟斩立决。初七日有诏,何桂清曾任一品大员,著再会议,以昭慎重。

十三日,桂良等仍据前议上,而大学士衔礼部尚书祁寯藻、兵部尚书万青藜、顺天府府尹石赞清、府丞林寿图、内阁侍读学士王拯、鸿胪寺少卿彭祖贤,各疏争请据本律止斩监候。内阁学士桑春荣、大理寺卿全庆、内阁侍读学士倪杰合疏和之。给事中唐壬森、高延祜、钟佩贤,御史许其光、魏睦庭、陈廷经、傅观海又合疏和之。

十四日诏云:何桂清以总督大员驻扎常州,当丹阳失守,节节退守苏州、上海等处,致全省相继沦陷。且于革职拿问之后,辗转藉故,逗留两载,延不赴部,苟且偷生,罔顾法纪。迹其罪状昭著,若文宗显皇帝当日,因其情浮于罪,正法军前,中外臣民,当无异议。现已拿解来京,自应按律定拟科断,不必于律外施刑。何桂清仍照本律改为斩监候,归入朝审情实,秋后处决。此所以示详慎用刑,非谓何桂清情有可原,将来可从末减也。

十五日复诏云:朝廷刑法自有定章。嘉庆年间,历奉谕旨,引律断狱,不得于律外又称"不足蔽辜"及"从重"等字样。圣训煌煌,永宜遵守。今大学士会同刑部定拟何桂清罪名,既有斩监候专条,自应按律问拟,以持刑罚之平,何得任意出入,于律外复加重议,以致执法失中,隐酿刻深之弊?嗣后问刑衙门,各当恪遵成宪,专照本律科罪,不得深文曲笔,抑扬其词,以副朝廷明慎用刑至意。

十九日,给事中卞宝第疏请饬定逃官议罪章程,给事中王宪成亦疏言罪有轻重,而律无加减,请饬刑部酌定条例,皆得旨允行云。

桂清陆沉江浙,涂炭黎蒸,罪通于天,赤族未抵。其入京也,妇孺延颈棘场,观其砧质,而朝廷过听,不速其死,都市骇叹，巨痛未申。寿阳再出东山，无闻施设，此为异议，素望顿衰。卞给事疏多侵寿阳，士论美之，而深恨阁臣之不能力持、司寇之不能执法也。今略具诸臣疏于后，千载而下，可以知其得失矣。

郭祥瑞疏略云：咸丰十年间，江南大营吃紧，何桂清驻常州，拥兵自卫。帮办军务张国樑屡檄带兵官张玉良赴援，何桂清坚留不遣，以致大营兵溃。及贼薄丹阳，官绅请拨兵援救，何桂清不发一兵，致贼匪直犯常州。彼时常州兵勇数万，粮饷足支一年，各乡团练亦并力堵御，乃何桂清突开东门，带兵脱走，绅民遮道焚香，涕泣跪留①。何桂清令兵勇枪毙多人，登舟而去。至常熟之十里亭，复纵亲军放火劫掠。是东南大局之坏，坏于何桂清之手，江浙百万生灵之涂炭，涂炭于何桂清之手，其罪上通于天，已死不足蔽辜矣。迨抚臣徐有壬参奏，奉旨逮问，犹复迁延不至，其心中尚有朝命耶？其目中尚有国法耶？长寇虐民，偷生蔑法，不惟江南百姓欲得其肉而食之，即都中士大夫，下而至愚夫愚妇，无不痛心切齿，此所谓国人皆曰可杀者也。复查军兴以来未有省城失守而督抚可任其逃避者，从前湖北之常巡抚（下一字犯御名）、陶恩培，安徽之蒋文庆，金陵之陆建瀛，庐州之江忠源，浙江之罗遵殿、王有龄，苏州之徐有壬，皆与城存亡。武昌二次失守，青麟逃避，旋亦伏法。今何桂清罪大恶极，中外共知，若不立置重典，何以筹［酬］封疆死事诸臣也？

谢增等疏略云：何桂清自莅任两江以后，惟以张宴演剧为事。常州府知府平翰等竞进玩戏，歌男舞女日集于庭，置军事于不问。及和春丹阳败衄，退往常州，何桂清即佽装思遁。绅民遮

---

① 自"跪留"至"王宪成请饬定罪名轻重条例以昭平允疏……以垂教万世"止，上海图书馆藏本缺，今据国家图书馆藏本补。

道攀留，愿效死守，何桂清竟令亲兵开放火枪，伤死士民吴九喜等二十余人，突门而出，避至常熟之十里亭，纵兵放火。迹其所为，既属形同寇盗，延不就逮，尤为藐视王事。现奉谕旨令大学士会同刑部定议罪名，该大学士等自必秉公定拟，不敢稍存徇纵。惟查失守城寨，罪止斩候，而何桂清之罪，实非斩候所能蔽辜。溯近来成案，如浙江提督余步云、湖北巡抚青麟，均以失守退避正法。或谓余步云系武职大员，青麟因逃至邻境，故从重典，不知总督有兼辖文武之责，其位更在提督之上，岂得借口文员，稍从末减？青麟虽逃至湖南，其先困守武昌尚经数月，何桂清则一闻警报，立即弃城，士民攀留，纵兵轰击，其罪浮于二人。逗留两年，久稽显戮，若再幸从宽典，不独无以谢东南百万生灵之命，且恐启各省文武藐玩之心，于国法人情，均有关系。

桂良等复疏略云：何桂清身膺疆寄，受国厚恩，其时常州有兵有饷，非不可守，乃首先逃避，致令全局溃败，阅其所递亲供，节节退避，均在地方危急之时，是闻警屡逃，法已难宥。望亭为无锡至苏州要冲，业经奏明截留长龙船扎营于此，乃并未经一战、杀一贼，忽于苏州失守之前一日，管带师船退至福山海口，撤兵远遁，置苏省于不顾，尤属纵寇殃民，此罪迹之最昭著者。其击毙绅民各情，事无证佐，无可质讯。至刑部历年审办军务失事各大员，如牛鉴、徐广缙、杨文定、讷尔经额、庚长等拟斩监候各成案，均比此案情节为轻。其余步云一案，系由斩监候加至斩决，情罪相等（外议多咎刑部定谳疏脱，致大憝漏刑，然此数语亦足定爰书矣）。论疆寄则文臣比武臣为重，论军法则逃官与逃将同诛，论情节则闻警屡逃，非被攻被围变生不测者可比，论地方则全省糜烂，非一城一寨偶致疏防者所同，贻误军机，罪难悉数，实属辜恩误国，自外生成。臣等公同商酌，应请仍照原议，照"守边将帅被贼攻围，不行固守而辄弃去，因而失陷城寨者，斩监候"律，从重议以斩立决，恭逢恩诏，不准援免。

祁寯藻疏略云：律者，朝廷之大法，上与下共守之，不敢以一字意为轻重者也。今查原奏，既云遍查刑律罪止斩候，是明知舍此本律不能改引斩决矣。又云何桂清情节较重，拟以斩决，是明知改律过重矣。又云究系曾任一品大员，且由斩候加至斩决，非臣等所敢擅拟，恭候御定，是又明知拟加非律，而欲请旨于律外用刑矣。天恩天威，自有宸断，臣下惟宜守律，岂敢仰测圣心？此端一开，关系甚大，臣再三观其断语，抑扬轻重，心实未安，不敢随同画诺。

（眉注：所引诸条情事皆重于何桂清乎？总之，此等人全无心肝。）

万青藜疏略云：详查律例，惟统兵将帅玩视军务、苟图安逸、故意迁延者，又因私忿媢嫉、推诿牵制以致糜饷劳师者，又主帅不能克敌、传布流言、摇惑众心、借以倾陷他人者，均属有心贻误，应拟斩立决。其余如临阵先退、弃城而逃、遗［贻］误军机、失陷城寨各条，均罪至斩候而止。盖衡情定谳，各有专条，不可巧为出入也。溯查军兴以来，督抚大吏之获咎者，惟湖北巡抚青麟于省城失守越境逃至湖南长沙，奉特旨即行正法，其时并未经臣工议奏也。其交部治罪者，如杨文定以江苏巡抚往江宁省城防堵，因陆建瀛自九江退回，即藉词退至镇江，镇江失陷，复退至江阴；如讷尔经额以直隶总督奉旨严防直隶、山西毗连要隘，闻贼出山口，即由临洺关退守广平，以致逆匪分窜畿辅重地，均经王大臣照主将不固守律拟斩监候。即统帅如赛尚阿、徐广缙等，亦只照斩候本律拟罪。诚以律法所载不能意为加减，所以垂万世之公论也。臣愚昧之见，何桂清似应仍照"守边将帅被贼攻围城寨、不行固守而辄弃去、因而失陷城寨者斩监候本律问拟。皇上予以勾决，不过暂行稽诛，而于纲纪法度似不无裨益。又引嘉庆四年正月十五日谕旨云云。

桑春荣、全庆、倪杰合疏略云：嘉庆四年奉上谕，罪名大小律有明条，自应勘核案情，援引切当，务使法足蔽辜，不致畸轻畸重，方为用法之平。今既引本律，又称不足蔽辜，从重定拟，所办实未允协等因在案。圣训煌煌，昭垂永远。今何桂清一案引断两歧，由斩监候本律加至斩决，既与成宪有违，亦恐滋日后流弊。

彭祖贤疏略云：臣籍隶江苏，目击桑梓沦陷，百姓流离，方且叹息痛恨于将帅疆臣畏葸贻误，岂肯曲为开脱？惟思慎重刑章，在于依律定罪，不加不减，弃城逃避之罪律止斩监候，则按律定拟，无所加于律之外，乃适得乎法之平。今何桂清节节退避，罪无可逭，应依本律拟斩监候，秋后处决。又引嘉庆四年谕旨云云。

石赞清疏云云，略与前同，又引嘉庆四年谕旨云云。

林寿图疏略云：统辖兼辖之督抚失误军情，至照主将不固守律已无可加，是以如琦善、牛鉴、赛尚阿、徐广缙、陆建瀛、（眉注：陆建瀛死于江宁者也，其始尚予旨优恤，后因言者追削，乃亦以为定拟斩监候，岂非梦话？）程矞采、杨文定、讷尔经额各有弃城逃避之罪，皆以斩监候定拟。赛尚阿则以大学士统兵专办广西军务，节次退避，致贼窜全州，陷湖北、湖南各郡县，蔓延大江南北，厥罪尤重，亦未闻加以斩决。成案之可稽者如此，岂我宣宗成皇帝、文宗显皇帝皆屈法以示恩哉？诚以律例皆由列圣钦定，律止于是，当时风气尚厚，议罪者犹知执法，无敢以私意揣测，妄有所加也。今该大学士会同刑部定拟何桂清罪名，既称遍查刑律罪止斩候，又称情节较重，从重拟以斩立决，若谓出自大学士之意，刑部所司何事？若谓出自该部之意，又奚自乱其例？臣以为"情节较重"及"从重"字样，均宜断自宸衷，非臣下所得擅拟。或谓给事中郭祥瑞、谢增等皆请速正典刑，若不照大学士、刑部原议，虑无以平参劾者之心。是偏执成见以变易国法也，臣实不敢随声附和。又引嘉庆四年谕旨云云。

唐壬森等七台臣合疏云云，略同。又引嘉庆四年谕刑部侍郎熊枚云云。

卞宝第请饬定逃官议罪章程疏略云：臣恭查嘉庆六年、十九年两次修改刑例，载明罪应军、流、徒、杖人犯悉照本律问拟，不得用"不足蔽辜""无以示儆""从重加等"及"加数"等字，拟改发新疆等处，或实在案情重大，情浮于法，仍案［按］本律拟罪，于疏内声明恭候圣裁等语。顷见发抄各折，仅引嘉庆四年谕旨，而于刑部后来奏定之情浮于法例准声明一条概不声叙。又查道光二十二年提督余步云一案，经军机大臣会同三法司定拟，照将帅弃城寨者斩监候律，从重请旨即行正法。彼时祁寯藻以户部尚书在军机大臣上行走（寿阳尔时尚为侍郎，非尚书也），曾经会谳，于"从重"字样不闻异词，而何以于何桂清之案独申其议？岂祁寯藻竟忘余步云之案乎？诸臣所奏岂尽不知声明之例乎？公私是非，自在圣明洞鉴之中。何桂清现改为斩监候，秋审时自难幸邀宽典，惟今当建极元年，例停勾决，得以稽诛，议者谓无以对当时殉难之诸臣、无以谢东南屠戮之百姓，此犹咎其既往之词也。特恐地方文武以何桂清为口实，相率效尤，孰为君守，流弊不可胜言。现查江浙逃官尚未核办，嗣后弃城逃避情节较重之犯，应请严申军律，饬下议政王、军机大臣会同刑部妥议章程，以期整饬纪纲，永垂法戒。

王宪成请饬定罪名轻重条例以昭平允疏略云：谨按兵律，"守边将帅被贼攻围城寨，不行固守而辄弃去，因而失守城寨者，斩监候"等语。军兴以来，督帅偾事者均引此条科罪，以更无他条可引也。但其中情罪实有不同者，如已革安徽巡抚翁同书失守定远，业经议处，事隔三年，经曾国藩奏参，议以斩监候；已革两江总督何桂清，节节退避，致令全局糜烂，至今为梗，经祁寯藻等异议，亦定为斩监候。一则拘于律而不敢议减，一则拘于律而不欲议加，衡情定罪之谓何，何以同归一辙也？苏松各州县为财赋所出，失守后南粮不至，京仓告匮，米价腾踊，虽多方筹措，而杯水车薪，无济于事，上烦宵旰忧勤，是谁之过欤？是何桂清之罪，不特未可与翁同书相提并论，即数年来督师偾事之大吏，其误国殃民无若此之甚者也。夫军旅之事，若不权衡悉当，即无以服人心。敢祈饬下刑部酌定条例，务期平允，以垂教万世。

王拯疏略云：军兴以来，惟提督余步云、臬司张熙宇以带兵大员临阵脱逃，博勒恭武以先兵脱逃变易姓名潜回京师，巡抚青麟以临难弃城出境逃逸，皆予正法，似与何桂清情罪皆微有不同（何所云然？殆以其弃地千里，固不同二人之一失兵、一失城乎？张熙宇亦文臣也，官止臬司，所失仅舒城一县，何以罪浮于何桂清乎）。（眉注：此等皆不能欺三尺童子者，而公然言之，殆如白昼掘金市中者，止见金，不见人耳。）刑部执法当与大学士等秉公持平，谨遵例案，岂得有意从重，虚文扬抑于其间乎？从前以军务罪戮大臣，惟讷亲、张广泗均属宥之无可宥、原之无可原（但取《钦定名臣传》观之，当亦知不止此二人矣。以张广泗为无可宥、无可原，是无目人语）。（眉注：讷亲可谓亲而贵者也，非何桂清所能比者。若张广泗之功罪，更非桂清所可同年语者矣。）至道光、咸丰年间，琦善、赛尚阿、徐广缙、牛鉴、程矞采、杨文定、讷尔经额等，均系照将帅弃守城寨之律，拟斩监候。今何桂清一案两次明奏，谕旨交大学士会同刑部审拟。该大学士等乃妄生揣测，不知何所禀受，务欲深文加置重典。盖缘刑部向来习气,以苛刻为能事、罗织为认真。近年办案尤多希承意旨、尽情周内。载恒、端华等当事之日,此等情事尤难缕述,闻皆出于该部司员余光倬一人之手。(眉注:忽波及刑官,国狗之瘈乃如是。德①。)逢迎最巧,锻炼最熟,同官侧目,莫敢訾议。方今朝政清明,乃承事之员犹于无可迎合之中妄生揣测,行其苛刻罗织之故智,该堂官等于司员定稿每多引嫌远责,不敢改易,或转向人,私忧窃叹,自居公正,谬为慈祥。此等积习,势使公论久将壅塞,朝局日就暌孤,履霜之渐,可为寒心。(岂非丧心病狂之言。)

至给事中郭祥瑞、谢增等折,谢增、何兆瀛等均籍隶江苏,灾连乡里,怨毒有归,该员等亦知不能以一隅之私言为天下之公道(眉注:此君所言乃真一隅之私言,而侈然自以为天下之公道,是真不知何所承受、何所见闻矣。德。)(眉注:此君亦非一隅之私言也,乃穷措大眼孔塞破后作此谵语耳。德甫犹忠厚言之。)② 独郭祥瑞疏中有"国人皆曰可杀"一语,该给事中不知何所承受,何所见闻,辄为此言?如臣等辈固不足比数,独不得为国人乎?(可谓无理取闹)(眉注:渠自以为国人,恐不免为化外之民耳。德。)现当热审减刑期内,小民犯法,犹荷矜怜,(小民可矜,桂清之肉,其足食乎?)刑部于此案随折声明,急切办理,若惟恐失之者,(两年之久,尚谓为惟恐失之耶?德。)亦有戾于谕旨再三审慎之意。从古士师折狱,不能不即事而论心,心固可诛,则刑故无小,情如可宥,则罪疑惟轻(封疆总帅闻警先逃,横杀攀留之士民,涂炭膏腴之土地,其心尚可论乎?其情尚可宥乎?为此言者,诚不知其是何肺腑也)。何桂清

---

① 陈骧,字德甫,江西新城人,陈孚恩族侄。官工部都水司行走。
② 此处批注用红笔书写。

按律罪止斩候,若谓其贻误封疆,应否从重办理,允宜断自宸衷,非臣下所得擅请。臣忝从与议,未敢缄默。又引嘉庆四年谕旨云云。(眉注:此疏可谓无是非之心,无羞恶之心矣。夫己氏颇负文名,而颠倒黑白如此,此中朝士夫风气可痛哭之一端也。德。)

昔人讥国家将立辟雍巡守之仪,幽冥而莫知其原。颜黄门《家训》亦云:"或得一阶半级,便自为足,全忘修学。及有吉凶大事,议论得失,蒙然张口,如坐云雾。"慨乎其言之也。汉世石渠、白虎之议尚已。降及六朝,礼学不坠。朱子谓,当时自有专门名家之儒,每朝廷有大典礼,则本所学以为议。予观汉世,若《韦元成传》所载诸宗庙议奏,虽所据不同,皆确有师法。六朝时,吾越贺氏世守《礼经》,即朱子所谓专门名家之学也。唐代如张齐贤、陈京、陈贞节、沈伯仪、萧子孺等传,备载当时郊祀、禘袷、宗庙、陵寝诸大议,皆据依经典,各信其说,然已半惑于王子雝等臆造之言,朝廷依违,多不能折衷定议矣。至宋代则郊禘等事,愈支离乖舛,师心武断。马氏《文献通考》及《宋史》礼志所载,人自为说,无所据依。苏子瞻主天地合祭,而子由主分祭,区而莫霁。盖师法既渺,读书又浅,辄据所见,以矜雄辨,遂愈降愈下。至有明而经师绝种,古《礼》尽失。呜呼,是岂一朝一夕之故哉?国朝郊祀之制,列圣皆配,宣宗遗诏,深让未遑。言以三祖四宗,永为限断,不得递增。文宗不敢遽遵先旨,但诏以三祖五宗之后,万世莫增。此新政之援以定议者也。

四月间,翰林院编修云南学政张锡嵘疏请宗祀显皇帝于明堂,并进所著《宗祀辨疑》及《孝经问答》,诏廷臣博议。张疏略云,《孝经》有曰:"孝莫大于严父,严父莫大于配天。"昔者周公郊祀后稷以配天,宗祀文王于明堂以配上帝,说者曰万物本乎天，人本乎祖，故以所生之祖配天也。宗祀者，九月万物之成，父者我之所自生，帝者生物之祖，故明堂之祀，以严父配也。我皇上勉从诸臣之议，不忍以郊坛配位，重违在天之灵。然显皇帝所严却而固拒者，郊坛配食之位，非明堂宗祀之礼也。臣考诸史志，由周以降，明堂之礼，与郊祀并重，至明洪武之合祭，隆庆之改制，而成周之礼乃因以废坠。盖古者祭天之制，为坛而祭则曰郊，今之圜丘是也。季秋大飨帝，祭于屋下以报岁功，爰有明堂之祀焉。明祖制为合祭之礼，立大祀殿，下坛上屋，说者谓屋即明堂，坛即圜丘，并为一区，非古制矣。嘉靖中改举宗祀，取合周制。隆庆建元，复见改易。终明之代，此礼阙如。

我朝列圣相承，百废具举，然郊庙之制，多沿明旧。故季秋大飨之礼，尚为缺典，意者创制显庸，以待我皇上乎？若以四方多事，未遑兴作，则又有变通之道焉。隋开皇中，议立明堂，因役繁未就，终隋之世，季秋大飨常寓雩坛。唐代宗祀之礼寓圜丘。宋皇祐二年揭御篆"明堂"二字于大庆殿，行大飨礼。明世宗朝行诸元极宝殿。我国家以孟春上辛行祈谷礼，祀上帝于大享殿。今若斟酌立制，用季秋之月，于此地大享上帝，而奉显皇帝以配，用合于《孝经》明堂之旨，不亦礼之善经耶？若议者执偏曲之见，谓文王永配，已有曩议，明堂之祀，原非以父配，势将有罪臣以丰昵之故，辄为皇上导者，夫考古不得其详，而妄参末议，此真国家之罪人也。（语太激，自信太过，下二词尤不伦。）昔者宋真宗明堂之祀，以太宗配，仁宗以真宗配，英宗以仁宗配。程子之论明堂也，曰："本朝以太祖配于圜丘，以祢配于明堂，自王介甫方正此义。"臣尝即程子之言，求先王制礼之意，窃谓郊祀以祖配，所以明有尊也；明堂以父配，所以明有亲也。尊亲并笃，治世之道备矣。云云。

六月二十七日，王大臣礼亲王世铎等会议复疏上，略云：伏查《大清会典》，并无明堂大飨之祀，盖古今礼乐不相沿袭，郊庙并尊，已严对越，不可复加。该学政所引《孝经》明堂宗祀之典，仍是郊坛配飨之义，其名虽异，其实则同，揆诸文宗继述之心，恐有未惬。又乾隆十六年改大飨殿为祈年殿，该学政原奏内大飨殿之名，自未谙悉祀典。至所称季秋之月于此大飨上帝，奉显皇帝以配，则是大祀之日，列圣凫位俨然在上，而礼隆独配，揆诸文宗奉先之思，更有未安。至于《孝经》严父之说，前儒论辨不一，谨按圣祖仁皇帝《孝经衍义序》文，有云："由天子之敬亲推之，则郊丘宗庙之义备矣。"书中衍敬亲之义，有云"经言严父配天"，而以郊祀后稷、宗祀文王并言，是尊祖亦所以严父也。由周公而言，则文王为父，由成王而言，则文王为祖。更由成王以后而视文王，亦犹周公之视后稷矣。《尔雅·释亲》自父之父曰王父，以上皆有王父之称，是皆得称祖，即皆得称父也。然则所谓严父者，自严其父以至于王父以上，虽数十世皆严父矣。该学政《宗祀辨疑条说》于前儒论议，龃龉牵合，所引隋唐宋明诸制，代各不同，选飨并侑，时建时罢，先礼纷更，不足据为典要云云。（其奏称礼部主稿，盖出寿阳相国笔也。）

疏入，有旨于七月初三日召见会议诸王大臣，详询以重典礼。至日，召见惠亲王绵愉，惇亲王奕誴，醇郡王奕譞，钟郡王奕詥，孚郡王奕譓、礼亲王世铎，睿亲王仁寿，肃亲王华丰，顺承郡王庆恩，军机大臣文祥、宝鋆、曹毓瑛，御前大臣景寿、奕山，贝勒载治，贝子载容，公载岱，大学士贾桢、周祖培，尚书瑞常、朱凤标、倭什珲布，大学士衔尚书祁寯藻，尚书万青藜、绵森，大学士衔管理工部事务翁心存，尚书倭仁，侍郎张之万、皂保，大理寺卿全庆，光禄寺卿潘祖荫等，遂下诏云：该学政所奏窒碍难行，毋庸置议。

翌日，给事中孙楫疏劾锡嵘条陈祀典语多谬妄，其略云：该学政所进《宗祀辨疑条说》，内称人子不能以父恶而可稍弛其孝，如舜之于瞽瞍是也；又称使父恶不可以配天，则夏后氏之郊鲧，当为圣人之过举，后世有天下者援禹为例，似未为失。臣披阅之下，不胜骇异。该学政系请宗祀先帝，乃何以于不则德义之瞽瞍，与方命圮族之鲧，特加引证，必以舜禹属之子，而以瞍、鲧属之父，其意将何所指乎？且子之于父，何得以恶称？乃一则曰父恶，再则曰父恶，又曰后世有天下者援禹为例，必为此论，是诚何心？岂谓后世人君之父皆鲧乎？欲皇上尊崇先帝，而措词乖谬，至于此极，若以大不敬论之，其将何以自解乎？其原奏内又称，明嘉靖中议举宗祀，行于元极宝殿。按，明世宗嘉靖十七年，同知丰坊请建明堂，尊睿宗以配上帝，礼官严嵩阿世宗旨，以为严父配天，允合周道，乃享上帝于元极宝殿，配以睿宗。夫睿宗者，兴献王也，世宗者，兴世子入继大统者也。我皇上以宗子亲承先帝付托，岂明世宗所可比附？尤属拟不于伦。方今朝廷肃清，纲纪整饬，该学政乃敢违圣祖《孝经衍义》之成谟，窃嘉靖《明堂或问》之臆说，欲效张聪、桂萼，议礼希荣，遂致意杂言庞，逞私妄渎。其心以为事关大典，皇上正在冲龄，诸臣多怀瞻顾，因而藉端建言，巧为尝试。此等伎俩，谅难逃两宫皇太后圣明之鉴，应请旨饬下议政王、军机大臣会同吏部议以应得之咎，其《宗祀辨疑条说》并请颁示中外，俾天下臣民晓然于张锡嵘之罪在失辞，非因议礼也。复诏原议王大臣等会同详悉议奏。

二十一日，礼亲王世铎等复疏言，张锡嵘陈奏配享大典，旁引曲证，以期事在必行，于经史中诸儒陈说有可比附者，毫无决择，支离牵合，拟不于伦。锡嵘身居馆职，于圣祖仁皇帝《孝经衍义》未能寻绎，实属条奏失体，请饬吏部照例议处。有诏，翰林院编修张锡嵘著交部照例议处。而锡嵘已丁父忧去。

锡嵘，安徽灵璧人，其《条说》中援舜、禹之事诚谬，其立议之意，未为尽非。礼臣援严父非专为父以驳之，诚先儒之精义，然《孝经》此章之旨，"严父"二字自专指周公为言。要之，世愈近，礼愈增，自唐以高祖、太宗、高宗三帝配天，而郊配之位始多，自宋不讲，亲尽毁庙，终其代无祧者，而宗庙之制始广。盖礼非天降地出，人情而已。古者庶人不得祭其父祖，士仅一庙。今士庶之有力者，祭及数十世，亦通人情为之制，圣王弗禁也。故汉时陵寝有日祭，便殿有月祭，贡禹、韦元成议罢之而不能。唐代陵亦日祭，彭景直请罢之而不得。后世不以为失礼之大也。我朝历圣配天，诚前代所未有，亦踵事而增，势使然耳。张君此议，盖欲斟酌古今，调停两可，而经术不明，见闻寡陋，舌强气盛，抵触遂多，若谓其希乎敬之故智，包绍述之深谋，台疏懔然，非无远虑，君子不刻以论人，可也。《孝经衍义》虽由景陵御定，多出睿裁，然大段成于韩文懿之手，不符其义者未必即为悖圣矣。

《后汉书·儒林传》"薛汉字公子，世习《韩诗》，父子以章句著名，汉少传父业"云云，诸本皆同，案《新唐书·宰相世系表》"薛汉父方丘，字夫子"，而本书《冯衍传》注亦引薛夫子《韩诗章句》，乃知此传当作"父方丘，字夫子，以章句著名"，转写讹夺，遂于"父"字下去"方丘字夫"四字耳，观下文"汉少传父业"句可见也。否则，词气不贯，且称父而不著其名，亦非史体。

《说文》"苟，自急敕也……己力切，"从廾，与艸部"苟"字，音义悬殊。乡先生孙颐谷侍御《读书脞录》谓《仪礼·燕礼》《聘礼》之"宾为苟敬"，及《大学》之"苟日新"，皆当从艹，作急敕解，其义甚确。予谓《大雅·抑诗》之"无易由言，无曰苟矣"之"苟"[苟]，亦当从艹，读若急。盖曰"无易由言，无自急也。"不特文义为长，且与下文舌字、逝字俱叶矣。朱氏及顾氏炎武以此二句为无韵者，非也。

"仁兄"用之朋友者，始于《后汉书》赵壹与皇甫规书。用之本支者，始于《晋书》长沙王乂与成都王颖书。用之兄弟而君臣者，见于《后周书》明帝与宇文护遗诏。乂与颖，明帝与护，皆从父兄弟也。

《孟子》"宰我、子贡、有若，智足以知圣人。污不至阿其所好"，赵氏谓"污，下也"，言三人虽小污不平，不至阿其所好。朱注从赵污下之解，而谓假使污下，必不阿私所好而空誉之。是以污字属圣人讲矣。苏氏洵、孙氏奕则皆以"智足以知圣人污"绝句，孙氏谓"污，小也"，三子之智可以知圣人之小者，不至阿私所爱。近儒焦氏循《孟子正义》以"污"为夸字之假借，引成公绥《啸赋》"大而不洿"，"洿"即污也，言三子之言虽大，而不至阿其所好也，以"污"字绝句，则智足以知圣人之大也。予谓"污"字绝句，似胜旧说，然不若解"污"为下，盖言三子之智足以知圣人之稍污下不足处，必不阿其所好，而诸贤皆为是言则圣人之无污可指也。解经不必求胜前人，但文从字顺可尔。

《论语》"文莫吾犹人也"，何注以"文莫"绝句，谓犹俗言文不也。然何氏文无之训殊不成语，魏时俗谈尤不可以证经说。刘氏敞《七经小传》，首以文字略作读，谓孔子言时人尚文而不顾行，言及文章，则莫肯曰吾犹人也，说似通，而于语气殊不类。朱注理圆而"莫"字竟成赘设，孙氏奕《示儿编》引栾肇说燕齐之间谓勉强为文莫，今语犹然。肇深于《论语》，此说必有所受。（眉注：栾肇说见《晋书》，"栾肇作《论语驳》"

云云。)近儒阮文达引《方言》"伴莫,强也",谓"伴莫"转语为"黾勉",文莫即伴莫也,言于君子之事,能黾勉犹人,而不能实力躬行也。(眉注:阮氏说本毛氏奇龄《论语稽求篇》引陈骙说。)说较有据。然解经必求其可通于全部者,以文为黾,岂《论语》中所有?予按陆德明《释文》于《论语》无适也,无莫也,曰"莫,郑音慕",乃悟古人莫、慕通用,此处"莫"字亦当音慕,"文"即文貌之文,文莫者犹言浮慕也。则不必改字,而其理较通,其说较圆。至王氏引之谓"莫"字乃"其"字之误,当作"文其吾犹人也"。刘氏逢禄谓夫子删订《六经》,皆用蝌斗古文,不作籀书,故云"文吾莫犹人也"(见所作《论语述何》)。皆臆造曲说,断不可从。更有以莫为貌者,则说经之蔽矣。

"作者七人",郑注最确,朱注亦圆,包氏、王弼之说皆偏。至刘原父、张横渠,一以为尧、舜、禹、汤、文、武、周公,一以为伏羲、神农、黄帝、尧、舜、禹、汤,殆竟忘上下文矣(古注本通上"贤者辟世"为一章,"子曰"二字乃衍文),可发一笑。(郑注改七人为十人,"七""十"字本易混也。)

予家居时著《咏归编》,皆摘取古人文字之悠然自得者,分史类、子类、文类、诗类。史以历史隐逸传之佳胜者为主,而参取他传。子以宋儒以来语录为主,擢新去陈,吮隽吐腐。文多采各集纪游之作。诗类则附以词。已写得两大册,尝谓此书成后,读书养性,吾事毕矣。嗣以购求黄梨洲氏《宋元儒学案》不得,遂致中辍。出门时未及携之,今已付劫灰,惜哉。(眉注:闻近时何子贞编修校刻《宋元学案》,都中有之。据嘉兴钱警石《曝书杂记》言,道光丁酉间慈溪冯氏开雕全谢山氏所补黄氏《宋儒学案》,山阴诸广文星杓为校勘,不知其已成否?惜家居时未知此事也。)

予尝欲编《家塾四书》以教子弟，一曰《急就章》，取《玉海》中王氏应麟补注本；一曰《弟子职》，取《珍艺宧丛书》中庄氏述祖补注本；一曰《李瀚蒙求》，取仁和金三俊补注本，而更芟益订正之；一曰《刘后村千家诗》，依其体类，更取古今诗之脍炙人口者以附益之。诚王荆公所谓先入者为主也。此皆六岁后可以口授令熟读者。又尝欲省并《说文》十四篇之部居，使其门类易于寻检，而写以真书，俾童子识字时即从事于此，庶不至昧六书之义。取吴县陈黄中《历代纪元要略》一书稍补正之，日入课毕，授使阅之，庶不至发尧舜之问。八岁后稍能读书，当先授以《孝经》，取近儒洪筠轩等所考定郑注本，而节录《衍义》以充讲贯。次授以《礼记》，必当用郑注。其中《曲礼》《内则》《少仪》皆发蒙之正学也。次授以《仪礼丧服传》，盖《仪礼》之书，资质稍下者多不能上口，而《丧服》则人伦之本，不可不读也。然后授以《尔雅》《释名》《诗经》《书经》《春秋》《左传》《四书》《易经》《周礼》《公》《榖》，此始学之序也。（先以《尔雅》《释名》者，必先通训诂、名物而后可读经也，故《诗经》次之，又次之以《书经》《春秋》《左传》，则古事了然矣。《公》《榖》之后有余力，则可读《国语》《史记》《汉书》《文选》也。更有余力，则可读《逸周书》《大戴礼》《管子》《荀子》《国策》《吕子》《方言》《广雅》也。）（眉注：《大学》《中庸》，已读《礼记》郑注，而读《论》《孟》时，必又读朱注《大》《中》者，遵功令也。）

南子谥厘夫人，见《吕氏春秋》。骈邑伯氏名偃，见皇侃《论语义疏》，皆可以广异闻。蘧伯玉谥成子，见《吕氏春秋》注。匡人为匡简子，见《说苑》《韩诗外传》及《家语》。

逸民伯夷、叔齐、虞仲、夷逸、朱张、柳下惠、少连，自是"逸民"二字为提纲，而下系以七人之名，文法犁然，无所致疑。夷逸、朱张，不得其迹，书缺有间，亦犹乐正、裘牧仲之类耳。其下不举朱张之名者，古人文法详略，不可殚述，而颜师古注《汉书·地理志》，以"虞仲夷逸"四字连读，谓虞仲乃遁逸于夷者，岂知吴乃蛮，非夷乎？好异者遂谓朱张即侜张，《书》所云"诪张为幻也"。曰逸民则有伯夷、叔齐，夷逸则有虞仲，朱张则有柳下惠、少连。如其说，当曰逸民伯夷、叔齐、夷逸、虞仲、朱张、柳下惠、少连。而忽先品目后姓名，忽先姓名后品目，古人有此文法乎？不特《论语》之谨严浑括，即诸子及《史记》之喜变化者，亦万无此体也。其下又曰"谓虞仲夷逸"，何以独重标其目乎？诪张、侜张皆非佳语，何以加之？柳下惠且与逸民为配，其亦不辞甚矣。《尸子》谓夷逸，夷诡诸之后，足见当时确有此人。尸子周季人，此文即解《论语》，可见古人从无异说。王辅嗣谓朱张字子弓，荀子称之，其趣与孔子略同，故不更论之。按，荀子以仲尼、子弓并称者，乃馯臂子弓，近儒桐城姚范已辨其非。金仁山《朱子论语集证》，疑朱张即周章，殊为近理。按，以虞仲谓仲雍，始于班史，据《史记》，则仲雍号吴仲，其曾孙周章之弟，武王立为北虞者，乃名虞仲。顾宁人《日知录》谓，吴虞声形俱近，易于混乱。仲雍与曾孙岂得同号？且武王灭虞，始以封周章之弟，仲雍时岂得有虞？《左传》太伯虞仲，亦是吴仲之讹。其说甚确。高邮李氏惇《群经识小》谓，仲雍乃吴之始君，不得谓之逸，尤不得谓之民。如以逃之荆蛮而称逸民，何以不及太伯？疑此虞仲别是一人，犹夷逸、朱张辈也。愚谓此处虞仲、夷逸、朱张，疑皆商周之际，荆吴间隐遁之士，下文谓虞仲、夷逸，下当脱去"朱张"二字，或本略之。盖太伯、仲雍之后，子孙继有高行，为吴人所慕化，故武王开国并封其兄弟二人，惜太古茫昧，不得其详耳。

诪张之说，创于郝氏敬《论语详解》，近人长洲宋于廷（翔凤）著《论语郑注》说从之，谓陆氏《释文》"朱张"引郑本作"侏"，音陟留反，读为辀，是郑不以为人名也。武进臧在东氏《拜经日记》又据郑注"作者七人"，言伯夷、叔齐、虞仲避世者，荷蒉、长沮、桀溺避地者，柳下惠、少连避言者，丈人接舆避色者，而独不及夷逸、朱张，益知康成不以二者为人名之证。予始疑其说可从，谓首节虞仲、夷逸，殆是传写误倒其文，或后人因下文有谓虞仲、夷逸句，而并此处妄为乙改（详见丁巳日记中卷）。今思其说究未妥，郑君或有此义，不敢从也。

《孟子》："人之易其言也，无责耳矣。"赵注："人之轻易其言，不得失言之咎责也。"一说人之轻易不肯谏正君者，以其不在言责之位者也。朱注从前说，谓常人之情，无所惩于前，则无所警于后。虽有至理，终落偏义，且于经文语气亦似不合。愚谓此犹《论语》所云"其言之不怍，则为之也难"耳，盖人之慎于言者，可即言以责其行，而人之轻易其言者，则本无志于为，可以无庸责备矣。此《论语》又云"为之难，言之得无讱也。"

"孟懿子问孝。子曰：'无违'"，皇疏、邢疏皆谓"无违，礼者是也"。懿子之父僖子，病不能相礼，故属说与何忌于夫子，使学礼焉。而懿子者，党比季孙，擅杀君使，伐公首叛，逐主自雄，又与阳货率兵寇郓，滔天元恶，罪浮意如，无以对生君，无以对死父，为孔门败教之巨慝，为鲁国创乱之逆臣。其问孝也，盖犹在初嗣为卿之时，虽凶德未露，夫子已豫知之，故直告以"无违父教"，勉守礼经，再向樊迟发明生卒葬祭之旨。若谓逞其悖礼之心，父将不享其祭矣。此见圣人深识远虑，忧及未萌，窥之于微，辨之于早也。朱注谓不背于理，不特与下"生事"三语判然隔截，而夫子设教之隐，不几晦哉？（比见闽人何治运《读论语》中一条，颇与予同，而其说未畅。）

礼云礼云，钟鼓云乎哉？人而不仁，如礼何也？乐云乐云，玉帛云乎哉？人而不仁，如乐何也？

今年六、七月间，京师三辅大疫，死者日千人。都城九门，日出棺各以百数，天津至棺材俱尽。其病早发夕死，惟热药可治。都中自首揆桂文端以下，士夫暴卒者相继。天津则总兵惠成，通州则学政吏部左侍郎杨式毂，皆以此卒。乡人官京师者，若裘博士象坤、许进士俊魁，皆罹此劫。予馆商城相国家，仆隶死者十余人。民间日夜鸣金、放火炮，谓为驱瘟神，月余始息。

人臣谥文端者，向为美名，亚文正一等。国朝得之者，以前寥寥可数，近年始渐多，如卓相国秉恬、汤协揆金钊、裕相国裕诚、杜太傅塄、文相国文庆、麟协揆麟魁、朱尚书嶟及桂太傅，皆得此谥。

国朝得谥文忠者，前惟公相傅恒，而汉人无之。近年林督师则徐、周督师天爵、胡宫保林翼，皆谥文忠。而周公不由翰林，尤为旷典。

六月十二日　上谕：袁甲三奏李孟群庐州死事实迹，被害惨烈，孤忠可悯。李孟群著照巡抚阵亡例从优议恤，并于庐州建立专祠。

六月二十五日　上谕：官文、严树森特保湖北候补道荆州府知府唐际盛，开展有识，明干敢为，堪胜监司之任，唐际盛著开缺，以道员补用。庆端奏，四月十二日官军克复青田县。

六月二十八日　上谕：山西按察使瑞昌、候选道沈巢生并伊子山西候补知府沈长材，现有查办案件，均暂行革职，听候查办。山西按察使，著王榕吉补授。直隶大顺广道，著刘煦补授。王榕吉所办直隶交界防剿事宜，即交刘煦会同遮克敦布办理。

七月初五日　上谕：云南提督，著胡中和补授，未到任以前，著张亮基暂行署理。又诏：詹事府詹事殷兆镛，授惠亲王之子奕详、奕谟读。又诏：张亮基奏路过荆州，在籍刑部主事王柏心求代递应诏陈言封事及进陈经论，言皆忠告，具见悃忱，所呈《伊训》及《太甲要语经论》八首，即存弘德殿，以备乙览。其应诏陈言八条内所请开特科、宽榷算二条①，著各该部妥议具奏。其余六条，分别内事外事，所言亦多可采，著留中备览。

七月初十日　诏：授安徽巡抚李续宜为钦差大臣，督办安徽军务。又诏：袁甲三奏称病势增剧，恐贻误大局，恳恩开缺等语。袁甲三准其开缺回籍调理。前因寿州失陷，吏部议予革职，念该大臣督办安徽军务，时阅三载，虽未能卓著战功，而时值艰危，竭力支持，一切尚臻稳练，著加恩免其革职处分。

七月十二日　诏：倭仁以工部尚书、协办大学士。

七月十八日　诏：工部右侍郎著王茂荫补授，仓场侍郎著宋晋调补。翁心存充实录馆监修总裁。检讨徐桐、编修童华均著在上书房行走。原任漕运总督邵灿病故，照例赐恤，并加恩其子户部郎中邵维城、工部员外郎邵维埏有差。（诏褒其秉性亮直，防剿清淮积年，实心实力，不辞劳瘁，地方得臻安谧云云。）

【七月】十九日　文煜奏新授大顺广道刘煦因公进省，染疫身故。诏：刘煦著照道员军营病故例议恤。直隶大顺广道著秦聚奎署理，所有交界防剿事宜，即著秦聚奎会同遮克敦布办理。（煦久在大名，由令为守，治声为直隶第一，闻其死也，大名之人奔赴迎丧，途祭巷哭不绝云。）

【七月】二十日　上谕：甘肃布政使恩麟驰奏署陕甘总督沈兆霖带兵剿办撒回诸匪，节次进讨，诸回悔罪投诚。沈兆霖于七月初二日自碾伯县启程回省，初四日行至平番县属之三道岭沟，猝遇雨雹，山水涨发，将署督行轿关防并随从兵役人等概行冲

---

① 自"二条"起，至"闻八月二十六日……广东按察使著吴昌寿补授"，上海图书馆藏本无，今据国家图书馆藏本补。

殁，随员陈象沛等在后闻信，与平番文武各员驰救无及，旋即寻获署督遗躯。览奏不胜骇异。沈兆霖忠清亮直，历练老成，朕御极之初，授为军机大臣，命往陕甘查办事件，旋命署理陕甘总督。受任以来，即带兵出省，实力办理，已有成效。乃于途中猝遇山水涨发，遽尔身殁，悼惜殊深。署陕甘总督、军机大臣、户部尚书沈兆霖著加恩晋赠太子太保，照尚书例赐恤，并著该衙门查照一品大员殁于王事例案，声明请旨。伊子沈云骥著赏给举人，一体会试。（近世以来，浙人为枢臣者甚少，咸丰一朝惟吏部侍郎邵灿，余姚人，今惟沈尚书，钱塘人。邵由枢垣出持漕节，移疾归，近以越乱，入都销假，旬日之间，与沈尚书先后殂谢，亦浙风不竟之一端也。邵素无清节，为乡论所薄，沈颇厚重，名优于邵云。）诏以熙麟为陕甘总督，罗惇衍为户部尚书，李棠阶为都察院左都御史，毛昶熙为礼部右侍郎，崇纶调户部右侍郎，麒庆为工部左侍郎。

【七月】二十一日　上谕：前因光禄寺卿潘祖荫、给事中卞宝第先后奏参山西太原镇总兵田在田驻军徐宿，杀团冒功，纵兵劫掠，当经降旨交僧格林沁、吴棠查明严参。兹据僧格林沁等奏，田在田前于咸丰十年援剿清江，道经安东，团练官兵互认为贼，以致误杀。本年千总田蓝田抢夺民物，殴辱委员，经吴棠咨查，并未具复。六月间，追剿会捻，迁延不进，所带兵勇公然抢掠，并不即时查办，且性耽安逸，日晡未起等语。田在田以专阃大员督办军务，乃庸懦无能，辜恩溺职，即著革职，以为怠玩军务者戒。

【七月】二十三日　上谕：王宪补授河南按察使，兼署河南布政使。

【七月】二十四日　上谕：闽浙总督著耆龄补授，杭州将军著庆端补授。

【七月】二十六日　上谕：广东巡抚著黄赞汤补授，河东河道总督著谭廷襄暂行兼署。

【七月】二十七日　上谕：钦差大臣科尔沁博多勒噶台亲王僧格林沁公忠夙著，威望聿隆，著统辖山东、河南全省军务，并调度直隶、山西两省防兵，直隶、山东、河南、山西各督抚提镇以下各官，及正白旗汉军副都统遮克敦布、礼部右侍郎毛昶熙、署漕运总督吴棠，均归节制。其蒙、亳、徐、宿等处防兵，并著一并调遣。所有剿匪事宜，即著会商钦差大臣李续宜妥为筹办，肃清北路，迅奏肤功，该大臣其钦承朕命，毋许固辞。又诏：兵部尚书衔兵部左侍郎胜保著以钦差大臣督办陕西全省军务。又诏：浙江宁绍台道著史政谔补授（原任宁绍台道梁恭辰革职，永不叙用，以左宗棠劾其逗留规避也。史甚有政声，为英夷所戴慕云）。又诏：曾国藩奏安徽巡抚李续宜丁忧一折，安徽地方现已渐就廓清，而筹办剿抚及整饬地方一切事宜，均关紧要，且江南江北大军进攻金陵贼巢，皖省官军相为犄角，李续宜自简任巡抚以来，办理一切，深合机宜，现丁母忧，势难暂令离营，著即在军营穿孝，改为署理巡抚，加恩赏银八百两经理丧事。李续宜至性纯笃，谅必能体朝廷军务为重，不得已而破格夺情，移孝作忠，以副委任，毋庸再行渎请。

七月二十八日　上谕：七月十五日夜，众星流向西南甚多。二十五、六日夜，复有彗星见于西北。上苍垂象，变不虚生。且自上月以来，京师疫气盛行，至今未已，实深恐惧，用特再行申谕中外大小臣工，务各于朝廷政治得失之大且要者，悉矢忠赤，谠言无隐。又诏：前据巡抚毛鸿宾、御史萧祝三先后奏参贵州提督田兴恕奏报不实、纵寇殃民，当经降旨交骆秉章查办。兹据该督奏称，田兴恕自接任钦差大臣署理巡抚后，意气骄盈，行为乖谬，举劾道府，任意轩轾，被参各款实非无因等语。田兴恕前由湖南转战入黔，所向克捷，历著战功，其过人之才，良可爱惜，是以仅令缴回钦差大臣关防，仍以提督剿办贵州苗教各匪。被参诸款悉置不问，原冀保全终始，使知悛改。乃自上年十二月间，谕令带兵出省，迄今半载有余，铜山、石阡等府匪踪遍地，竟安驻省垣，未曾派兵攻剿，并不遵谕旨，杀害外国传教并内地民人。似此任性乖张，总由田兴恕恃恩骄恣，年少志满，不可不严行惩创。田兴恕著先行交部议处，即著驰赴四川，交骆秉章差遣，仍一面听候骆秉章会同崇实等秉公查办。又诏：沈兆霖入祀贤良祠。

七月二十九日　上谕：曾国藩奏六月初六日至二十四日江苏布政使曾国荃等雨花台、秣陵关等处之捷，阵斩伪封王及伪官数十人，总兵张胜禄等阵亡一折，提督衔记名总兵张胜禄谋勇兼优，转战湘鄂江皖，以达江苏，殊勋屡建，猝尔因伤殒命，悯恻殊深，著加恩照提督阵亡例赐恤，游击刘永祥、都司鄢兰亭均照游击阵亡例议恤。

八月初一日　上谕：左宗棠奏已革浙江布政使林福祥于省垣陷后，辗转逃至江南提督曾秉忠营，已革提督米兴朝亦转逃至副将李恒嵩营，俱先后逃至上海。林福祥、米兴朝以文武大员，迭受显皇帝厚恩，乃忍辱偷生，希图苟免，若不从严惩办，何以肃军律而正人心。林福祥、米兴朝著即在衢州军营正法。已革杭州织造恒起著发往新疆充当苦差。

【八月】初六日　旨：以大学士贾桢为顺天乡试正考官，吏部尚书瑞常、户部尚书罗惇衍为副考官。（顺天乡试副主考，向命侍郎或九卿一人，此以太宰、大农为副，而不及卿贰以下，故事所未有也。大农抵京未数日，即拜是命云。）

【八月】初七日　诏：此次查办文职废员，铨出之刘韵珂、朱兰、张集馨等三员，著同四品以下铨出之京外各员分别带领引见。庆端奏上年十月间克复天台、宁海两县情形,并报今年四月间攻克新昌县城。官文、严树森奏道员金国琛、梁作楫等率军援豫,七月十六、十七日大破发逆马融和等,立解南阳府城之围。诏升赏有差。

八月十六日　上谕:瑛棨奏五月间陕西西安、同州两府回匪与汉民互斗,前任都察院左副都御史张芾率候补直隶州临潼县知县缪树本、山西候补知县蒋若讷、回绅候选知府马百龄、俊秀张涛分往弹压,行至油坊街,被回匪任五等拥至仓头镇,于五月十三等日先后杀害,张芾骂不绝口,被祸尤惨。览奏曷胜悯恻。张芾办理陕省关防,屡著劳绩,兹复见危授命,大节凛然,著加恩照侍郎例从优议恤,于陕西省城建立专祠,伊子二品荫生张师郁著赏给举人,缪树本等赐恤有差,并附祀张芾专祠。

八月十九日　上谕:李续宜奏请赏假回籍奔丧,并慰伊父倚闾之望等语,情词恳切,出于至诚,且该抚旧病未痊,若令在营穿孝,强抑悲哀,非所以示体恤,著赏假百日,回籍治丧。安徽巡抚著唐训方暂行署理。

八月二十五日　上谕:孔广顺年老多病,著即勒令休致,陕西提督著雷正绾补授。(去年新政之始,召用武臣三人,广顺先应诏至阙,委以秦事,而所效如此,遂遭黜辱。盖疆场师帅之寄,非如庙堂雍容可比,粉墨皋夔,絺绣虁稷,故朝为颇、牧,夕比聚、蒉,可笑也已。)

【八月】三十日　上谕:陕西提督雷正绾著帮办胜保军务。又诏:甘肃提督著马德昭补授。

闰八月初三日　上谕:庆端奏总兵秦如虎、林文察等克复处州府城及缙云县。秦如虎、林文察力战杀贼,迅拔坚城,洵属异常奋勇。秦如虎著加恩改为交军机处记名,遇有提督缺出题奏。林文察著加恩改为赏加提督衔,仍交部从优议叙。余升赏有差。

闰八月初六日　上谕：多隆阿奏八月二十一日夜督军大破伪启王梁成富等，遂克复紫荆关。此次多隆阿回军堵剿发捻各逆，以杜入陕之路，即能以少击众，克复要隘，洵足以寒贼胆。阵亡之副都统衔营总哲克栋额从优议恤。

闰八月初七日　上谕：前因给事中吴焯奏参劳崇光办理广东厘金，倚任都司陶昌培、知县许庆镕等营私纳贿等情，谕令晏端书详查参奏，本日据晏端书奏广东官绅办理厘金弊端大概情形，并许庆镕等被参分肥说合各情，恃有大吏护符，坚不吐实，请旨革审等语。陶昌培并其党陶开太业经劳崇光等讯明正法，广东候补知县许庆镕、广西融县知县刘承禄出入督署，遇事招摇，声名狼藉，均著先行革职，交晏端书从严参办。劳崇光信任匪人，措置乖谬，著先行交部议处。又诏：殷兆镛补授内阁学士兼礼部侍郎。

闰八月十四日　诏：都察院左都御史李棠阶著在军机大臣上行走。次日，棠阶具疏辞，不允。棠阶，道光二年翰林，二十五年以太常少卿乞假归，今年四月间赴召至阙，即除大理寺卿，旋擢礼部右侍郎，五浃月间由四品至一品云。

闰八月十五日　诏：沈桂芬调补户部左侍郎，毛昶熙转补礼部左侍郎，庞钟璐补授礼部右侍郎（原任户部左侍郎、江苏学政梁瀚丁忧出缺）。又诏：孙如仅调补江苏学政，颜宗仪补云南学政。（自来学政无更调者，朝廷以宗仪为己未岁奉先帝命督学云南，行抵四川，乞养亲去。未几，复以道路不通为言，陕抚为疏请赴京供职，先帝宽仁，俱从之。进退无据，中外薄其为人，故有是命。然滇南非化外之邦，学政岂罪人之任？苟惩巧宦，自有刑章。在宗仪冈识君亲，固难援禹锡播州之例，而执政欲明法纪，何但强王褒益部之行？既玷衡文，亦乖柔远，此为贬谪，前者何诛？清议不申，国威滋屈矣。）罗惇衍奏荐举人材必须京外一体，请饬在京大员认真保举一折，诏付大学士及各部院大臣施行。（罗疏略言，自去年十一月，谕令各路统兵大臣保举将材，迄今半载有余，应诏寥寥，况但令封疆大吏而未及京卿，亦恐驯致外重内轻之弊。文宗显皇帝初登极时，即饬在廷诸臣荐举，其时人材颇盛，如林则徐、乌兰泰、周天爵、姚莹、江忠源、塔齐布、佟鉴、龙启瑞、王庆云、戴熙、邹鸣鹤、袁甲三、苏廷魁、刘绎、陈景亮、乔松年、赵畇、冯桂芬等，皆由九卿保举而出，国势几于复振云云。去岁迄今，屡诏求贤，而诸公局于成格，但选缙绅，不能宣扬朝旨，广开翘馆，是亦一丘之貉而已。）

闰八月十六日　诏：倭仁补授大学士，管理户部事务。周祖培管理刑部事务。文祥补授工部尚书。载龄补授都察院左都御史。基溥转补吏部左侍郎。载崇调补吏部右侍郎。恒祺补授刑部右侍郎。

闰八月十七日　上谕：李鸿章奏已革副将冯日坤由镇江调赴上海，以办理内应为名，与苏贼李绍熙勾通接济，去年十一月，私运洋枪火药往苏，为提督曾秉忠诘获。李鸿章饬令来营听候查办，复乘间逃脱。当经派员拿获，即于军前正法。办理甚为妥速，嗣后军营遇此等事，毋稍姑容。

闰八月十八日　多隆阿奏本月初四日至初七日督军于武关及捉马沟、西平等处，剿灭颍、亳西窜捻匪，伏尸四十余里，山谷皆满，夺获牲畜五千有奇，刀矛枪炮万计。诏：多隆阿调度有方，旬日间即将巨寇剿除，殊堪嘉尚，著赏给黄马褂一件，并袍料、荷包、搬［扳］指等。诸将穆图善、赵既发、余福象、王万年等擢都统、提督、总兵有差。诏：军机大臣都察院左都御史李棠阶著加恩在紫禁城内骑马。江忠义补授贵州提督。全庆补授内阁学士，兼礼部侍郎衔。

闰八月二十日　李鸿章奏浙江逆匪窥伺宁波，攻陷慈溪，副将华尔率常胜军进攻，中枪倒地，其所统兵即将慈溪县城克复。华尔回宁波后，于次日殒命，恳请建祠优恤。诏：华尔以美国部落之人，屡著战功，义勇性成，实深嘉悯，著于松江、宁波两府建立专祠，仍交部优恤。

闰八月二十三日　上谕：毛鸿宾奏福建粮储道赵景贤在湖州本籍守城，城陷后尚无下落，伊子赵深彦在湖南道库大使赵清彦任所，年甫十二，闻湖州失守、伊父殉难，于六月初七日夜潜行服毒自尽，至性奇节，可嘉可悯。赵深彦著交礼部从优议恤，赵景贤及该城文武下落，仍著曾国藩、李鸿章、左宗棠查明具奏。

闰八月二十五日　诏：劳崇光照部议降三级调用，两广总督著刘长佑补授。广西巡抚著张凯嵩补授，均毋庸来京请训。前任甘肃甘凉道郭柏荫发往江南军营，交曾国藩差遣委用。户部候补郎中王正谊发往河南，交郑元善差遣委用。

闰八月二十六日　诏：广西布政使著刘坤一补授，广东按察使著吴昌寿补授。

国子监宜改立专经博士议

呜呼！昭代儒学之极盛而易衰者，其故可知矣。上不以是为取，下不以是为进，士非深识特行、卓然自立者，谁肯违易，投之时好，以从难究之绝学哉？宋儒魏了翁之言曰："科举之患，至于无书。"盖不待今日而然矣。然科举不能遽改也。而国学者，科举之士所从出也。变教士之法，宜先于国子。而博士者，国子之师也。唐大历中，归崇敬议改国子监官制，有曰："近世明经不课其义，颛门废业，传受义绝。请以《礼记》《左氏春秋》为大经，《周官》《仪礼》《毛诗》为中经，《尚书》《周易》为小经，各置博士一员；《公羊》《穀梁》《春秋》共准一中经，通置博士一员。博士兼通《孝经》《论语》，依章疏讲解。

委四品以上，各举所知，在外给传。七十者安车蒲轮敦遣。"而当时君臣惮改作，无施行者。盖国学经师之制衰于魏，变于晋，陵夷于唐，而亡于南宋。至明代许纳粟充监生，而世不知国学为何事，博士学官为何职矣。故欲经术之兴，莫如罢例监；欲监生之盛，莫如增博士。

增博士当分立群经，立群经当兼采近代。考之汉文帝始置《论语》《孝经》《孟子》《尔雅》诸传记博士，武帝置五经博士，罢传记。今四子既别为书，《尔雅》文字之祖，则传记不可废也。经无大小，贯而始通，大经、中经、小经之等不必分也。《公》《穀》各有师法，不可合；《孝经》深赜众义，不可兼。为今计者，当立《易经》《书经》《诗经》《仪礼》《周官》《礼记》《左氏春秋》《公羊春秋》《穀梁春秋》《论语》《孝经》《孟子》《尔雅》博士各一，《大学》《中庸》通为博士一，如东汉十四博士之数，升秩为正六品，祭酒、司业皆与抗礼。

《易》博士下，置汉荀氏九家学学正一人（国朝张惠言、阮元等所辑），唐李氏鼎祚学学正一人（《周易集解》），国朝惠氏栋学学正一人（《周易述》及所辑《周易郑注》，附江氏藩《周易述补》），张氏惠言学学正一人（《周易虞氏义》等）。而魏王氏《注》，唐孔氏《正义》，久列学官，宋朱子《本义》，盛行近代，均不可废，别置王氏《易》助教一人，朱子《易》助教一人。凡六家。《书》博士下，置元吴氏澄学学正一人（《书纂言》），国朝王氏鸣盛学学正一人（《尚书后案》），江氏声学学正一人（《尚书集注音疏》），孙氏星衍学学正一人（《尚书今古文注疏》），胡氏渭《禹贡》学学正一人（《禹贡锥指》）。古文虽伪书，然出于魏晋间学者，多存古训，不可废，别置孔氏《书传》助教一人。凡六家。《诗》博士以《毛传》《郑笺》为教，其下置孔氏《正义》助教一人，更置宋吕氏祖谦、严氏粲学学正一人（《吕氏家塾读诗记》《严氏诗辑》），国朝陈氏启源学学正一人（《毛诗稽古编》），胡氏承珙学学正一人（《毛诗后笺》，附陈奂《毛诗故训传》），别置三家《诗》助教一人（取宋王氏应麟、国朝范氏家相、冯氏登府、陈氏寿祺等所辑本）。凡五家。《仪礼》博士以郑注、贾疏为教（用国朝卢氏文弨《仪礼注疏》详校本及金氏曰追《仪礼正伪》本），其下置宋李氏如圭学学正一人（《仪礼集释》），国朝张氏尔歧学学正一人（《仪礼郑注句读》），江氏永学学正一人（《礼经纲目》），程氏瑶田学学正一人（《通艺录》），凌氏廷堪学学正一人（《礼经释例》），胡氏培翚学学正一人（《仪礼正义》）。凡六家。《周官》博士以郑注、贾疏为教，其下置国朝惠氏士奇学学正一人（《礼说》），沈氏彤学学正一人（《周官禄田考》），江氏永学学正一人（《周礼疑义举要》），戴氏震《考工记》学学正一人（兼取程氏瑶田《通艺录》及江氏藩《考工图翼》）。凡四家。《礼记》博士以郑《注》、孔氏《正义》为教，其下置宋卫氏湜学学正一人（《礼记集说》），国朝江氏永学学正一人（《礼记训义择言》），别置《大戴礼》助教一人（用国朝孔氏广森《大戴记补注》本），《夏小正》学学正一人（取宋傅氏崧卿《夏小正戴氏传》及国朝洪氏震煊《夏小正经传疏义》，兼采庄氏述祖《夏正经传考释》）。通为四家。《左氏春秋》博士以杜《注》、孔氏《正义》为教，其下置国朝顾氏栋高学学正一人（《春秋大事表》），惠氏栋学学正一人（《左传补注》，兼取朱氏鹤龄《读左日钞》、沈氏彤《左传小疏》、江氏永《春秋地理考实》、马氏宗琏《春秋左传补注》），洪氏亮吉学学正一人（《左传诂》），陈氏树华、梁氏履绳学学正一人（陈氏《春秋内外传考正》，梁氏《左传通》[《左通补释》]，继陈氏为三编）。凡四家。《公羊》博士以何氏注为教，其下置国朝庄氏存与学学正一人（《春秋公羊正辞》），凌氏曙学学正一人（《公羊礼疏》《公羊问答》），孔氏广森学学正一人（《春秋公羊传通义》），刘氏逢禄学学正一人（《公羊释例》及《解诂笺》）。唐徐氏彦《疏义》虽未精，亦不容废，更置徐氏学学正一人。凡五家。《穀梁》博士下置学正二人。《穀梁》自晋范氏注、唐杨氏士勋疏外无他学，杨疏碌碌，鲜可称者。国朝邵氏晋涵辑《穀梁正义》，洪氏亮吉辑《公穀古义》，皆不传，是待后起之学者矣。今立范氏学、杨氏学，凡二家。《论语》博士下置梁皇氏侃学学正一人（《论语义疏》），宋邢氏昺学学正一人（《论语正义》），朱子学学正一人（《论语集注》），国朝毛氏奇龄学学正一人（《论语稽求篇》等书），陈氏鳣学学正一人（《论语古训》），江氏《乡党》学学正一人。凡六家。《孝经》博士下置邢氏昺学学正一人（《孝经正义》），汉郑氏学学正一人（用近儒洪氏颐煊及臧氏庸所辑本。日本所出《孝经郑注》，伪书，不可从）。郑注或谓康成，或谓小同，近儒孙氏志祖更以为小同之后人所辑，予尝论定为康成注而小同述者，其说别见，不更载。古文学学正一人（取宋本古文《孝经》及司马氏光《古文孝经指解》本）。古文有孔氏安国《传》，乾隆间出自日本，然伪托不可信，存古文即存孔氏矣。又置《孝经衍义》助教一人，圣祖仁皇帝御定，礼部尚书韩文懿奉敕撰述者也。凡四家。《孟子》博士下置朱子学学正一人（《孟子集注》），国朝焦氏循学学正一人（《孟子正义》），周氏广业学学正一人（《孟子四考》）。凡三家。宋世《正义》，伪托孙氏奭撰者，浅陋当废。《尔雅》博士下置宋邢氏学学正一人（《尔雅注疏》），国朝邵氏晋涵学学正一人（《尔雅正义》），郝氏懿行学学正一人（《尔雅义疏》）。附置宋罗氏愿学学正一人（《尔雅翼》）。国朝王氏念孙《广雅》学学正一人（《广雅疏证》），王氏煦

《小尔雅》学学正一人（《小尔雅疏》，近时又有胡氏承珙《小尔雅义证》十三卷，钱氏大昭《广雅疏义》二十卷，皆未及见，当博访之），戴氏震《方言》学学正一人（《方言疏证》，兼取卢氏文弨、刘氏台拱补校本）。戴氏亦有《尔雅》学（《尔雅文字考》十卷），为邵氏、郝氏学者可兼采，不更立。立者凡七家。《大》《中》博士下，置朱子学学正一人（《大学章句》《中庸章句》），国朝李氏光地学学正一人（《大学古本说》《中庸章段》《中庸余论》，兼用胡氏渭《大学翼真》、毛氏奇龄《大学证文》），戴氏震学学正一人（《大学补注》《中庸补注》）。更置宋真氏德秀《衍义》学助教一人（兼取明丘氏濬《衍义补》）。凡四家。十四博士，通立六十六家学，为助教八人，升秩正七品，学正五十八人，升秩从七品。

又立小学博士一人，以《说文》为教，其下置徐氏锴《系传》助教一人，国朝段氏玉裁学学正一人（《说文解字注》），钱氏坫学学正一人（《说文斠诠》），桂氏馥学学正一人（《说文义证》），陈氏鱣学学正一人（《说文解字正义》）。凡五家学。博士须通习梁顾氏野王《玉篇》、唐陆氏德明《释文》、宋丁氏度《集韵》，学者以国朝谢氏启昆《小学考》为考课，其博士、助教学正秩皆如前。段氏《说文注》后有钮氏树玉撰《段氏说文注订》八卷，多所驳正，为儒者所称。又钱氏大昭有《说文统释》六十卷，钱氏承其兄少詹事大昕之教。少詹博学冠代，无经不通，以无专经，故不列其书，皆后学所当知也。

以上所立博士，宜令内外诸臣隐搜博访，各举硕学，束帛玄纁，皆如故事。其考课殿最不加博士。助教以下，则委博士以生徒成业之优劣为殿最。月之朔望，谒先圣先贤毕，祭酒、司业、博士皆列坐讲堂，助教以下侧坐，以经之序，博士树义发问，助教、学正相答难，诸生皆设席坐听。有疑者起质，必据经说往复，得当乃已。讲以次毕，诸生乃各进于助教、学正前，请所业，乃退。是日，皇帝必赐茶果，大官供膳，祭酒综其义，司业计其功。祭酒宜升秩正二品，以儒学大臣有重望者充之。其举考生徒之制，国子分上舍、中舍、下舍三等，宜令天下府、州、县学诸生，各复乾隆前专经故事。各省学政试士，以经学、诗赋各取额数之半，甲经学，乙诗赋，相次而下，每三载省试后，士有经明不得举者，学政举之国学，为中舍生。三岁业成，助教、学正举之博士，博士与祭酒、司业公试之，十通五六以上者升为上舍生，倍其饩，一体会试。更三岁业精，给七品服及俸，为都讲，以七品小京官清职如太常寺博士、大理寺评事、内阁中书者待铨，愿外职者，铨以通判或知县。其助教、学正员阙，以都讲次补。

各省举人计偕者，先以所业受教于国学，三年方与礼部试，业精者升授如前。国子有不率教者，斥为民。三年业不成者，降下舍。六年不成，还之各府、州、县学。各府、州、县学学政岁科试所取者皆为增广生，而许民之俊秀者纳粟为附学生，学政试其优者一体乡试，生员皆许援例为职官，不必由监生。每科殿试进士，选其经学纯美者为国子监庶吉士，如翰林院例。届次科，祭酒、司业、博士奉敕考试，精通者授助教、学正，恩命一视翰林。助教、学正课最者升翰詹六品官，或六部员外郎，外为简缺知府，繁缺知州；次最者升六部主事，外为府同知，其博士员阙以助教、学正次补。博士任满，出为各省学政，与翰林、部、寺诸臣相间用。学行高者擢五品京堂翰詹官，次为郎中、御史；外用则监司，次守大郡。

呜呼！上有崇经术如此，而下不喟然兴于学者，未之闻也。寓明经于进士，而不害科举之途；附贽生于邑庠，而不窒俊秀之例。士之厄于科举者，得由经学以臻清要，将见衢曜章逢之制，里溢弦歌之音，济济乎，洋洋乎，文治之泽，醇畅敷洽，跨唐挈汉，最千古而一时矣。

虽然，位卑言高，罪也，夫岂不屑于拘阂古制、抵触时政之诛哉？诚愍夫正涂壅底，至业湮微，礼乐分崩，典文残落，盖六艺之不明，而世乱之靡有已也。圣人不易，其在此议也夫？其在此议也夫？

汉灵帝自撰《皇羲篇》五十篇，前燕主慕容皝撰《太上篇》以代《急救》，人主之精小学者，惟此两君。惜其书皆不传。岂非以一为季世，一为霸朝，遂并其书不之重欤？

宋初如杜镐、窦仪、聂崇礼、丁度、李淑、邢昺、孙奭、郭忠恕、陈彭年、贾昌朝、宋祁诸公，犹守古学。至欧阳文忠以文章名世，而其学开空疏之习。刘原父以博学冠代，而其书开新异之宗。洛蜀继出，而卤莽灭裂，汉唐师法绝矣。若司马文正者，其中流之一壶乎？南宋之王伯厚、马贵与，硕果之不食者乎？

《六祖坛经》云："古佛应世已无数量，不可计也。今以七佛为始，过去庄严劫毗婆尸佛、尸弃佛、毗舍浮佛，今贤劫拘留孙佛、拘那含牟泥佛、迦叶佛、释迦文佛，是为七佛。"释迦文佛首传摩诃伽叶尊者，第二阿难尊者，第三商那和修尊者，第四优波毱多尊者，第五提多迦尊者，第六弥遮迦尊者，第七婆须密多尊者，第八佛驮难提尊者，第九伏驮密多尊者，第十胁尊者，第十一富那夜奢尊者，第十二马鸣大士，十三迦毗摩罗尊者，十四龙树大士，十五迦那提婆尊者，十六罗睺罗多尊者，十七僧迦难提尊者，十八伽耶舍多尊者，十九鸠摩罗多尊者，二十阇耶多尊者，二十一婆修盘头尊者，二十二摩拏罗尊者，二十三鹤勒那尊者，二十四师子尊者，二十五婆舍斯多尊者，二十六不如密多尊者，二十七般若多罗尊者，二十八菩提达摩尊者，二十九惠可大师，三十僧璨大师，三十一道信大师，三十二宏恶大师，三十三惠能大师。"古佛应世已无数量",果何所见?此殆邵子《皇极经世》之言所本。

孔行素《至正直记》,元季避乱诸暨时所作,虽所载琐屑,笔亦浅俗,然多记两浙间风物之胜,俗尚之美,为他书所未及者。予于辛酉秋阅之,觉村谈里物,多在眼前,昔献遗黎,风流可接。时浙东警报日已数至,未几而越郡被陷矣。每抚是书,为之流涕。其书《四库》不著录,外间亦少刻本,厉樊榭、钱竹汀集中屡引之。予所见乃内府钞本也。

顾亭林《广师》篇云:"学究天人,确乎不拔,吾不如王寅旭(王锡阐,字寅旭,一字昭冥,号余不,亦号晓庵,又号天同一生,吴江人。精历算,著有《大历统》《西历启蒙》《丁未历稿》《推步交食》《测日小记》《三辰晷志》《圜解》《晓庵新法》《历说》《历策》《左右旋问答》诸书);读书为己,探赜洞微,吾不如杨雪臣(杨瑀,字雪臣,武进人,著有《飞楼集》一百二十卷。徐健庵尚书《憺园集》有杨雪臣七十寿序,云'先生少日好立奇节,既而厚自刻厉,率诸子键户读书,自经史而外,分授天官、地理、历律、兵农之书,出则与恽逊初讲学南田东林书院,如是者余三十年');独精三礼,卓然经师,吾不如张稷若(张尔岐,字稷若,山东济阳人,学者称蒿庵先生);萧然物外,自得天机,吾不如傅青主(傅山,字青主,初字青竹,号啬庐,别号公之它,山西阳曲人。明给事中樨之子,国变后为道士装,以医为业,工诗,其书画皆入逸品);坚苦力学,无师而成,吾不如李中孚(李颙,字中孚,陕西盩厔人,学者称二曲先生);险阻备尝,与时屈伸,吾不如路安卿(路泽溥,字安卿,山西曲周人,明大学士文贞公振飞之子,荫授中书科舍人);博闻强记,群书之府,吾不如吴志伊(吴任臣,字志伊,号托园,仁和人);文章尔雅,宅心和厚,吾不如朱锡鬯(朱彝尊，字锡畅，号竹垞，秀水人）；好学不倦，笃于友朋，吾不如王山史（王宏撰，字无异，一字文修，号山史，陕西华阴人。明诸生，康熙己未以鸿博征，不赴。著有《读易庐撰易象图述》及《山志》《砥斋集》）；精心六书，信而好古，吾不如张力臣（张弨，字力臣，山阳人，诸生）。"以上所言十人，寅旭之算学，竹垞之词章，亭林诚未必能胜。二曲之理学，蒿庵之礼学，托园之史学，虽号专门，讵难抗步。至于青主、山史，一节之奇也，雪臣、安卿，自守之士也，以视先生，仅堪弟畜。力臣斤斤文字，执挚门墙，手写礼堂之书，心慕龙门之御，而抑情过誉，自谓弗如，此非卑牧鸣谦，实欲集思广益，盖以见取友之善，问学之诚，最众长以备九能，此所以为亭林也。

今之妄人①，目未见注疏，耳未闻宫商，靡食偷衣，穷居自肆，以道学为腐，以考据为愚，恃小慧之可行，作艳词以自熹，而谓生无可师之人，世鲜可友之士，狂佻日甚，鸟兽为群，岂不大可哀乎？

全谢山作《张南漪墓志》（南漪名熷，仁和人）云：浙有妄男子者客京师，其文皆造险语奇字以欺人，而中实索然无所有。或问之，则取汉唐以来之亡书对，曰是出某本。赋诗则以用尽韵部之字为工。方余在京师时，力为人言其谬，故妄男子最恨予。及予归，妄男子始猖狂，而吾友中好奇者亦多为所蛊，莫之正。南漪入京师，见而唾曰："嘻！是不足为樊绍述、刘几作舆台，何其无忌惮一至此也？"会妄男子正说经，南漪投以帖子，诘其经义数十条，妄男子嗫不能答，迁延避去。云云。盖指吾乡胡稚威也。谢山言固过激，然石笥之文，余虽喜之，而雅不以为重，所谓吾文中自有康庄大道，何必入牛角寻死鼠也。《汉书》可传

---

① 疑指周星誉。

者不在稂俶数字，韩文可贵者不在鞣钹数言。乃近来吾邑有某生者①，文未成章，诗未谐律，割缀诸子之误字，颠倒类书之讹文，虬户筱骖，用为至宝，颛翾鲷纣，诧其古音。少日作文，谓法云持，自一二摺绅无识者称赏之，近更披猖，自谓一时无对。每论浙江学术，推龚定庵为第一圣人。书字丑恶，曰法北朝，以王氏为不足学。实则定庵之书尚不能句读，而其奉为四科十哲者，王瞿、王昙之流也。符姚之碑，尚不辨时代，而其孜孜心摹手追者，徐渭、郑燮之流也。此更不足为稚威作舆台。近居京师，余亦力言其谬，其人切齿，屡谋杀余。余虽有愧谢山，而此生乃妄援稚威，谓传衣钵，何稚威之重不幸哉？

包立身者，诸暨人，居漓渚山之包村，本农家子。

先六世祖天山府君《自题镜湖垂钓图》四绝句，仅记其三云："不博蓬池斫鲶名，不将鱼税代躬耕。绿杨阴里持竿坐，闲看一湖春水生。""陆家埭北贺庄东，南岸桥堤亘若虹。独坐湖中孤屿上，受他四面钓丝风。""细雨斜风不受欺，绿蓑乌艇最相宜。有时贯柳入城去，为道南湖旧钓师。"

府君著有《梅溪集》二十四卷，皆未第时作，手自编写，楷书精整。不知何时流转书肆，道光末沈霞西（复粲）购得之，以告杜尺庄征君（煦），征君以语予族祖望楼教习（文钊），乃得赎还。教习病时，予累往索不得，今经乱失去矣。尝记其一首题云《京邸冬夜梦内子次日因寄模儿》（此盖先五世祖横川府君原名，后更名杜，后人遂不复知。予见此诗，乃更名焉）云："梅花岙里一株松（自注：樊孺人葬谢墅梅花岙），泉路他年与子同。笑看儿孙浇麦饭，满山寒雪纸钱风。"

先曾大父构亭府君盛年绝意公车，专事吟咏，多不留稿。尝

---

① 疑指赵之谦。

得故纸数叶，有《哭女诗》十六首，皆绝句，为长祖姑寿孺人作也。仅记其二云："双鬟宛宛早传诗，玉映中闺俨女师。风雨今宵横老泪，一灯回忆授书时。""鍊芬针管总相宜，一自随鸦好事稀。殉汝夜台无别物，辛勤牵犬嫁时衣。"又《自南镇晚归》一首云："花发香炉峰，春开南镇社。珠翠围笙歌，湖山尽姚冶。日落不逢人，吹笛松林下。"

壬戌九月九日寄家中银三十两，为老母菽水资，承京华知好分廉相助。卖文为活，敢云热不因人，将母可怀，不啻从公乞食，谨记姓字，永风后人。

潘伯寅光卿惠十四金。

吕庭芷编修惠四金。

周允臣比部惠八金（允臣先于三月中借四金，闰八月中借四金，今还之，不受，因归入奉亲数中。顷复承许再惠六金，为南陔之养。取之伤廉，未敢诺也）。

孙雨田舍人惠四金（雨田又先假我四金，助之赎裘。此外病中尚有所借，然一身之事，不敢累人，当谋归赵。雨田亦贫士，即此四金，亦将酬所报也）。

此金皆托朱海门侍御携去，承侍御慨然誓以必达，且先日银未集时，侍御亦许代筹，皆为可感。行年将四十矣，平生手耗家产数千金，今日一门陷贼，旧业尽空，始仗文字之力为负米第一举，悲夫！

左宗棠未刊折件五种

牛澎涛 整理

说明：光绪九年（1883），江西候补道胡光墉（雪岩）经营的阜康汇兑号因银源枯竭破产，造成巨量官亏，史称"癸未金融风潮"。本篇收录光绪十年（1884）至光绪十一年（1885），左宗棠折件五种，反映了时任两江总督的左宗棠清查胡氏财产，以之备抵官项，以及调查破产原因的情况。当中，左宗棠又设措帮助胡氏资金周转，以免利权尽归洋商，也从侧面反映了左、胡的关系。档案原件分别保存在中国"台北故宫图书文献馆"及中国第一历史档案馆。

奏报将革员江西候补道胡光墉所欠部款
及江苏公款业经封典备抵事

再，臣于光绪九年十二月初六日，承准军机大臣字寄：十一月二十八日奉上谕：现在阜康商号闭歇，亏欠公项及各处存款为数甚巨，该号商江西候补道胡光墉著先行革职。即著左宗棠饬提该员，严行追究，勒令将亏欠各处公私等款，赶紧逐一清理。倘敢延不完缴，即行从重治罪。并闻胡光墉有典当二十余处，分设各省，买丝若干包，值银数百万两，存置浙省，著该督咨行各该

整理者：牛澎涛，复旦大学历史学系博士生。

省督抚查明办理。钦此。当即恭录分别咨行遵照去后。

　　查，江苏各防营需用军火并供应各省之用，为数繁多，不能不宽为筹备。胡光墉于采办军火，素称熟手。前于九月内，经臣札饬江宁藩司，于库存盐票报效款内提银二十万两，发交该革员为采办军火之用。当阜康号闭歇之后，即准浙江抚臣刘秉璋咨，据该革员呈称，贸易失利，庄本亏折，上海阜康伙友宓本【常】携带帐册潜逃，所有往来各细数，一时无从稽查，所欠各处官项甚巨。拟将各典当备抵，以充公帑，将现存银钱先行尽数呈缴，余俟民间取赎续缴。

　　计摘单内开：应缴两江督宪官项库平银二十万两，以湖州府属德清城内公顺典存架本银十八万四千一百九十一千文、杭州城内广顺典存架本银六万三千三百六千文、杭州武林门外泰安典存架本银八万三千二百六十一千文备抵，以上均截至九年九月分［份］止。除由该抚臣委员查封外，咨请派员赴浙经理前来。臣业经札饬江宁藩司派员分赴杭州、湖州两处接替浙员监收赎当钱文，陆续呈缴归款。兹复据该革员禀称，短缴户部银十二万六千五十两，先经禀称浙江抚臣以湖北三典架本十四万八千串，派员查明备抵。嗣经委员查复，该三典业抵湖北款项，户部之银无着，拟请将抵归金陵采办军火银二十万两之公顺、广顺、泰安三典内，抽广顺、泰安两典架本十四万余千串①，备抵部款。其金陵军火银不敷备抵，请将该革员自己盖造典屋八所暨器具、什物、服饰备抵，不敷之数，请示办理。

　　臣以同一公款而部款为尤重，既该革员尚有典屋及器具、什物、服饰可以凑抵，军火银二十万之款，自应先顾部款，当予批准。除令将典屋八所暨器具、什物、服饰实在值银若干，刻日开

---

① 原文如此。

折呈核估交备抵外，至该革员此外所欠公私各款究有若干，容臣逐一查明，饬提追究，再行具奏。理合将该革员所欠部款及江苏公款业经封典备抵各缘由，先行附片陈明，伏乞圣鉴训示。谨奏。

光绪十年正月初七日军机大臣奉旨：知道了。仍著查明该革员所欠公私各款，饬提追究，赶紧清理，毋任宕延。钦此。

奏闻查明革员胡光墉备抵各款由

为查明已革道员胡光墉亏欠备抵各款，先行恭折复陈，仰祈圣鉴事：

窃臣于上年十二月二十九日，业将阜康号闭歇亏欠各款查办备抵大略情形附片陈明，钦奉谕旨：仍著查明该革员所欠公私各款，饬提追究，赶紧清理，毋任宕延等因。钦此。当经转行钦遵，一面札委江宁布政使梁肇煌立提该革员到案，研讯确情，取具亲供以凭复奏。兹据该司详称，革员胡光墉束装来宁，因病未能到案呈递亲供，当即委员前赴浙省，按款查明估抵实数是否相符，尚未具复。

又准部咨，闽海关筹解西征军饷银二万五千两，发交阜康号领解，曾否汇解到台，未据报部。又江海关由京庄阜康汇解归还部垫未交银三万九千四百两，又西征光绪七年所解华洋商款四百万两款内，革员胡光墉扣存银一十万六千七百八十四两有奇，又经转饬查复去后。兹据该司查明，革员胡光墉亏欠部库及京外各衙门公款，其中款目纠缠，分隶数省，现就折开互相勾稽，亦复前后参差，或此盈彼绌，或挹彼注兹，但以大数较之尚可相抵，详请［情］分别奏咨前来。

臣查折开各款内，应缴户部京饷银十二万六百五十两，以泰安、广顺、广丰三典作抵。顷据浙江藩司德馨来禀，各典业已顶出，所有浙海关欠解之五万两，本月十五后即可报解。其闽海关之三万余两、江海关之三万九千余两，本月内亦可缴齐报解。又应缴户部充公银十万两，以成大、公和、义慎三典作抵；又应缴顺天府尹衙门公款银四万八千余两，以泰安、源生、祥泰三典房屋作抵；又应缴直隶练饷钱二万五千余串，以公义、余庆、裕丰三典作抵；又应缴天津税饷、筹防、赈捐等款银十万一千余两，以公济、大亨两典作抵；又应缴浙省塘工等项善举银十万八千余两，以大成典作抵；又应缴闽海关税银十二万七千余两，以大生、庆生、祥泰三典作抵；又应缴福建司道各库公款银十九万八千余两，以同庆、庆余、源生三典作抵；又应缴浙省纲盐局款银六万七千两，以恒牲典及公济衣庄作抵；又应缴浙海关税银十万两，以万和、裕大两典作抵；又应缴两江办军火及垫发银二十六万两，以公顺典及各处典屋作抵；又应缴上海道公款银十八万余两，以大和、悦来、丰裕、裕丰四典作抵。

以上各典查取切估，作抵公款尚属有余。其各处所存私款，据折开，都中阜康所存各户私款、票款八十万两，除以住宅及药铺共值银二十八万两先行抵偿外，尚欠五十余万两，现收衣饰、字画等件，估值银三十余万两，又筹借现银二万八千两，派人赍往分抵，其杭州、上海、福建所欠私款，均以市屋及家用什物、器具等项估价抵清，是公私两款均属有抵。

除照录清折咨部核办外，理合恭折复陈，伏乞皇太后、皇上圣鉴，敕部查核施行。谨奏。

光绪十年三月二十六日军机大臣奉旨：户部议奏，片并发。钦此。

奏报查办已革江西候补道胡光墉所欠公私款项情形

再，已革江西候补道胡光墉所开阜康汇兑号闭歇，钦奉谕旨交臣查办，已遵将所欠公私款项查明封产备抵。奏奉谕旨：户部议奏，片并发。钦此。

部咨陕甘借用四百万洋款案内，胡光墉扣存水脚、行用、补水银十万六千七百八十四两，系擅扣滥支之款，应即追缴。经臣查明该革道经收洋款由沪运鄂，轮船、水脚、保险、抬力等费，共用银三万余两，鄂粮台有案可稽，系属应支之款。行用一项，因此次借款系上海泰来洋行伙友福克向汇丰议借，月息只八厘零，较之从前一分二厘五毫轻减多矣，是以准给福克行用银二万两以酬其劳。此款系福克所得，非胡光墉影射，现有福克可询，自不得向该革道追缴。至扣留补水银五万六千余两，因借用洋款向不误期，各关解到银两低潮不一，比时不能分向各关补足，而各关解项行之内地，本无所谓低潮，而洋商苛刻，总谓银色不一，故立合同，先言明补水，扣存银于洋人梅博阁处，并未存胡光墉之手，且每次补水无多，现尚存四万一千余两。胡光墉虽业商贾，颇知好义急公，当宽裕之时，捐赈动辄数万，即上年捐修范公堤、川沙堤，计钱亦八万串，有奏案可查。

前项应发之款，谓其于中牟利，该革道当不屑为，且当日均禀明陕甘批准有案，自应准销。惟陕甘未经逐款咨部，以致部中无案可稽。适因新疆修理城工需款甚急，部议将前项十万六千余两，勒限追缴，解至甘肃粮台。如胡光墉有款可追，自应追缴，无如该革道所有房产、典当、铺屋、衣饰、什物、器具概已查出备抵，无可再追，即令严追，胡光墉愁病屡躯，无非束手待毙。倘胡光墉一死，伙友星散，于现在封存备抵之件，更恐无益有损。合无仰恳天恩，俯念前项银两系批准发给之款，免其追缴，新疆城工另行由部拨款，其补水尚存银四万一千余两，应由江海关道提取解部，以重公款。谨附片具陈，伏祈圣鉴训示。谨奏。

奏明拟筹发官款设立茶栈并官银局由

再，已革江西候补道胡光墉所开阜康汇兑号闭歇，亏欠公私各款，钦奉谕旨交臣查办，已遵将大概情形奏明。奉旨：知道了。仍著查明该革员所欠公私各款，饬提追究，赶紧清理，毋任宕延。钦此。

旋提胡光墉到宁，发藩司梁肇煌提讯。据藩司详复前来，查核公款，将典当作抵，均属有着。私款亦将产业、店铺、衣饰作抵，惟数目是否相符，尚需俟委员查复，已另行具奏。

窃惟胡光墉虽业商贾，而颇以信义为重，人所共知。若系市井狡猾者流，各省公私款项，自不致收存如许之巨，贸易何能推广数省。查咸丰十一年杭州被围时，该革员采办米粮、油烛等物，航海泊钱塘江八十余日不得入城，而城外军民藉资接济，所费不赀，至今军民犹能言之。该革员自同治初年经臣调营差遣，委办上海采运局，于军饷、军需筹垫筹捐，不遗余力，臣于陕甘任内，历次奏明在案。而胡光墉遇有地方善举，知无不为。在浙既设义渡、义山、粥厂，复捐助直、东、晋、豫、陕、皖、江、浙等省赈款及寒衣、药料，捐银约百数十万两。近年捐修范公堤钱五万串、川沙堤钱三万串，安徽赈款五千串、浙江赈款洋银八千元、山东赈银一万两、直隶赈银三千两，捐江浙寒衣赈米合钱数万串，凡此善举，皆成巨款，亦有各省奏案可查，其非以封殖为工、诈骗营私之辈，谅在圣明洞鉴之中。

此次闭歇，实因银源梗塞，不能流通所致。洋商平日号称善于经营，近亦多以银路枯涩，向臣婉求通融周转，即其明征。前内地淮商具呈运司，以生计萧条，扬州、镇江繁盛之区，银店纷纷倒闭歇业，市面萧索，民心惶惶。臣察其情状属实，不得不允暂由票费存款借拨银十八万两，约数月内归款，镇江、扬州市面始觉顿有转机，课厘乃能照旧征纳。其时又接各省缄牍委员禀报，无不以银路枯涩为虞，近如浙、皖、江西，远如湖南北、粤东西及新疆一带，无不盼协饷早到为济急要着，固不独上海及各海口为然。

缘中外通商贸易，以丝茶两项为大宗，向来洋商赴华购买丝茶，均用现银置货，虽云以货易货，然必俟各色洋货变价得银，始能置货，则仍是用银也。近来中印度讲求养蚕取丝诸法，仿华人拣茶、焙茶、燻茶、炒茶，如是丝茶之利猝兴。湖广、江西、安徽各郡县所产之茶装运赴上海售卖，洋行任意掯勒，扰乱市价，商贩苦之。江浙之丝亦然。

臣拟先于省城设立茶栈，酌发官本，招商试办，以恤小民而杜洋行掯勒之弊，业经行司核议。如茶栈有成，即可罢洋行把持市面之利。商贩运茶赴栈，押银周转，酌取息银，不致受洋行掯勒之害，将来华商自采利权，洋商亦无虞隔开，诚两利之道。不仅江南省城商旅辐辏，市集当有起色已也。印度虽产丝茶，亦只敷各国都城及所辖各近处埠头之用，未能推行及远，而沿海数万里，中国丝茶不到，贸易中断，以是由各国至上海中间各埠，不但华商绝迹，洋商亦阻遏不前，商既屏足，银即断流，此中国通商各口所以同苦银源枯涩之由也。

美国思急起专攘其利，故有运新铸银饼三千九百余万元赴上海之议，闻不久可到上海。如其速到，于各商岸市面情形容有转机。惟查美洋千五百元只抵实银千两，美国此举不甚合算，其价值随时涨跌，尚未可知。

至上海华商，仅胡光墉所开各号，今一旦闭歇，则利权尽归洋商，于局势实觉非宜。臣接阅各处密报，殊深焦灼。无论胡光墉为通商局务必不可少之人，即从前臣办陕甘新疆军务，正饷源枯绝时，朝不谋夕，全军所以得免饥溃而时其缓急，俾资周转者，系胡光墉一人是赖。尝称其为国商，非虚语也。此次倒歇，实因银路梗涩，非胡光墉蓄意骗赖，亦非由其营运不工所致，自不得不量予通挪，俾能复振，以维时局。

惟事有难定者，局外议论风生，不知底里，必疑臣为有意庇徇华商，显冒不韪，臣将无词自解，一也；空定补救，贻以画饼，致成再误，二也；江南厘捐各局搜索已频，近办海防益形萧索，仅恃淮盐课厘一项，聊资挹注，而本省调发频仍，外省征求愈迫，大有前竭后空之虑，三也。所幸者，臣履任以来，整顿盐务，鄂、湘两岸增复三万二千引，皖岸增复一万七千七百六十引，淮北增复十六万余引，如果缉私严密，官运畅销，计岁增课厘银约八十余万两。而现议移臣亲军及各营修复淮水由云梯关入海故道，可期节省经费，实用实销，刻期完事，以成永利。各营勇弁均熟谙工作，用其所专，必期节省，所收课厘除陆续支销外，尽可通融挹注，挪用接济，以济银路之穷。而治河按日月给饷，虽挪用一时，待至夏秋，银路渐次疏通，陆续填还，彼此均期无误。

如准胡光墉于江宁设立茶栈，就栈兼设官银局，则银路疏通。据胡光墉禀，各处存款均能次第清还，断不致辜负恩慈，再干重戾。质之王加敏、邵友濂，均信为诚然。至浙江藩司德馨，则深知臣现拟办法为顾全大局。李鸿章并饬招商局委员传谕胡光墉，所借直隶官款，暂毋须急解，如此外尚须通融，仍当为之借筹，与臣愚见亦不约而同。盖为大局计，非银源流通不可，而顺畅其流，尤非裕其源不可。譬犹治水必先浚源头活水，使之盈而不涸，又如治病必先究其病根所在，而始论证疏亏，以施其调泄之功。此事既时局攸关，非空言所能斡旋，亦非迫促督责所能见效，除筹发官款设立茶栈并官银局外，别无良策。是办理此等巨案，似宜从宽入手，乃有归束，亦如道光年间户部银库一案，但责户部堂司各官及分派查库差使之御史、给事中，按在事月日赔缴，暂免深究，而库款究归有着，人材亦由此出。是必变通，从宽办理，始期渐有归束，其理易明。诚以大局攸关，拟求变通办理，非仅为保全华商胡光墉计也。

臣愚昧之见，是否有当，伏候圣裁。谨附片具陈，伏乞圣鉴训示。谨奏。

光绪十年三月二十六日军机大臣奉旨：览。钦此。

奏为革员胡光墉经手行用水脚等项银两实系因公欠款请免追缴事

再，臣于上年六月初四日接准户部咨：遵旨议奏：臣前恳免追革员胡光墉已发水脚、行用、补水银两一案，部臣以借款之初并未预行奏准在案，前项银两，部中既无案据，均系不准支销之款，是以不敢率准免追，并请旨饬下督办新疆军务大臣刘锦棠、陕甘总督谭钟麟确切查明，将行用、补水、水脚银两原借之初，有无批准案据，送部备查等因。光绪十年六月初一日具奏，奉旨：依议。钦此。咨行前来。嗣经刘锦棠以借用商银，事不常有，济一时之急，所费较多。所余费前两次支项均经胡光墉具报，有案可稽，七年支项，系属援案开报，今以滥支从中追缴，于理诚当，于情转为可矜。此案因公支用银两，可否咨请户部鉴核，特予转旋，奏请免追，嗣后不得援以为例，以昭大信等因。又经户部核驳，碍难准行。

臣经光绪七年四月初一日具奏西征军饷支绌、筹借洋款、以资接济折内声叙，胡光墉偕同德国泰来行伙福克及英国汇丰行伙勘密伦先后来见定议。奉旨：该衙门知道。钦此。所有前项水脚、行用、补水银十万六千七百八十四两，除补水一款，现尚存汇丰洋行四万一千余两应由上海道提解外，其行用银二万两实系给福克具领，并非胡光墉经销。臣议借折内，已叙明福克、勘密伦偕来。商人开行，原为取行用而设。福克若不图行用，何肯与勘密伦偕来。福克现在上海泰来行，非无其人为影射可比。明知行用福克所扣，而乃惟胡光墉是追，似亦有所不忍。

至水脚、行用银三万二百余两，查由沪解驻鄂粮台之银，实有三百十七万余两，由沪至鄂水程二千余里，轮船，水脚，保险，装箱，排钉，扛驳，委员、护勇川资，每百两开支银九钱五分，鄂台有案可稽，非空中捏报可比。

总之，臣前交卸陕甘总督篆务，因刘锦棠、杨昌濬甫经受代，深以饷源枯涸为忧，臣虽去任，不欲贻累替人，是以饬胡光墉、福克商借洋款。臣若不念西事关重，何敢毅然代筹，自取重累？胡光墉若非奉臣缄牍，亦何肯干预官事，自贻伊戚？现在西事大定，动用各款业经开单奏销，经部核准有案。在部臣职司应支与应发之款，未经先行奏明立案，必予驳诘，在臣代筹西饷，去任多时，遂未及逐款陈奏，至蒙漏疏之咎，百喙难辞。既经刘锦棠查明有案可稽，可否仰恳特恩，俯念胡光墉经手行用、水脚、保险等项银两，实系因公支用，非等侵吞，免其追缴，此后不得援以为例，饬部查照，以昭大信，出自鸿慈。谨附片具陈，伏乞圣鉴训示施行。谨奏。

光绪十一年三月二十二日军机大臣奉旨：户部议奏。钦此。

贺涛藏友朋弟子书札辑证

朱曦林 辑证

说明：贺涛（1849—1912），字松坡，直隶武强人。光绪十二年（1886）进士，官刑部主事。先后主持信都书院、保定文学馆讲席，期间一度兼领陈启泰、徐世昌讲席。早年师从张裕钊、吴汝纶，为晚期桐城派代表人物。赵衡、吴闿生、武锡珏、李书田、王在棠等皆出其门。北方桐城学人，亦多由其引介而入徐世昌幕府。有《贺先生文集》《贺先生尺牍》存世。

本篇收录贺涛藏友朋弟子书札60通，除致贺涛及其父、弟外，兼收他人之间往来信函，涉及袁世凯、徐世昌、徐世光、杨士骧、劳乃宣、陈启泰、毛庆蕃、严修、范当世、傅增湘、吴千里、陈宝箴、阎志廉、尚秉和等人。时间大致从光绪十六年（1890）至宣统二年（1910）。主要内容涉及贺涛经历、友朋之间交往、关于晚清时局的讨论等。书札原件藏于中国历史研究院图书档案馆，收入《贺葆真与徐世昌等往来函稿》（以下简称《函稿》）第2册中，迄今罕有关注利用者。虽已整理成册，且每通书札下均注明页码，但排序多舛乱倒置。为便于读者利用，本次整理将所有书札一一考证后重新排序，并对涉及的人和事略作考证，个别难以系

整理者：朱曦林，中国社会科学院文学研究所副研究员。

年者系于本篇之末。

王用诰致贺涛
（光绪十六年①）

松坡贤侄足下：

接手书，得悉文祉康胜，足慰远怀。辱教论定心神，自揣平昔于谨独为己之学行之不力，闻此不觉愧汗无地。先儒言定心，有气定、理定之别。气定，天性沉静之人不学亦能之，性浮动者用功驯扰，其气乃能之；理定，则贵知明守定，大之不动心于死生祸福荣辱得丧，细之憧忧往来将迎系恋之念一一俱绝，乃能言定。朱子谓其门人曰：须用二三十年苦功始可与言此道，知之非艰，行之惟艰。诰今老将至矣，尚愿与足下共勉之。

大作气味已入古人之堂奥，必传无疑。《藏园记》雄厚，尤近昌黎短章，惟比拟不伦，愧何敢当。在京不能得当代大事大人物记述之可为文集压卷，古文巨手胸中郁勃欲出者不知几千万言，而无大事可称述，如归熙甫，亦憾事也。得与奇才能文者谈论，第一乐事。自古德行术艺未有无贤友辅助而能有成者，惟择交当视其品行，与人交贵谨言以虚受耳。某君言事时，言事者皆

---

① 按，本札中王用诰提及"《藏园记》雄厚，尤近昌黎短章，惟比拟不伦，愧何敢当"，又言"芷村谨默寡言，人多以无用之书生目之，余独喜其有内心，今小试吏治，果已有效，历练数年，可为循良。果能获上，得展所欲为，亦人生一乐事，似胜沉滞部曹，事事循例也"，据《贺先生文集》卷二，《藏园记》作于光绪十六年（《贺先生文集》卷二，《清代诗文集汇编》第771册，上海古籍出版社2010年版，第555页），且贺涛在光绪十六年致张裕钊书札中言及贺沅"去年十一月到闽，正月八日到上杭任"（《贺先生书牍》卷一《上张先生》，《清代诗文集汇编》编纂委员会编《清代诗文集汇编》第771册，上海古籍出版社2010年版，第645页），可证本札当作于光绪十六年。

浸浸大用矣，自其偾事，底里尽露，朝廷于是有轻视言官之意；当路者固摧抑之，以便于己，遂相率缄口，无敢指陈得失者，致如所论。然则如某君者，不得谓非天下之罪人也。天人之感应，理至精微，事至显著，自古圣哲兢兢于此，乃惑于鬼论，谓天变无与于人事，恶人言之，此患之中于隐微亦不细矣。《经正录论语》已毕，又竭数月之力，当考证者补足之，拟缮成籍，望足下求人鉴阅，可否？近温习《易经》，于近儒所推求如卦气爻辰消息、飞伏、错互等说，皆置不论，专依《翼传》寻绎经义，仿《春秋》比事之法，比例观之，于其同不同处，往往得其精义，时有会心，不觉手舞足蹈，未知与能文者得一佳文所乐孰大？魏鹤山与真西山齐名，而近人多右魏，近得其文集读之，亦承朱子之学者也，兼通声音训诂，文亦主义理，而渊雅博通，尚不尽用语录语。书为近时翻刻，讹谬颇多，尊驾当有旧本也。

芷村①谨默寡言，人多以无用之书生目之，余独喜其有内心，今小试吏治，果已有效，历练数年，可为循良。果能获上，得展所欲为，亦人生一乐事，似胜沉滞部曹，事事循例也。铭儿习举业外，读《通鉴》、三礼，以为异日学古之本，其时文不熟，诚如所言，日与不若己者处，进益亦颇难耳。四家兄兴致犹昔，惟亦见老境。六弟官声，有自川来者皆称许之，家中负债累累，官中私债又五竿矣，其挥霍之性仍旧也。先君碑文寄上一纸，寄信不能多带。此颂升安。

用诰②顿首

室人暨儿孙辈均壮健，贱躯亦粗适无病。

---

① 贺沅，字芷村，直隶武强人，贺涛之弟。光绪十二年进士，选庶吉士，散馆选授福建上杭县知县，光绪十六年正月莅任，在上杭任十二年。

② 王用诰，字观五，号小泉，直隶深泽人。拔贡举人，专讲程朱之学，著述甚富，尤以《论语经正录》知名。

王用诰致贺锡璜

（光绪十六年九月九日①）

苏生②大兄大人阁下：

夏间接奉手书，敬悉一切。旋经大水，道路阻隔，又乏鱼便，至今未及裁答，歉仄奚如。比维文祺康胜，诸凡纳福，定符心颂。验看约在何时？院试后即至深冬。老年不可冒寒出门，想在明春矣。届时务乞顺道过此小住，或约同进省聚首谈心。自去冬握别，忽忽又交冬令，光阴迅速，老境日进，平生知心有几，而不能常相会，并怅也奚如。贱躯近尚顽健，日用应酬外，尚有一二时读书，平平无可言者。四家兄腿疾未愈，动履须人，幸眠食尚好，服牛乳大有益。六舍弟在川，官事平顺，有自川来者皆谓其官声甚好，惟仍是窘手，到任已六七年，宿债毫未偿还也。孝铭自落榜后，尚未作文，昨到省，在吴挚翁处住十余日，冀受教益，而终日与其朋友弟子相嬉笑，绝不言学问事，亦可怪也。室人近年亦结实，饮食甚多，气痛病亦未犯。弟又得一孙，颇胖壮，孝铭出。敝处年成尚好。草草书此，即请升安。诸维心照不具。

　　　　　　　　姻小弟王用诰顿首　儿辈侍叩
　　　　　　　　九月九日

---

① 按，前录王用诰致贺涛书札中提及"六弟官声，有自川来者皆称许之，家中负债累累，官中私债又五竿矣，其挥霍之性仍旧也"，而本札中则云"六舍弟在川，官事平顺，有自川来者皆谓其官声甚好，惟仍是窘手，到任已六七年，宿债毫未偿还也"，所述内容颇为契合。又，本札中云"贱躯近尚顽健，日用应酬外，尚有一二时读书，平平无可言者"，而在随后致贺沅的书札中亦言"贱躯迩来粗适，冗务仍不能绝，暇则观玩《易》理，间有会悟，可以悦心。莳花观鱼，亦足消遣"，可知两札内容亦相互关联。故本札亦当作于光绪十六年，且结合落款日期，当在光绪十六年九月九日。

② 苏生，即贺锡璜，直隶武强人，贺涛、贺沅之父。曾任故城训导，以子贵覃恩封中宪大夫。

王用诰致贺沅

（光绪十六年九月十六日①）

芷村姻侄台阁下：

别已倏忽经年矣，曾因府报得闻抵闽到任诸情形。昨奉手书，详悉一切，并知官况平安，至为欣慰。阁下深沉稳练，遇事勤慎，莅兹百里，固所优为。先治赌盗为今时第一要务，严治而痛惩之，使之知惧，而后吾令可行，城内敝绝，四乡当闻风敛迹，不时亲身巡查，已得要着矣。至于查保甲、办连庄，则甚非易易。此事奉行者不得其人，利未见而敝已百出。鹿忠节云："不使官人常与民交接，民乃得安居。"胡文忠公，治鄂有名者，亦在多用士人而不专靠官吏。阁下到任以来，想能礼接绅士，察其贤否，洞悉于各乡之民情，然后择古人之善政与地方相宜者，与公正绅士酌而行之，自能有益而无弊。诸葛公云："集众思，广忠益。"此言味之不尽也。风水之案，先伯在任时即痛恶之，而不能骤革其弊俗。此是本病在于学术不正，义利不明，习俗陷溺已深，非一时言语政令所能化也。

贱躯迩来粗适，冗务仍不能绝，暇则观玩《易》理，间有会悟，可以悦心。莳花观鱼，亦足消遣。儿辈照常读书，三儿入泮。室人身子照常结实，各院亦均平安，知关附闻。即颂升安，

---

① 按，本札中王用诰提及"别已倏忽经年矣，曾因府报得闻抵闽到任诸情形。昨奉手书，详悉一切，并知官况平安，至为欣慰。阁下深沉稳练，遇事勤慎，莅兹百里，固所优为"，又言"先治赌盗为今时第一要务，严治而痛惩之，使之知惧，而后吾令可行，城内敝绝，四乡当闻风敛迹，不时亲身巡查，已得要着矣"，可知当在贺沅莅任福建后不久，结合前录贺涛在光绪十六年致张裕钊书札及本札落款，本札当作于光绪十六年九月十六日。

并阁署均吉。

用诰顿首
九月十六日仲

雷先生书尚祈留神。

范当世致贺涛
（光绪十七年六月十二日①）

坡翁老兄大人足下：

昨见步笏峰②，方知足下在莲池雅乐不我同，而欢欣固出于意外。此将旧日冀州所使唤童奴姑留未遣，正欲借其归赍书奉问，而州僻人稀，实与天涯同叹，不若莲池声息相闻也。足下之不绝于余心，有诗为证，盖昔冬在庐陵道中所为。其诗云："吾家望子三千里，吾去家山一万重。踪迹益疏音问断，性情雅好梦魂慵。年来不幸常空甄，病后无言似哑钟。怅望师门渺愁绝，古人安得独从容。"相隔既遥，何由知足下之不思我耶，而怨妒深矣。所以不汲汲奉寄者，缘昔时与内人初交，谈所以为继母之道，必为之称述在冀州时登堂拜母之一节，于伯母之徽音容止，喻告颇详，内人辄为神往。尔时即有一段文字在胸中，时时欲书之以为伯母寿，既扰于时文，又阁于病，竟未果也。念足下亦将以此不然我，故遂欲果作而后并呈一书，今不能待矣。拙病虽小愈，

---

① 按，本札中范当世提及"闻足下有目疾，此亦须西医治否，何妨来津耶"，可知当在贺涛得目疾后不久所作。据《贺葆真日记》"光绪十七年四月二十九日（1891年6月5日）"条"吾父至自故城……钞《士丧礼》未终而得目疾，得目疾即赴故城之日，故至故后即不复钞也"（贺葆真著，徐雁平整理：《贺葆真日记》，凤凰出版社2014年版，第3页），则贺涛得目疾在光绪十七年四月，结合本札落款时间，可判断本札当作于光绪十七年六月十二日。

② 步以绅，字笏峰，直隶枣强人。光绪拔贡。曾师从吴汝纶、赵衡受古文法。

终不能用心。此拟务欲养复贱躯,故一日精神仅敷教读,即不敢更议其他,惭负师友,如何如何!闻足下有目疾,此亦须西医治否,何妨来津耶。久不问,姑以此发端,亦望手教。伏询大安不宣。

弟当世①顿首
六月十二

范当世致贺涛
（光绪十七年十一月初六日②）

坡兄大人如手:

别来不觉弥月,计动定安善。眼光何如,极念无已,进退状幸时时告也（虽果如林大夫言,亦必十分谨慎,勿于灯下看书,万一再坏一血管,则奈何耶）。襄阳王季远编修于兄去日到（此真雅才,而人亦好极,住十间房,襄阳虽晤,岁入都必访之,我当介绍）,颇复踵前所为（亦因为之张罗,而有所牵率,然得不偿失）,劳民伤财,莫此一月为甚,未必非兄启之耳。渠张罗乃甚难,弟既不谙人情,又不耐琐碎,渠所赖者我,而我又无货贿可贻,真乃窘极。直到计无复之,乃为一书游说于军械所之张观察楚宝（名士珩,戊子举人）,姑尝试之,不谓其应之如响,一

---

① 范当世,原名铸,字无错,号肯堂,江苏通州人,诸生。早年师事张裕钊、吴汝纶,受古文法,相从最久。曾任鹿邑县知县,主讲观津书院。为文谨守桐城家法,其诗尤为时人所重。

② 按,本札中范当世云"别来不觉弥月,计动定安善。眼光何如,极念无已,进退状幸时时告也",据《贺葆真日记》"光绪十七年十月二十一日（1891年11月22日）条":"吾父至自家。吾父之入都也,过保定留二十余日,至都住百日,适天津,由天津旋里。"（《贺葆真日记》,第4页）又据光绪十七年贺涛致吴汝纶书札云"筠峰前到天津,因肯堂与林医相见,与论所患,大以为神妙,场后决往治之。涛出京时,倘所患不能大减,亦当迂道就之。因与肯堂一聚"（《贺先生书牍》卷一《上吴先生》,《清代诗文集汇编》第771册,第645页）,所言均与本札内容契合,可知本札当撰写于光绪十七年,且结合落款时间,应为光绪十七年十一月初六日。

举而集二百金，然后其事乃大毕。楚宝者，合肥之甥，好学有文（酷好吾辈），而与我不过一面，然后知"同明相照，同类相求"，断断不易之理，而文章之为物，果非无周比也。曩属兄交刘生一函，颇忧其穷，而欲为之地。经此一番，则知此事良不易，独可稍分吾卖文之赀，助其万一之窘耳。愿兄以此曲折语之（必说此曲折，方知前语非轻发，而今语亦非轻收也），恐彼或以前书所云云为可恃也。先生寿文已撰就（文债太多，当次第了之，而欲佳之文，当相度精神乃动手），至老乃十分夸许，而自罢不复为想，（原先我云必作，而今乃借此胡赖，只集一联，云"文字空千岁，声名动四维"。）偏宕之辞，果有中耶？然则亦大国必更待其平论而始定矣（看与至老所评点议论何如，此真乐事也，必弗迟矣）。伏询道安。

弟当世再拜
十一月初六

明岁入都，仍过此为是。此稿必以岁内还我，由华家寄乃更速。

范当世致贺涛

（光绪十八年闰六月廿八日①）

松坡仁长兄同门大人足下：

去冬蒙寄还武昌师寿言，评识皆着痒处，良为欢忻，惟盛誉

---

① 按，本札中范当世提及"去冬蒙寄还武昌师寿言，评识皆着痒处，良为欢忻，惟盛誉固非其实耳。相国寿文后，遂不复为，独撰一联道意。春来为相国代《怡志堂文集叙》一首，似尚不恶"，又言"内子已来，相国假以吴楚公所"，而据范当世所作《怡志堂文集叙》，落款为"光绪十八年二月"，复据其《与三弟范铠书》、《诗集》卷七《先立秋一日同挚甫先生舍弟仲林登寓园台玩月同赋明日舍弟行矣》所载，范氏夫人是在闰六月到津（范当世著，马亚中、陈国安点校：《范伯子诗文集》，上海古籍出版社2015年，第106、398、514页）。故结合落款，本札当作于光绪十八年闰六月廿八日。

固非其实耳。相国寿文后，遂不复为，独撰一联道意。春来为相国代《怡志堂文集叙》一首，似尚不恶。嗣有"哀诔""传记"等亦数篇，惜匆促无写手，容当并陈，想新作亦积得几许耶！都门往反皆不由天津，公亦太薄情矣。挚翁来此两度，俱极欢，能无健羡。内子已来，相国假以吴楚公所，俨然中国而授室，继粟继月，不知者遂忘其为穷薄书生，而疑其力之无不可为，谋馆谋差、借盘川者络绎而至；又明明有康庐在，不复能似前此之深藏简斋；或颇有姻连，即登堂而坐，索面其实。吾有何能，至不得已而独藏钱耳。相国家益有事，公车及新贵过者益多，自春徂秋，吾之精力、钱财俱乏极。见有名刺来投，则立起大恨，谓此地真不可复居矣。足下之往反不由津，毋亦怕与于恨恨之数耶？而优游僻州，不复与于人间理乱事，抑何乐也。

归来理学生课毕已三更矣①，不复能从容，而手写此八百十五字之长篇，务使洁敬入览，可谓勤矣。公亦不可负我，而务以紫竹林归来，细细为我圈点评议，仍以斯稿见还，而它日必另录，与之携去。不遵约束，比并吴先生稿亦不代录也。大稿即付去人，我亦随到随读。敬叩坡翁老兄大人早安。青友长兄均览。

弟当世顿首
廿八日四更

陈三立致贺沅

（光绪二十二年十月十七日②）

芷村仁兄同年公祖阁下：

---

① 按，自"归来理学生课毕已三更矣"以下为《函稿》第 2 册第 168 页。

② 按，李开军撰《陈三立先生年谱长编》卷四（中华书局 2014 年版，第 361 页）收录本札，系于"光绪二十二年十月十七日"，所考允当，故从其考证系于此年。

曩缘一第，获厕末光，藉甚声香，齐辉俪嫟。嗣达京国，十载于兹，未尝不缱绻清尘，瘦怀无已。往同知旧得读贤兄纂著之言，儒人之文，竺雅深美，远希曩哲，近溉时贤，岂唯雄视北方，固亦度越当代。一昨鄙宗远来叔辈自闽抵署，复稔大夫君子造福吾乡，仁沫所流，泳游迥迩。窃唯君家伯仲，照映一时。贤兄振誉于严廊①，足下蜚声于紧望，闻风在远，动色相嗟。而临睨旧乡，瞻言故宇，松楸之慕，阅百世而怆怀，桑梓之恭，历九州而结想。忻唯茂宰，泽及吾宗。昔托契于萧陈，合兴歌于召社，其为宠幸，可胜言哉！弟随侍湘中，杜②门谢客，昕夕多暇，谬足自娱。唯是世变方新，知能无似，顾瞻时局，揣分知惭。遥睇层云，其何以惠之教益耶。海色江光，引领无极，肃缄布臆，不尽于言。伏希亮察，即颂③勋安。家公代候嘉福。

　　　　　　　　　　　　　　　　治年愚弟陈三立顿首④

敬再启者：敝族旧有乡祠一所，湮废不治，仅存基址。家公怆念先泽，欲于岁时稍葺椽室，追复旧规，惟此祠曩因基界事，颇与邻居何姓构衅，倘届时仍有违异，伏乞俯推锡类之仁，有以善全之。感纫何极。

　　　　　　　　　　　　　　　　　　　　三立又顿
　　　　　　　　　　　　　　　　　　　　十月十七日⑤

---

① 自"芷村仁兄同年公祖阁下""远希曩"在《函稿》第 2 册第 84 页，自"哲"至"贤兄振誉于严廊"在《函稿》第 2 册第 87 页。
② 自"足下蜚声于紧望"至"弟随侍湘中，杜"在《函稿》第 2 册第 86 页。
③ 自"门谢客"至"即颂"在《函稿》第 2 册第 85 页。
④ 自"勋安"至"治年愚弟陈三立顿首"在《函稿》第 2 册第 89 页。
⑤ 自"敬再启者"至"三立又顿。十月十七日"在《函稿》第 2 册第 88 页。

徐世昌致贺涛
（光绪二十三年二月①）

（上阙）昨闻进城下顾，昌守灵萧寺，未得握晤。谨撰先君行略、先慈行述，始成初稿，录呈鉴正，敬求赐撰墓志。夏间如能告成，当再来禀，求书寿石，明春安葬，即可纳诸圹侧。先人千秋之名，赖大文以传，此心感泐，岂可以寻常计哉。现拟望日扶榇南行，归途欲到保定，求挚甫先生作墓表，并为先外祖诗集作序，执事能为我先容乎？渥承光宠，再来拜谢。敬上松坡大哥同年。

棘人世昌叩首②

贺老爷台启：刑部，松坡书，外书二卷。奴子误闻，从者到京，持此书送宗宅，知六七月始来，兹特走卒送呈。如赴冀州，乞赐速寄为叩③，不及另书。去差尚赴山东，不候复书，给一刺可也。有拟望日扶柩南行，过故城，如在百日外，尚可舣舟过访。昌再拜④

陈三立致贺沅
（光绪二十三年秋⑤）

芷村公祖仁兄同年大人执事：

---

① 按，本札中徐世昌提及"现拟望日扶榇南行，归途欲到保定，求挚甫先生作墓表，并为先外祖诗集作序"，据徐世昌《水竹邨人年谱稿》载"扶太夫人柩登船"事在光绪二十三年二月（贺培新辑：《水竹邨人年谱》卷上，《近代史资料》总69号，中国社会科学出版社1988年版，第19页），故可知本札撰写时间当在光绪二十三年二月。

② 自"昨闻进城下顾"至"棘人世昌叩首"在《函稿》第2册第56—57页。

③ 自"贺老爷台启"至"如赴冀州，乞赐速寄为叩"为信封正面，在《函稿》第2册第180页。

④ 自"不及另书"至"昌再拜"为信封背面，在《函稿》第2册第181页。

⑤ 按，李开军《陈三立先生年谱长编》卷五（第415页）收录本札，系于"光绪二十三年秋"，所考允当，故从其考证系年于此。

不奉清诲，良用慕思，江海阻深，梦言为剧。去岁曾寓一书，想达冰案。就惟闳模康赖，循绩崟崇，政化覃敷，群流瞻仰，敬颂无量。弟顽钝自如，无复震策。家君精力犹昔，湘中情形一是安静，足慰爱存。敝族宗祠，久待修复，兹始筹款，属家叔、家兄航海前来，庀材兴工，冀有规模，少寓敬宗收族之意。惟人地多不相习，有托维持之处，尚恳随时垂注，俾得刻期落成，则感纫隆情，实无既极。松坡同年今岁尚馆保定否？并以为念。肃此。敬请政安，并贺秋禧，统希亮鉴。

治年愚弟陈三立顿首

家君命笔致候。

陈宝箴致贺沅

（光绪二十四年四月①）

芷村公祖仁兄世大人阁下：

凤仰循声，久殷慕仰，顾瞻棠宇，亦忝部民。庚寅之岁，小住春明，适令兄松坡比部以与小儿三立丙戌同年，枉驾过访，并出所著古文辞见示，学行之优，超轶流辈。爰于过从之顷，借聆

---

① 按，陈宝箴在光绪二十四年四月二十一日与族弟陈观伍的书札中提及："前接第信，知祠事将竣，闰月廿二日进主，遂寄信至家，约于月底至九江守候，接凤侄灵榇回州。正盼望间，忽于四月十八日接刘坤庭赍到弟函，骇愕不可名状，不意祖祠竟遭横逆之祸。何姓无理逞强，一至此极，真同化外矣。原籍族人贫弱，被何姓欺侮，不可数计。……乃何姓犹相逼迫不已，至于放火焚祠，肆行抢捉，为寇盗之所不为。是可忍也，孰不可忍……乡蛮举动，往往如此。贺公素有政声，必能严拿到案，秉公审办。……倘其恃众顽抗，贺公似难遽尔办结，即速专人至汕头发电告知，兄即咨请闽浙总督及福建臬台，严切办理"［汪叔子、张求会编：《陈宝箴集》卷三五《与禹畴五弟（一）》，中华书局2003年版，第1675—1676页］，而据本札中陈宝箴所云，可知本札乃陈宝箴得知上杭祖祠已近完工而被焚毁后，致书时任福建上杭县知县贺沅说明此事，请其协助，故当作于光绪二十四年四月二十一日后。

棣萼之辉，且知与故人方君存之、吴君挚甫久相周旋，渊源所渐，德门之庆远矣。

宝箴祖籍上杭，为贤者莅治之地，饫闻嘉政，钦挹靡涯。近以原籍祖祠咸丰中毁于兵燹，或云为土人惑于风水，兼挟宿嫌，乘机快意所致，语亦无征。惟以敝家迁徙近二百年，族人留居者率贫弱不能自振，日久无力修复，即祖墓亦间为人侵占。去岁宝箴遣弟侄辈挈资往建，而舍侄因病骤卒，仅堂弟观五在彼监修，已落成矣。方亟盼其早归，殊切悬系，乃日昨忽接专函，事出意外，谨将其亲笔来函附呈台览。舍弟谨愿无薄俗欺伪之习，度不敢仰欺君子，此函可征其实矣。宝箴等忘祖之罪，尚复何言。伏惟锡类之仁、悬镜之公，远近瞻仰，不敢有所陈渎也。肃泐。敬颂政安，统希亮察不备。

期治世愚弟陈宝箴顿首

附呈家信一件，计二纸。

再，小儿曾两次致书奉候，计已得达，今以母忧在疚，侍笔稽颡。

敬再启者：弟家由闽迁江垂二百年，本支所有先茔均托族人祭扫保护，而户口零落，多不能支，疏族又未便预闻。兹谨择其与巨族切近时虞侵扰者，如东山公、于庭公坟，山祖堂后山及瓜墩祠地等四处，命舍弟观五具呈冰案，请给告示四纸，禁止侵占掘损。仰荷鸿施，感且不朽。手泐。再请政安。

期宝箴再拜①

---

① 自"敬再启者"至"期宝箴再拜"在《函稿》第 2 册第 107 页。

陈宝箴致贺沅

（光绪二十四年七月①）

芷村公祖仁兄大人阁下：

顷奉惠函，具聆一是。忝承藻饰，备荷关垂。循览数周，纫感无既。比维政通人和，荣问休畅，黄堂即晋，丹祝允孚。

弟原籍祖祠因被何姓凭空焚毁，万不获已，赴诉台阶。幸赖鉴空衡平，主持纲纪，俾舍弟侄辈有所遵循，感荷讵有涯涘。中都敝族世与何姓比邻，屡联姻娅，岂肯遽启嫌衅。兼以贫弱式微，虽何姓历肆欺凌，从不与较。此次修复祖祠，又复屡经退让，而强横愈甚，辱侮先灵，致烦驺从赴乡履勘，究拿滋事各犯。明公有威，洵足以慭服顽犷。又承俯从各绅耆从中调处之法，谕令何姓修复祠工，清理先茔②，均立有遵依字约，具结存案，以后永不干预。似此情理兼尽，自足弭后患而绝讼端，贤令尹之威惠保全，岂惟宝箴与合族世世子孙感纫无斁，其自宗祖以下，实被甘棠之赐。惟屡渎清神，抚衷殊抱不安耳。大小儿见尚随侍在署，拟俟卜定茔域，扶榇遄归，仰承惠注，并以附陈。专复。敬伸谢悃，祗颂③升安。恭璧兼柬，诸惟亮照不备。

期治世愚弟陈宝箴顿首

又，颇闻潮属边境沿途时有不靖，舍弟回湘，须道经大浦等

---

① 按，陈宝箴在光绪二十四年七月十九日在与族弟陈观伍的书札中提及："贺明府办理此案，宽严得中，想见官声之好，实至名归，已作函致谢"［《陈宝箴集》卷三五《与禹畴五弟（二）》，第1678页］，而据本札中陈宝箴所言，可知本札即陈宝箴作函致谢之札，当作于光绪二十四年七月。

② 以上在《函稿》第2册第70—71页。

③ 自"均立有遵依字约"至"祗颂"在《函稿》第2册第121页。

处，可否乞派妥慎兵差数名，俾资照护。感荷云情，实无涯涘。

期宝箴谨再启①

宋朝桢致贺涛
（光绪二十七年除夕②）

松坡仁兄先生左右：

夏月追陪讲习之旁，饫领兰言，连日留饮醉饱，不忘辰经，兴居佳胜，至慰。

敬启者：李文忠星陨之后，朝野中外莫不生悲。吾师平生知己，曾文正而外，只有此老相处最久，相待最优，并此而无。归思勃发，加以仲彭昆仲敦求编订文忠遗集，偕归故乡，乘此机会，其志益决。冬月中旬，自都回省，作书坚辞。袁宫保恐争不过，遂竟诺之，书院高生怅然失所依归。鄙意以为北方文业从此扫地矣。同乡京官三十六人及畿辅士子等合词上书，禀恳坚留，袁宫保在都，亲诣款留，致为殷恳，而张尚书冶秋复两次觊求总办京师大学堂，一概谢之。闻张尚书于廿六日专折奏请，以三品京堂候补留办大学堂，弟为选事于廿日入都，次日谒师，再三问难，师意仍不转。窃思既已如此，无可强矣。省会乃首善之区，门下皆狂简之才，总其后者谁欤？师遂作书荐公以自代。吾乡灵光，万人属望，真非阿好之私言也。廿六日由都归，以师函代呈

---

① 自"升安"至"期宝箴谨再启"在《函稿》第2册第83页。

② 按，本札中宋朝桢提及吴汝纶在李鸿章病逝后，意欲返乡及挽留情况，据《桐城吴先生年谱》，事在光绪二十七年（郭立志编：《桐城吴先生年谱》卷二，《近代中国史料丛刊》第73辑，文海出版社1972年版，第157页）。又，光绪二十八年正月初六日贺涛致宋朝桢书札云："奉到惠书，承大府之命，述吴先生之意，邀弟主讲莲池，读之不胜骇异。以残废之人，处宾师之位，此笑柄也。所谓目自心不盲，乃爱我为解嘲耳"（《贺先生书牍》卷一《复宋弼臣》，《清代诗文集汇编》第771册，第653页），即是对本札的答复。结合本札落款，可知本札当作于光绪二十七年除夕。

周方伯。方伯云："汝曾言之，虽盲于目，不盲于心。"宫保亦以为然，专意延订，属弟作函，先容劝驾。惟吾乡官绅，不肯放行，亦无如之何。鄙见以为，方今讲求新学，造就新才，一邑不如一郡，一郡不如一省，其成功较大，而易为力也。且吾乡素皆依师为命，此意又出自吾师，若仍拘守一隅之见，不但不顾大局，抑且背师。通人度不为此，矧高明如公必不沼沼于不异，已定关不肯舍旧而图新也。楚哥以为何如耶？并恳商酌在院诸同人，春勋名师，亦无妨负笈相从。东海三千人之事可师也。弟不第为承师与宫保、方伯之命，实为造就人才大局起见。是否有当，专差飞呈候示。楚哥及诸同人同此致意，即请道安。

弟朝桢①顿首
除夕日

徐世昌致贺涛
（光绪二十八年七月既望②）

（上阙）君独坚卧不起，读致宋君书，知君之志不可夺矣。项城少保当代伟人，为朝廷所倚赖，尤为吾直之保障，其行事得于母教者为多。今秋将请于朝，归葬其母刘太夫人，而未有铭，海内能文章者惟执事与吴先生，特属鄙人作书，求椽笔作墓志铭，中秋左右脱稿勒石，九月之吉将藏诸幽宫。它日吴先生归自海外，拟求作墓表。刘太夫人之懿行，得两文以传之，可以不朽

---

① 宋朝桢，字弼臣，直隶南宫人。岁贡生，受业于张裕钊、吴汝纶，任莲池书院提调。光绪二十七年后历任山东邹县、潍县、菏泽知县。

② 按，本札中徐世昌所言，乃受袁世凯之托敦请贺涛为其母刘太夫人撰写墓志铭。而据《贺先生文集》所收《刘太夫人墓志铭》，该文系于光绪二十八年，结合文中所言"中秋左右脱稿勒石，九月之吉将藏诸幽宫"，本札亦当作于是年。且本札落款为"七月既望"，即"光绪二十八年七月既望"。

矣。而以吾直人撰述直省大吏先人之事迹，愈觉亲切而有征。执事幸操笔为之，至为祷幸。项城少保以素未与执事谋面，未敢冒渎，故属弟转恳，它日相见，再伸谢也。附呈《事略》一本，乞察入。

弟日劳于人事，学术不少进，发骎骎白矣，齿亦动摇，目昏翳久，不能作细书，而犹随三五少年浮沉于清华，省亦可愧矣。此布。敬候起居，惟希涵照不具。

年愚弟徐世昌顿首
七月既望

徐世昌致贺涛
（光绪二十八年八月二十日①）

松坡大哥同年大人左右：

前专足归，接诵复书，知为袁太夫人作墓铭，节后脱稿，兹特专足走领，以便寿之贞珉。书丹为华弼忱中翰，写作皆一时之冠，又皆为吾直人，信足为袁公增重矣。《雪夜送别图》诗另倩门人录呈斧政，能得大文为记以述其事，则此图传，而其事亦传矣。事后追溯，虽宴饮唱酬者，关乎国事之大者，具见友朋敦

---

① 按，本札中徐世昌云："接诵复书，知为袁太夫人作墓铭，节后脱稿，兹特专足走领，以便寿之贞珉。书丹为华弼忱中翰，写作皆一时之冠，又皆为吾直人，信足为袁公增重矣。"即前录七月既望日书札中所言敦请贺涛撰写袁世凯之母墓志铭事。可知两札前后相连。又，本札中徐氏云："目前时政自以培养人才为第一要义，而人才出于学校，挚甫先生奔走东瀛，栖栖不遑者，正为此也。"吴汝纶至日本考察即在光绪二十八年，亦可确证本札时间。且结合本札中"八月二十日"落款，可知当作于"光绪二十八年八月二十日"。另，本札中徐氏还提到："《雪夜送别图》诗另倩门人录呈斧政，能得大文为记以述其事，则此图传，而其事亦传矣。"其中《雪夜送别图》诗亦收入《函稿》第2册第8页，则可知徐世昌将此诗稿寄呈贺涛之原因。故应将《雪夜送别图》诗附于本札之后。

勖，信非偶然也。弟庚子奔行在，作诗近百首，体不一格，多抑郁忧愤之词，聊写我怀，无足观也。

　　执事苦志为文，上追韩氏，而所苦正同韩门之弟子，然犹启牖后进，潜研古初，志不少衰，已足推倒一时之豪杰矣。目前时政自以培养人才为第一要义，而人才出于学校，挚甫先生奔走东瀛，栖栖不遑者，正为此也。先生有归田之志，尚望寄书相劝，久留京师，其嘉惠我北方之学者正复不少也。专泐。敬请著安。秋风渐寒，诸维珍卫不另。

　　老伯大人尊前福安。

年愚弟徐世昌顿首
八月二十日

附：雪夜送别图

　　光绪二十一年十月二十二日，诏温处道袁世凯创练新建陆军于天津，二十五日夜送别于广渠门，风雪欻作，人皆有诗，倩姜颖生①绘图，贺松坡为之序。

　　酒酣月阙太白映，狞飙穿衢愁雪掩。群马骄嘶锦鞯冷，雪花散作斑斓点。长安东门门未辟，门吏十呼九无迹。清寒莹骨鬐栗哀，万屋无声皑皑白。长揖握手绝欢绪，送别岂唯愁予汝。万感填膺世莫瞋，吾道无端构艰阻。时平文武弛经纬，小夷逼侧海水沸。

　　天子英武誓扫荡，左违右懑浍泾渭。淮阴见嫉廉颇老，坐使关海横兵燹。鸭绿春寒水不流，医巫雪满愁督尉。艨艟失水战鼓死，废帐残旗委迤逦。投炮碏䃦林薄焦，山颓石烂走貙兕。将军雅度独从容，戈马苍黄论书史。北风卷地不回顾，降者为墟死已

---

①　姜筠，字颖生，别号大雄山民，安徽怀宁人。光绪十七年举人，曾任礼部主事。善书画，画名尤高，与苏州顾麟士并称南北两大画家。

矣。萧条战骨谁复收,丈夫报国当如此。踟蹰天语下金门,凄风惨雹群声吞。苦念毒蠚儴吾民,忍驱羊豕入鱼燔。时不可为重转轴,屈辱匪独图安存。百年逋负孰洗雪,柙虎犹必防突奔。贪狼之性狐为盅,趑黠况复同猥貐。海峤归心二百年,谈笑一掷非吾土。

吁嗟乎!金瓯有阙终当补,衮职犹待仲山甫。事穷则变变则通,时哉勿失明厥衷。涤尽顽骏祛横猾,天畀以威专其雄。君行慷慨马踯躅,豪气直吞东海东。周伐汉成古所重,雪收云散海日红。缋图纪事非表襮,铭山插羽为君勋。上答庙算拓三略,下忧疲氓坠桎梏。雷鼓轰天发先声,能令幽室秉燎烛。四海耆栗同车书,汉家葡萄供春醁。

徐世昌长寿年宜子孙(印)

徐世昌致贺涛
(光绪二十八年①)

松坡仁兄同年大人足下:

　　昨奉惠报,并读所撰袁太夫人墓志,称述徽美,比以大义,立言既当,词尤朴茂,钦仰无似。袁少保笃念亲德,得椽笔称扬,相附益显,颇深感泐。兹由津寄来白金双柏,嘱昌代呈墨楮之敬,亦少保爱敬其亲,未敢轻简之意,务祈哂纳。由都汇冀,或保,或京,有无熟铺店可寄,并望示悉,以便遵照交寄。令弟请假事已否到院,何时出奏,容即函询报命。《送别图咏》将借

---

　　① 按,贺涛光绪二十八年致徐世昌书札中云:"袁公太夫人墓志铭已撰就呈览,究竟可用否,当请袁公自定……大著送别诗,前曾一读,久沁心脾,此次寄来,仍当令人诵读,荡涤尘襟。《送别图记》当日为之,乃寻常应酬之作,今日为之,乃绝大题目,题大则文不易称,虽勉成之,冀附姓名于图末,终不敢轻于落笔,不能连就也"(《贺先生书牍》卷一《上徐鞠人》,《清代诗文集汇编》第771册,第654页),而据本札中徐世昌所言,可知本札当为徐世昌收到贺涛寄ול袁世凯之母《刘太夫人墓志铭》后的复函,且该《墓志铭》在《贺先生文集》中系于光绪二十八年,故本札亦当作于是年。

大文永世,遑敢亟亟,惟脱稿务望速赐,先睹为快。

吴先生此次去留,关中土文化全局,挽留之举,匹夫有责,绵薄所及,必当竭力维系,谅张尚书亦断不放行,致失众望也。若先生竟去,斯文绍述,惟在执事,希善自摄养,为时珍重,俾北方学者得所就正,无负吴先生所眷眷,幸甚幸甚!复此。敬请道安不具。

年【伯】大人福安,令弟同此。

年愚弟徐世昌顿首

徐世昌致贺涛
(光绪二十八年①)

松坡仁兄同年大人阁下:

前贡尺书,谅尘几席,日久未辱赐复,怅望曷极。比维上侍康娱,著述宏富,甚盛甚盛。令弟请假之件,前经函托院友速办。昨接回函,据云该件在本署行辕两处澈查无有,委因司中迄未上详,已经饬催,俟到即办也。

袁太夫人墓志得英辞以润金石,项城少保束帛之敬,以自爱敬其亲之意,务希鉴纳。应由京城或保定何铺号汇寄,仍祈见示,是为至祷。

吴先生由东瀛返旆南旋,闻明春仍北上,并非决然舍去,谅执事亦有前闻也。专布。敬请道安,并候玉音不既。

年伯大人福安,令弟同年均候。

年愚弟徐世昌顿首

---

① 按,徐世昌前札中云:"兹由津寄来白金双柏,嘱昌代呈墨楮之敬,亦少保爱敬其亲,未敢轻简之意,务祈哂纳。由都汇冀,或保,或京,有无熟铺店可寄,并望示悉,以便遵照交寄。令弟请假事已否到院,何时出奏,容即函询报命",本札中徐世昌又言及此事,结合札中提及的"吴先生由东瀛返旆南旋",据《桐城吴先生年谱》卷二载(郭立志编:《桐城吴先生年谱》卷二,第176—187页),即在光绪二十八年,则可知本札撰写时间亦在是年。

徐世昌致贺涛

（光绪二十八年①）

松坡仁兄同年大人阁下：

昨奉环云，诵悉一是。日前甫贡一笺，计呈著席矣。项城少保所馈润笔，辱蒙俯纳，幸甚。遵即将京平足银二百两交由四眼井内阁宗端甫兄寄上，即祈察入。

令弟请假事，前查尚未到院。昨院幕寄来司友一片，据言此案前奉批后，已驳饬清苑取结，迄未详司，容函致严欣翁赶办，到司速为详转云云。刻仍托院友转催，俟有续报，当再以闻。

吴先生去留，来书屡以挽留之责相属。执事与先生瀣沆一气，今先生未归而执事又欲舍去，何足下眷眷于风化全局，独恝然于久主讲席之冀州也。

允卿②、弼臣③、瑞安④、益斋⑤、性庵⑥诸君均时过从，弼

---

① 按，本札中徐世昌提及的内容，与其前一通致贺涛书札所言内容相互衔接，可知亦当作于光绪二十八年。
② 华世铭，字允卿，直隶天津人。光绪十六年进士，曾任户部湖广司主事。擅长书法，尤精于楷书。
③ 华世奎，字弼臣，号北海逸民，江苏无锡人，世居天津。光绪年间举人，曾任内阁中书、军机处章京等职，辛亥后归隐天津。华世奎以书法名家，与孟广慧、严修和赵元礼并称"天津四大书家"。
④ 华学澜，字瑞安，直隶天津人。光绪十二年进士，改庶吉士，散馆授翰林院编修。曾为光绪二十七年辛丑科贵州乡试副考官。学澜钻研西学，尤擅算学，著有《瑞安算书》等。
⑤ 刘学谦，字益斋，号地山、退庵，直隶天津人。光绪十二年进士，改庶吉士，散馆授翰林院编修。历任监察御史、给事中、浙江金衢道等职，辛亥后任直隶禁烟局总办。
⑥ 刘彭年，字性庵，直隶天津人。光绪十五年进士，选庶吉士，散馆授刑部主事。历任湖广道监察御史、户科给事中、民政部左参议、右丞等职。

臣每值辄晤，统容代详尊念。范孙①同年请假未到差，夏间有东瀛之游，近闻已返里。政务处尚悬缺以待，乃伊仍坚卧不出，其高蹈益可钦敬也。承询缕及，专复。敬请道安，诸惟著照不宣。

年愚弟徐世昌顿首

二十八日

外呈京平足银二百两。

邹福保、张元奇、刘学谦致贺沅

（光绪二十八年②）

芷村仁兄同年大人阁下：

自隔台端，屡更岁管，每怀芝范，弥切葵忱。敬维闽海归来，林泉颐养，起居康胜，著述清娱，望若神仙，钦迟无已。弟等京华滞迹，鲜淑足陈，托庇顺平，聊纾垂注。

兹启者：房师王老夫子之世兄幼陶明经繍堂，昔年膺拔萃科，惜朝考未见擢用。兹因家计万分艰窘，急谋一官以为菽水之

---

① 严修，号范孙，字梦扶，直隶天津人。光绪九年进士，选庶吉士，散馆授翰林院编修。历任贵州学政、学部右侍郎、左侍郎等职。1919年，同张伯苓共同创办南开大学。

② 按，本札中提及"敬维闽海归来，林泉颐养，起居康胜，著述清娱，望若神仙，钦迟无已"，据贺葆文《先严芷村府君行述》（贺葆文：《先严芷村府君行述》，收入贺培新编《武强贺氏家谱》稿本），贺沅辞上杭知县在光绪二十六年，而据《贺葆真日记》"光绪二十八年五月二十四日（1902年6月29日）"条："叔父至自京师。叔父于二月十五日赴都也。叔父官上杭，大吏以卓异荐，未引见，俸满又未引见。两次俸满，乃请咨文赴都，已去任。而拳匪乱作，淹留福州，及来冀，又以两宫西幸，未之北上，今至都，乃告假修墓，竟未引见而还。"（《贺葆真日记》，第78页），可知贺沅还京已经是光绪二十八年。且结合本札"闽海归来，林泉颐养"的表述，当是贺沅到京后不久之事，故本札当作于光绪二十八年。

资，遂不惮数千里之程途来京商榷。弟等悉兹苦况，义不容辞，虽力量无多，业已各竭绵薄，而所短尚巨，不得不再为将伯之呼。因念阁下近在畿疆，而又素笃于师门之谊，热肠古道，钦佩同深，能借鼎力玉成，则感激之私，弟等无殊身受也。谨乘幼陶世兄趋谒之便，肃函叩恳。祗请台安，惟祈惠察不尽。

同门年愚弟邹福保、张元奇、刘学谦同顿首

徐世昌致贺涛

（光绪二十九年①）

松坡仁兄同年大人阁下：

昨奉惠函诵悉，抄示正月辱书久要不忘之说，敬当为君称颂。冀郡书院改学堂，仍留主讲，多士久荷陶成，知必不容遽去，手定教学规制，当有可观，尚希赐闻一二，以资取法。

范孙坚卧不出，高谊诚不可及，同人已屡函招致，莫能强起。弟学识浅陋，负重时虞，尚望吾哥时时教之。吴先生载道以去，殊出意外，关系当时学界进步匪鲜，其世兄辟疆②才学绝世，久深佩仰。近闻厘定先生遗集，手自编缮，日辄数卷，精敏出寻常百倍。先生继起有人，亦足幸也。专复。即请道安，诸惟

① 按，贺涛光绪二十九年正月初二日致徐世昌书札中云："严范翁不肯复出，甘隐退耶，抑有别故，需材之际，如范翁者，岂可赋闲。招之不来，当强劫之。冀之书院已改学堂，官绅复留弟为教习，残废之人无益学者，殊觉抱愧。吴先生哲嗣辟疆年甫弱冠，于学无所不窥，其文笔横绝一世。前年游日本，今接其来书，言入早稻田大学，将遍窥欧美之学，赠以所著《和文释例》、所译《世界地理学》，两书皆佳构也。旧学新学皆当属之斯人"（《贺先生书牍》卷一《复徐鞠人》，《清代诗文集汇编》第771册，第654页），本札中徐世昌所言均为对正月贺涛来札的答复，故可判定本札亦当作于光绪二十九年。

② 吴闿生，原名启孙，字辟疆、辟畺，号北江，安徽桐城人，吴汝纶之子。曾留学早稻田大学。归国后入杨士骧、端方、朱家宝等幕府。

察照不备。

年愚弟徐世昌顿首

年伯大人福安。芷村同年到京已晤，均此道候道念。

徐世昌致贺涛
（光绪三十年①）

松坡仁兄同年阁下：

前者辱惠书，奖饰逾量，非所克堪，持诵再四，且感且愧。今学堂林立，科别条分，士有不谈新学者，则武夫、走卒皆叫呼之矣。新旧绝续之交，葆弄先哲遗绪使不坠失，更饷遗来者，以培新学之本根，任此责者，非公而谁？弟宦途劳扰，文事久荒，回忆曩时，把酒论文，赏奇析义，古欢不再，如何如何。阁下不知其不可，重以年伯大人八秩寿言相诿诿，学识浅狭，奚足以摹绘盛德。顾故人不弃，敢不勉竭其愚，正恐持布鼓过雷门，为识者所齿冷耳。

吴君辟疆英跱绝特，早耳熟而能详之。生材有用，此君决不

---

① 按，本札中徐世昌提及之内容，与贺涛在光绪三十年五月二十八日致徐世昌书札中所云："吴先生有子曰闿生辟疆，原名启孙，前曾为公言之，以为新学旧学皆当属之斯人。……以公留意人才，如斯人者，不可不储之夹袋，故不惮再三言之。门人枣强李生书田，沉静志学，文甚雄厚，吴先生尝称其文且喜其以文事自任，尤见赏于陆学使，盖亦吾乡之宝也。……吾父年七十时，蒙赐寿诗，铭感不忘，今吾父寿登八十，敢再申前请，谨令李生赍呈彩屏八幅，倘肯重锡鸿章，再挥椽笔，俾衰朽残废之人，有所挟以娱亲，窃以为荣于诰封。……至辟疆刊刻先集，以卷帙浩繁，拟集股为之，吴先生学业海内宗仰，辟疆又能继述，乐成其事者必多，而鄙意尤有进者，先生之学混新旧而一之，而破除其习气，当新旧乘除时，学者尤宜究心先生之书，广为传播，亦勤学之要也。大君子乐育人才，倘有意乎"（《贺先生书牍》卷一《与徐鞠人侍郎》，《清代诗文集汇编》第771册，第656页），两书相互衔接，可知本札乃对该札之回复，故当作于光绪三十年五月二十八日以后。

沉没。吴先生遗集鸠赀刊行，弟当极力招徕，共襄盛举。令亲王丕扬、王济周、蒋鸿文悉取入学堂。李君书田①朝考列入高等，固文章之有价，亦可知伯乐所相，果无凡马也。专此。敬请著安，诸惟亮察不宣。

年愚弟徐世昌顿首

徐世昌致贺涛
（光绪三十年十月②）

松坡长兄同年阁下：

近承手示，敬悉一一。就维道履康愉，著述闳富，定符远臆。前者寿屏之作，特以故人雅命，不可有违，重以年伯大人八秩大庆，羁縻官守，弗克趋贺，不可无一言以自献，用敢勉竭其愚，摹绘万一。方惧弄斧班门，为识者所齿冷，来示顾加以褒崇，溢分逾量，讵敢任受。今新学繁兴，同时辈流趋之若鹜，风

---

① 李书田，字子畲，直隶枣强人。光绪年间优贡，肄业冀州书院，师事吴汝纶、贺涛受古文法，有志于古学，为文雄厚。

② 按，贺涛之父贺锡璜八秩寿辰在光绪三十年，前录书札中贺涛曾向徐世昌请书寿屏，徐世昌应允并为其父贺锡璜撰《诰封中宪大夫苏生年伯大人八秩寿言》，该文落款在"光绪三十年甲辰秋七月"，则本札当是与《寿言》同时寄赠者。又，贺涛在十月二十七日致徐氏书札中云："奉手书所请，皆蒙俯允，感激无似，而赏书寿屏，恩施尤厚。统计吾父之寿，得大著二首，凡二千言；得寿书凡二十八幅，凡三千余字。涛既敢为无厌之求，执事竟施无量之赐，则且惊且喜，不知所以为报。……举世竞务新学，诚如手示所云：日本维新之初，醉心欧化，几经冲突乃成为今日之日本。中国风气初开，正所谓醉心欧化之时，乘其机而利用之，而慎防其弊，使东西政法皆得效用于我，以自成为中国之治，此当路一二巨公之任，而执事所宜肩荷者也。涛不谙世事，向好为无用之学，今以疾废，并其无用者亦且弃置，块然而已矣，而望治之心，则终不敢一日忘。异日新政观成，将取已弃置之无用学重理之，以称颂公之功德为斯世庆，且以报私恩焉"（《贺先生书牍》卷一《与徐侍郎》，《清代诗文集汇编》第771册，第658页），则贺涛书札是对徐氏本札的复函。故本札当作于光绪三十年十月，且早于贺涛十月二十七日所作之书札。

尚之转移，诚为可喜。但恐流而忘返，数千年之旧学，衰微歇绝，无人过问，此重可惧也。且中学漫无根柢，恐新学所得，亦皆肤末，即如政法专科，岂粗识之无者所能语其微妙乎？执事问学渊源，学者仰如山斗，振举废坠，提倡宗风，使有欧化之长，又无国粹放失之憾，信非异人任也。弟力小任重，时惧弗胜，尚祈时赐教言，匡我不逮。专复。即请著安，诸惟雅照不宣。年伯大人颐安。

年愚弟徐世昌顿首

严修致贺涛

（光绪三十一年二月初四日①）

松坡仁兄大人经席：

都门把晤，忽忽十年，每于知好中询问起居，时深景仰。兹来保定，窃喜益近灵光，借资教益，至为私幸。顷闻吴辟畺传述，先生近因有甌函诽语相侵，慨然有引去之志。骤闻此谈，无任骇愕。冀州人士涵淹教泽垂三十年，至今人文彬缄远过他州，非由化育之深，焉能臻此。此固遐迩人士所共瞻而默识之者，不特此邦子弟依恋师门，即冲抱之怀亦当瞻顾彷徨不能自释。讹言之至，诚属无端，迩来留学界中往往有一二人私忿假托公众之名惑乱是非之弊，此固无从究诘，顾公论自在天壤。先生通儒硕望，淹贯中西，不唯乡国倾心，即瀛洲旅学之徒，亦无不遥秉规型以为师法者。如南宫邢赞廷诸人，其师友承传皆渊源于函丈，倘聚冀州留学而倡为公议，曷敢自弃本初，苟闻师门诋毁之言，

---

① 按，《贺葆真日记》"光绪三十一年二月十六日（1905年3月21日）"条载录"严范孙侍郎来书挽留"全文（《贺葆真日记》，第108—109页），内容与本札相同，故可证本札当作于光绪三十一年二月初四日。

断无不同声忿疾者。此等蜚声钓谤，殆出于一二妄人所为，其决非留学公函，较然可识也。事修谤兴，道高毁来，周公、仲尼之圣尚所不免，曾何足为介意。若感触于是，遂欲翻然高举，弃数十年来殷勤煦育之功于一旦，使后生失所依归，道学终归茫昧，计忧世之衷必不出此。弟纳交虽浅，倾慕殊深，徒友传称，风期有自，故敢妄进一言，挽留高驾，亦为冀人士谋百年之长计，非一人之私言也。

　　弟知识谫薄，猥承当道强以学事见委，任重才疏，深虞丛脞，尚赖鸿贤巨能不以其不肖，时时匡勖不逮，以共济艰难。先生宁忍于机牙方启之初，恝然弃去耶？词不尽意，唯深鉴而厚赐之，无任跂幸之至。专此。敬请道安。

愚弟严修顿首
二月初四日

阎志廉致贺涛
（光绪三十一年①）

松坡仁兄大人阁下：

　　久不相晤，思何可支。弟久在省垣，郁郁无可与语，兼以迩来多病，百事俱废，思如枯井，笔砚生尘，拟欲为一纸书，亦复

---

① 按，光绪三十一年贺涛致阎志廉复书中云："惠书以弟辞馆事代鸣不平，且怪其过于决绝，引以为恨，厚情良可铭感……陈廉访虚怀待士，悯其衰病，欲延之署中，而不责以事，使自适所适，以养其残疾无用之身，古所称善待士者，殆无此雅量……陈公能行古人之道，今之李浙东也。执事之为人谋，亦与退之相近，惜所为谋者，非张籍也。平生既无所知见，虽赐之坐而问之不能言，又不能为丝竹金石之词，以自比于乐工，盖所谓无所能人宜以盲废者也，何敢妄有希冀乎？欲从莫由，苦衷宜谅，望代达鄙意，敬谢陈公"（《贺先生书牍》卷一《与阎鹤泉》，《清代诗文集汇编》第771册，第660页），而本札所言均为贺涛致阎志廉书札所复者，可知本札当作于其前，亦当在光绪三十一年，且在贺涛辞冀州书院后不久。

懒于裁素。近闻阁下以旁观无礼之词，作长铗归来之举，咄咄怪事，世间竟复有此，亦新语也。昨晤陈伯平①，谈及阁下，颇为倾倒。云自至父先生之后，海内文人，止有阁下，自以生平未见为憾。拟邀阁下到署，以客待之，不敢与幕下之宾同列，但得常侍坐右，日闻妙论，即为世间第一快事。阁下家居亦复寂寞，来此尚有朋侪往还，既可吐胸中之奇，亦可以破寂为乐，未始非计之得也。弟盼来殊甚，如无它事，万望勿辞为幸。肃请撰安。

弟阎志廉②顿首
业吴闿生附笔叩安

阎志廉致贺涛

（光绪三十一年三月十四日③）

松坡仁兄大人阁下：

接读来书，敬悉雅抱，然自处过谦，而见推尤未免太过，要其文章之妙，真所谓如饮醇醪，令人心醉者也。陈伯翁本拟自为书以致阁下，只以向无一面，未敢唐突，仍令弟代为道达，云此间已扫榻以待。轩馆清幽，居无杂客，在阁下既可以养静，而吾

---

① 陈启泰，字伯平，湖南长沙人。同治七年进士，考选翰林院庶吉士，散馆授编修。曾任山西大同府知府、直隶大名府知府、云南布政使、直隶按察使、江苏巡抚等职。

② 阎志廉，字鹤泉，直隶安平人。光绪十六年进士。师从张裕钊、吴汝纶，受古文法，以古文名家。曾任翰林院检讨。

③ 按，本札中阎志廉再次提及陈启泰延聘贺涛之事，可知本札乃阎志廉对贺涛复札的答复。又，《贺葆真日记》"光绪三十一年四月九日（1905年5月12日）"条载："屡得吴辟疆、阎鹤泉两先生书，代致廉访陈公，意欲馆吾父于保定，词甚恳挚。吾父作书谢之，仍事敦促。陈公，名启泰，字伯坪，长沙人，以通永道署按察使"（《贺葆真日记》，第109—110页），与本札中所言内容亦相契合，当是所谓"吾父作书谢之，仍事敦促"者。故结合落款，本札当作于光绪三十一年三月十四日。

辈往还，借以少聆道论，于学务大有俾助，不得以病自解，遂自疲于津梁也。且伯翁既不以尘俗招累，自去自来，均可随意，即不能长此作客，但令惠然肯来，勾留数时，庶不负伯翁好贤之雅。吾辈闲凋已久，十年一聚，得此良缘，亦不可当面错过也。可否于日内命驾，以慰家坐，至为跂幸。肃请台安。

弟阎志廉顿首
三月十四

柯劭忞致贺涛

（光绪三十一年①）

松坡长兄同年大人：

　　一别至七八年，驰仰之思，与时俱积。顷奉手教，欢喜无量。敬谂侍履，康娱式符。顷忆庚子以后，数穷百六，时事如此，无可复言。公学贯中外，为时通儒，尤不能安坐皋比，为后进之师表，况浮沉人海，营营于衣食者乎？良觌不远，可以畅叙积忆。乞文从早至京师，至以为叩。弟见有二子一女，内子持家勤俭，一切均托庇平适，此皆冰人之赐，感荷无极。

　　嘱撰年伯大人寿诗，容当勉竭驽钝以献。常博士时时相见，其藏书亦大半散佚矣。至署中事，必为留意，以副雅怀。手此布复。叩请道安不具。

年小弟柯劭忞顿首

---

　　① 按，贺涛在光绪三十一年致柯劭忞书札中云："既失明，奉养多阙，今吾父寿登八十，若蒙重锡鸿篇，使残疾之人有所执以事亲，则感戴大德，当倍于曩昔，不胜恳切待命之至"（《贺先生书牍》卷一《与柯凤孙》，《清代诗文集汇编》第771册，第661页），而本札中柯劭忞云"嘱撰年伯大人寿诗，容当勉竭驽钝以献"，可知本札乃是对贺涛来札之回复，故亦当作于光绪三十一年。

柯劭忞致贺涛
（光绪三十一年①）

（上阙）命作年伯大人寿诗，拟作一首，仍不工谨，以草呈政，乞改削为幸。松坡仁兄同年。

弟忞叩

徐世昌致贺涛
（光绪三十一年九月②）

松坡大哥同年阁下：

台从来都，俗冗不获走谈，时深怅歉。吾哥回里，望早旋京，下榻敝庐，得以朝夕闻教，启我愚蒙，无任祷幸之至。幸勿固辞，不尽欲白。专复。祗请台安，惟希涵照不宣。

弟昌顿首

---

① 按，本札上阙，但结合柯劭忞前札内容，亦当作于光绪三十一年。柯劭忞所作《贺苏生先生八十寿诗》收入贺培新所编《武强贺氏家谱稿》（国家图书馆藏稿本）。

② 按，光绪三十一年贺涛致徐世昌书札中云："涛以目疾家居，谢绝世事，偶因有保定之游，遂至京邸，主舍亲宗氏潜伏不出，故未求通于下执事，非以行迹自外也。蒙宠招愿见之私，勃然而动，又以不能人事，自阻方命之罪，谅蒙俯鉴。涛不日出都，里居无所闻见，时于报纸中得知一二新政以想望风采，即如趋奉左右矣"（《贺先生书牍》卷一《与徐尚书》，《清代诗文集汇编》第771册，第662页），可知本札乃贺涛婉拒后，徐氏的去函。又，《贺葆真日记》"光绪三十一年九月二十五、六日（1905年10月23、24日）"条所载："吾父致书徐尚书，辞谢见招之雅意"，"得徐尚书复书，仍劝焉"（《贺葆真日记》，第126页），亦可证本札撰写时间。故本札当作于光绪三十一年九月。

陈启泰致贺涛
（光绪三十一年腊月①）

松坡先生座下：

保垣枉教，欢慰平生。日接清谈，稍祛鄙俗。惜乎相聚不久，而遽相违之速也。燕山回首，怀想依依。敬惟侍奉康娱，道躬增胜为颂。弟陛辞之次日出都，津保勾留十余日，以十月廿三日抵皖，廿八日受事。此间刑狱较直为简，而民情好讼，虽薄物细故，亦每每上控不休，大约文风最好之州县为尤甚，其习俗然也。新政则远逊北洋，财力困穷，无足深怪。姚叔节渊源家学，明快可人，来年开办师范学堂，已公举为监督，曾示及近作数篇，修洁谨严，自是吴门之杰要，不若髯之轶群绝伦也。

辟疆顷有信来，其从弟已曾谒晤，刻谋所以位置，如不得当，即拟招之入署。先生若函致辟疆，幸先附及，俟定局再作答。前者徐尚书之约，公意究竟如何？窃维有道之躬，自不乐周旋显要，然同乡同谱，又本旧交，执礼既恭，似即不妨俯就。且其人器局端重，类能持大体者，得先生不时匡益，庶几共立仁义，藉裨时艰。昔子思安鲁缪之居，卜夏授文侯之学，亦自相忘乎势位，未闻或贬其风裁，望公有取于古大贤之用心，毋庸深闭固拒为也。

---

① 按，《贺葆真日记》"光绪三十一年十二月三十日（1906年1月24日）"条记："陈伯玶自安庆与吾父书，并赠银百枚，且劝应徐尚书之招，曰尚书已扫榻以待，而使吾子继鹗与君函云云。吾父已于上月复徐公书，言明年二三月间赴公所矣"（《贺葆真日记》，第128页），而本札中，陈启泰云："附寄番饼百枚，敬佐堂上甘旨之奉，莞纳是幸。顺颂岁厘"，并附其子继鹗转交之函，内容均与《贺葆真日记》所载相同，故本札当作于光绪三十一年十二月。又，《函稿》第151页内容与本札所言相契合，且结合"初九"落款日期及"启泰顿首"的敬语，可知当为本札的一部分，与"正去缄间，适得小儿继鹗都中来函"同日所作。

附寄番饼百枚，敬佐堂上甘旨之奉，莞纳是幸。顺颂岁厘不宣。

弟启泰再拜

正去缄间，适得小儿继鹗都中来函，谓尚书盼切驾临，早已扫榻相俟，兼探询先生住址。拟即致书，且属小儿肃笺先为转达，不知已接小儿递件否？小儿粗鲁无学，礼节未谙，如有冒渎，鉴谅为荷。

启泰又顿首
初九日

此件早交邮局兑寄，总以郑家口局不能兑银，原件退回。兹将信函仍交局递，银元另托便友带都，由小儿送令亲宗宅转呈。经此转折之烦，不知何时始得上达，殊惓惓也。到乞赐复。手此。再请松坡先生道安。启泰顿首。初九。①

陈启泰致贺涛

（光绪三十二年四月望日②）

松坡先生有道：

---

① 按，此在《函稿》第2册第151页。据此内容，当是本札退回后重新由其子封送时所作，即信札径寄贺涛，赠银由其子转托宗氏转交。

② 按，前录陈启泰光绪三十一年腊月致贺涛书札中言"附寄番饼百枚，敬佐堂上甘旨之奉，莞纳是幸"，光绪三十二年贺涛复陈启泰书札中则言"荣任皖中，又未能肃笺致贺，疏阔废礼，方惧见弃于大君子，奉到手书并蒙厚赐，面热汗下，无以自容。……到京后暂主舍亲宗氏。适染微疾，又值舍亲家有事，尚未往谒徐公，亦未与三公子相见，而厚赐则已由公子交舍亲处矣。五公子既通东文，当专习欧文。……吴君昂得适宜之地否？已达尊意于辟疆矣"（《贺先生书牍》卷二《与陈伯平廉访》，《清代诗文集汇编》第771册，第663—664页），与本札内容均相关联，结合落款，可知本札当作于光绪三十二年四月望日。

顷奉还诲，知客腊上书并不腆之意，先后已蒙登纳。文从于春莫［暮］抵都，彼时台候偶愆，刻想早占勿药，敬以为念。公与尚书同谱旧交，相思命驾，乐数晨夕，形迹两忘，此非可概以寻常杖履宜任其所适，即惟道躬增胜，撰著益宏，每忆清尘，弥用驰系。启泰来皖受事，忽忽半年，莫展一筹，殊愧尸素。吾乡郭筠仙侍郎曾论，外闻督抚权重，虽以无道行之，两司亦不能与为立异。至臬司用人理财，两无所与，惟主画诺，更无处可容置喙。初疑其语有所激，今始叹为诚然。数月委蛇，无补万一，不足为知己告也。姚叔节不时接晤，近建师范学堂，已定聘为监督，惟鸠工方始，开课约在秋间。高等学堂监督则改聘严又陵，刻已到馆，略有整顿，此后皖学当可改观。至江戴流风，方姚余韵，今已不绝如缕，未必尚有复兴之一日，思之慨然。辟置时有书至，广招同志，遍布齐鲁之邦，将来学界可必抗行津保。鄙人居此郁郁，辄不禁神往其间。此非莲帅热心，其能得此欣合无间乎？

三小儿警部供差，藉资历练，闻其暇时尚可温习法学，不致两妨。惟冀其始终得事尚书，留备不时之驱策。公事之劳佚、廪给之厚薄，均非所计较，较外间需次徒惹官场习气胜多多矣。且监司大员，断非小子后生所能胜任，果其学识俱进，自不患无自效之途。晋谒时尚望长者训责及之，不存客气为祷。

五小儿文笔甚稚，近约吴君昂①在署与之讲论，能否得有竿进，尚未可知，遑论欧文西籍耶！东语东文则迄未稍间断，期以岁月，或冀有成，将来普通卒业，东渡径习专科，较之必资通译者，取效为速。西文自需另起炉灶，前虽令其学习年余，继悟为

---

① 吴千里，字君昂，安徽桐城人，吴汝纶子。师事吴汝纶，受古文法。

蹶等无益,中辍久矣。承注并以附及。江介气候尚未畅晴,茶麦蚕桑,均不免受其损害。吾湘近患大水,闽、粤、川、汴等省,民教复时有谣传,蒿目时艰,隐忧殊未有艾,如何如何!书不尽意,复请道安。

小弟陈启泰顿首
四月望日

尚秉和致贺涛

（光绪三十二年四月十七日,或闰四月十七日①）

松坡先生大人阁下：

前晤谈快甚。兹有敝同署王仁庵者,名守恂,天津人,为范肯堂入室弟子,其诗稿曾为吴先生所激赏,而从未识面,引为生平之憾。兹闻杖履来都,谓又一吴先生也,深愿一睹光仪为荣,拟于日内晋谒台端,乞赐教为荷。专此。敬请著安。

后学尚秉和②顿首
十七日

---

① 《贺葆真日记》"光绪三十二年三月二十四日（1906年4月17日）"条载："尚节之来。节之,名秉和,行唐进士,巡警部主事。即吾壬寅日记所谓优贡尚秉和也。""五月十日（1906年7月1日）"条载："王仁庵来。仁庵,名守恂,天津人,以善诗名,范肯堂先生弟子。曾寄其诗于吴先生,吴先生为加评点而还之,亦颇称许其诗稿,盖甚富。尚节之日前来函绍介也"（《贺葆真日记》,第132、134页）,本札中尚秉和所言"前晤谈快甚",即该年三月晤面事,札中所言王守恂事亦可与贺葆真日记相印证。故本札当作于《贺葆真日记》所记之前,且结合落款日期,或在光绪三十二年四月十七日,或闰四月十七日。

② 尚秉和,字节之,直隶行唐人。光绪二十九年进士。师从张裕钊、吴汝纶,精于古文,究心《易》学,曾任工部主事、巡警部主事。

袁世凯致毛庆蕃

（光绪三十二年闰四月①）

实君②仁兄大人阁下：

昨得阎鹤泉太史来书，以保定拟设文学馆，请贺松坡比部出任其事，缕陈办法，来相商确。但鄙见所在，有稍异于诸君者。年来废科举、设学堂，实欲采科学之所长，以补旧学之不足。颇闻莲池高材，或习师范，或游东瀛，类不愿囿于一隅之见。其余者率年长拘迂，气质未易变化，若倡设文学馆，不足收容才俊，徒令跅弛之士，奔走响应于其间，于学堂外别树一帜，开新旧冲突之门，为青年有识所目指，亦不可不防也。夫保存国粹，推陈出新，非根柢盘深、好学深思者不能为。故此馆之设，宜专取古文已成之人，毋庸设为定额，有其人则数十名不为多，无其人则五六名不为少，高其格以相招，免为新学家所诟病，略仿宋人祠禄与日本退隐科之例，优致廪饩，使研究文字，讽咏倡和于其中。莲池藏书正多，即于其地量为布置，或径如图书馆之例，以贺比部为馆长，而诸生任收发撰述之事，亦无不可。馆中常课，

---

① 按，《贺葆真日记》"光绪三十二年闰四月十四日（1906年6月5日）"条记："保定毛实君方伯来书言，袁宫保将于保定设立文学馆，招吾父为馆长，并录示袁公原函，词甚切至，并使使者赍路费，请即就道。吾父请与徐公面谋，再定行止，而还其路资"（《贺葆真日记》，第133—134页）。又，光绪三十二年贺涛复阎鹤泉书札云："项城宫保以新学既兴，国文将堕，思立通儒院以保存之，而以我兄当其任，可谓得人。一夔足矣，更欲令弟与我兄并席而坐，则是画蛇而为之足也。弟既以疾废，不复能与世相见，今忽觍居讲席，人且骇笑，恐遂点污学界，上累宫保知人之明，此不可之尤大者也"（《贺先生书牍》卷二《复阎鹤泉》，《清代诗文集汇编》第771册，第663页），本札内容与之相关联，可知撰写时间亦当作于光绪三十二年。

② 毛庆蕃，字伯宣，号实君，江西丰城人。光绪十五年进士。历任户部员外郎、直隶布政使、江苏提学使、甘肃布政使等职。

专习古文，诚以经史、政治、地理等类，无不包于古文之中，不必再分子目，亦不必令其编纂学堂课本。盖高文典册有如夏鼎、商彝，人人知其宝贵，若云适用，或特不如布帛、菽粟之通行者。硁硁之见，统俟执事与都人士一商之。专泐。敬请勋安。

愚弟袁世凯顿首

毛庆蕃致贺涛

（光绪三十二年闰四月①）

松坡先生仁兄有道：

久钦椠范，未接光仪，轸结私怀，慤如饥渴。屡向此邦人士讯问兴居，而仰止之忱，益不能释。执事以承明著作之才，享泉石山林之趣，俯仰古今，斯乐何极，翘詹道履钦挹，至不可言。

启者：宫保拟就保定莲池创设文学馆，延揽畿辅材俊，借以广甄陶而存国粹，又以古文辞之为用，阐经史之菁英，贯古今之蕃变，尤为国粹之大者。自曾文正承方、姚之传，推而大之，入室弟子首称张、吴。迩者张、吴既没，流风稍消歇矣。独执事深造孤诣，岿然为当代老宿。故宫保务欲得执事主持其间，首在讲明古文辞义法，传诸其人，绍坠绪之茫茫，存千钧于一发。且谕

---

① 按，光绪三十二年贺涛在致阎志廉书札中曾婉拒袁世凯文学馆之邀云："项城宫保以新学既兴，国文将堕……此不可之尤大者也。而徐公之约在前，亦岂可背而他往。祈将鄙意婉达宫保。兄诚爱我，谅不相强"（《贺先生书牍》卷二《复阎鹤泉》，《清代诗文集汇编》第 771 册，第 663 页）。而本札则是毛庆蕃得知贺涛复阎志廉信后的再次邀请。又，在收到本札之后，贺涛亦曾就此事复信，言将与徐世昌商定后再作确定（《贺先生书牍》卷二《与毛实君方伯》，《清代诗文集汇编》第 771 册，第 664 页）。关于此事，《贺葆真日记》"光绪三十二年闰四月十四日（1906 年 6 月 5 日）"条载："保定毛实君方伯来书言……而还其路资"（《贺葆真日记》，第 133—134 页）。可知贺涛、毛庆蕃往还书札大约应作于是时，即光绪三十二年闰四月初。另，据贺葆真日记所载，前录袁世凯致毛庆蕃函，即为毛庆蕃转录致贺涛者。

以如执事万一拂衣不至,即文学馆无容虚设,则是执事之去就实关此举之废兴。伏念执事以倡导乡邦、长养人才为己任,守先待后,无取于让,而宫保坚决之意,向慕之诚,又岂忍负之。前读执事致阎太史书,引避未遑,过存①高尚,用敢缕具始末,渎陈左右,仍冀幡然茝止,俯如所请,斯文幸甚,多士幸甚,即庆蕃待罪珂乡,与有兴学育材之责,亦深盼不我遐弃也。鹄候贲临,无任延跂。专肃奉布。祗请道安,惟希赐玉不宣。

愚弟毛庆蕃顿首

吴千里致贺涛

(光绪三十二年闰四月后②)

千里谨再拜上书松坡先生大人阁下:

前者倚爱恃知,谨奉芜词上渎尊听,千里方惧以愚昧蹈不测之罪,乃承眷惠手翰还答,益增欣悚。先生引韩公所云之立言固善,而施之于千里,实不敢当。且千里侍先生历有年所,今先生屏之门墙之外,而反以分庭抗礼来相督责,岂以十年睽隔,道理迢远,未见有所奉教而然耶,此则千里所大恐者也。

承示莲池将为文学馆,袁宫保聘先生为之师,此千里所深慕者。千里尝谓,文字之厄,古今凡三变,始则厄于秦始皇燔烧诗书,坑杀儒士;继则厄于宋以后所为时艺,易深宏奥美之词而作为纤巧俳俪之语,文字之厄于斯已极矣;近百年来新学竞起,好为怪奇可骇之言以悦世,甚或欲尽弃中国之古文而作为俚俗之文,以蛊惑一时之聪明子弟,文字大坏,不可言也。虽然千里又

---

① 按,"过存"以下在《函稿》第2册第73页。
② 按,本札中吴千里提及"承示莲池将为文学馆,袁宫保聘先生为之师,此千里所深慕者",则本札当作于光绪三十二年闰四月以后。

以为文字固有微权，历百变而不能磨灭，方今新学蜂兴，固将变易风气，而古人文字固昭然灿然，若日月之丽天，江河之着地，终古不绝息也。孔子曰："天之未丧斯文也，匡人其如予何！"孔子之言，盖深信文之不丧也。

今先生绝学孤鸣，诚有难为者，而他日造就熏陶，道耀术炳，益信孔子之言不妄也。昔者，韩文公以道德文章使人仰之如泰山北斗，故苏子瞻亦称之曰"文起八代之衰，道济天下之溺"。以千里观之，先生道德文章与韩公无异，而其所关系于天下者，视文公之时尤重也。滔滔天下，非先生其谁易乎？此千里所以欣慕无已也。

承询及千里读书反涉及新学事，生今之世，不求新学不能应世，千里亦深知之。千里在陈老伯处，朝夕与其世兄相切磋，又尝谒见严幼陵先生，闻见不患不多，而千里年已长大，智慧亦大减，虽与名流往还，终恐不能窥测万一。惟中国文字则固癖好而不能忘者。近与陈公子治《汉书》，取姚氏评点者读之，此固非急务，然千里以为汉人文章莫不深明当日之时艺，贾生《陈政事疏》，其明显者也。士居今日，诚以讲求今日之时艺为要矣。世界创千古未有之奇局，中外往来交涉日繁，我则寝寝与东西各国相抵御，而效法彼之法度，亦日兴月异不可穷诘，其视汉之时离奇变化何如也。苟有能网罗东西之美而纳之于一篇之内者，则其文视汉益奇诡而愈不可废矣。先生以为然乎？

千里承陈老伯相视如子侄，则敢窃比曰侯，喜死不恨矣。千里非其人也，得侍大贤，实自幸耳。姚叔节先生常相见，前作五古一章，由贵戚宗宅转达，姚先生属代询。辟疆在东，兴甚高，尚祈先生时时教诲，意兴过高，恐不利于己也。肃请道安。

吴千里谨再拜

严修致贺涛

（光绪三十二年七月初九日①）

松坡先生大人讲席：

去岁笺札曾一往复，嗣后遂阙音敬。今年驺从莅京，以在冗场，未得一亲光霁。比闻移砚会垣，惟道履康和，定符颂祝。自科举停罢，各省大吏多兢兢于保存古学，顾以不得其人，徒抱虚愿者多矣。独吾乡有厚幸焉，毛方伯、罗郡伯皆好贤如缁衣，礼延先生而处以师位，使诸大夫国人有所矜式，风声所被，固不独一方之近、一时之暂而已，甚盛甚盛！

兹敬恳者：舍亲华璧臣农部，先生所夙识也，其祖母姜太恭人八十寿时，先生曾为之文，即传诵一时矣。今年太恭人年九十，璧臣拟踵前例，复求椽笔，宠之以辞，先生其勿却乎？其寿辰在九月，如承见许，能于秋节前将稿寄下，尤为感荷。《征言启》一册，附希察入。新凉，伏惟珍重，余不一一。此请教安。

小弟严修顿首
七月初九日

---

① 按，本札中严修提及为华世奎之母求九十寿序之事，《贺先生文集》卷四《华母姜太恭人九十寿序》载："光绪三十二年秋，天津严范孙侍郎走书保定，为其邑人华璧臣员外之王母姜太恭人九十之寿征文于武强贺涛曰：'往十年太恭人寿登八十，璧臣称庆于京师，子尝为文以侑觞。今吾邑人与璧臣同官京师者，将复以九月二十六日太恭人诞辰合辞致祝，而璧臣仍欲得子文，子其无辞。'因以近十年中太恭人有大造于天津之事略视涛"（《贺先生文集》卷四，《清代诗文集汇编》第771册，第613页），则本札当作于光绪三十二年，且结合落款时间，当在光绪三十二年七月初九日。

陈启泰致贺涛

（光绪三十二年七月或稍后①）

松坡先生有道：

辱还教，伏承道德文章主监坛坫，为之忻跃。鄙人前岁重来保定，慨念莲池今昔殊观，颇思仍复其旧。意得蓄道能文如先生者讲学其间，以继子寿、廉卿、挚甫诸先生后，何如盛事。窃尝于友朋间言之，会移官江南，遂未遑及。今宫保慨然以斯文为己任，创建斯馆，先生亦幡然应聘而来，既见相得之益彰，尤私幸鄙意之欣合，而果观厥成也。夫文以载道，圣人之道灿著于六经之文，无文固无由见道也。古今治教不外乎道，即莫大乎文。中国事事逊谢西人，而惟文辞则独驾夫其上。新学既盛，古义寖微，嚻嚻者至谓无所用文，以便其浮薄简陋之习，自非豪杰之士，深观夫绝续之变，时抱一道丧之惧，其肯为之于举世不为之日耶？今宫保一代伟人，先生名儒宿望，方招近时文学士之最优者聚之一堂，相与讲求义法，因以修明圣人之道，始自畿辅，而渐以达之天下，海内之士，其谁不闻风兴起！韩子有言："莫为之前，虽美弗章；莫为之后，虽盛弗传。"此尤区区之私，既深佩大君子扶

---

① 按，光绪三十二年贺涛致陈启泰书札中云："安徽学使简派沈公，而高等学堂以严幼陵先生为监督，可谓得人。公与冯方伯皆以淹雅见称于时，沈公来，与为鼎足三司，文采炳耀江淮，又得严先生提倡新学，皖中学界且放大光明矣，欣慕无似。袁宫保用莲池旧地创立文学馆，而以馆长见招，涛谢不能。毛方伯专差来京，述宫保之意，强以必来，故有保定之行……五大臣归国，必将各出所见，大有更动，此尤望治者所急欲观听而为之，且喜且惧者也"（《贺先生书牍》卷二《与陈廉访》，《清代诗文集汇编》第771册，第664页），而本札中陈启泰有云"辱还教""过承推许，祇用内惭"，且札中内容均是对贺涛书札的答复，故可知本札当是对贺涛来札的复函。且本札中提及"五大臣使归"，五大臣抵京复命在光绪三十二年六月二十一日，故此札应作于此日稍后，即在光绪三十二年七月或稍后。

世翊教之休，又忻然乐观其大成，而翘首拭目以俟之者也。

侯官严君惠然肯来，皖中学务稍易涂径；冯方伯淹雅之士，气谊颇投；提学沈君虽不曾识面，闻其学有根柢，亦所深佩。以鄙人谫陋荒芜，得与优游其间，可云幸事。过承推许，祗用内惭。

五大臣使归，天下喁喁想望新政，尊谕所及，诚老成忧国之见，诵之瞿然。小子前有禀来，知尚书已用先生言，为之调部，少不更事，转荷调优，此皆出自长者深爱。尚书亦弥可感，未便渎谢，知必鉴原。以后仍乞训勉及之，俾得稍有成就，尤为至感。手肃复谢。敬请道安。

弟启泰顿首

徐世昌致贺涛函
（光绪三十三年①）

松坡同年大哥阁下：

比承赐书，教督以所不及，高谊古心，不胜钦佩。东省当创残之后，掇拾灰烬之余，又逼处强邻，诸多牵掣，所为安攘之术，缓急张弛之度，一有不慎，贻误实多。而人才之寡乏，物力之衰耗，风气之闭塞，又不可与内地诸行省同观等量。即以强有力者当之，恐绩效犹未可岁月期也。弟以菲材，肩此重寄，承敝通变，曷敢骤冀其成功，亦惟勉竭愿力，以副故人之期望于万一耳。

---

① 按，贺涛在光绪三十三年致徐世昌书札中谈及："所欲进言于左右者，惟在内交。公尝与政府约许以便宜行事，不为部例所拘。虽有成言，恐难深恃。若忘息壤之盟，兴事造谋，格于吏议，仍当婉与辨论，无与忿争。婉论则事理愈明，不忿争则瑕衅不作，苟无瑕衅，则我之理胜，可以恣所欲为，此曾文正内交之术也。南皮相国、项城尚书皆负一时重望，为国家所倚赖，今并召至军机，尤宜礼下之毋抗。将帅在外，未有与近臣不和而能成事者，况荷殊宠握重权如我公，今日尤易丛忌疾乎"（《贺先生文集》卷四《上徐制军书》，《清代诗文集汇编》第771册，第619页），本札中徐世昌所言，是对贺涛来函之回复，故当作于光绪三十三年。

来示内交之说，诚不可易之笃论，而官人数语，尤为不刊。人堪其官，官自无不举之事，顾欲骤得如许之人而官之，正非易易。惟试之以事，徐观其效之如何，尝试挤掇以知其人之材否而进退之，庶或鲜于戾乎。

音尘旷隔，会合维艰，谨赍上微敬一百金，聊佐文酒之资，希笑纳。张懿卿①现办法政讲习事务，武合之②仍在内文案。令弟心铭③在都供差甚善，如欲到东，自当留意位置。专此布复。即请著安，恭贺节禧。

年愚弟徐世昌顿首

袁世凯致贺涛
（光绪三十三年五月④）

松坡仁兄先生执事：

凤仰清姿，正深驰系，顷奉来教，如获瞻依。执事宦成归

---

① 张志嘉，字懿卿，直隶安平县人。光绪十六年进士。曾任刑部江苏司主事、法部主事。

② 武锡珏，字合之，直隶深州人。诸生。师事张裕钊、吴汝纶、贺涛，受古文法。曾应杨士骧之邀任山东编译局编译员。不久贺涛招之任保定文学馆斋长，后又在贺涛推荐下，长期任职徐世昌幕府。

③ 贺澎，字心铭，直隶武强人，贺涛族弟。诸生。师事吴汝纶受古文法，后曾任任丘县学教谕。

④ 按，此通书札信封署"保定省城文学馆　贺大人次印松坡台启　北洋节署缄"，并有收信时间"于五月十二日收到，北洋文报总局转达"。袁世凯本札中提及"张生宗瑛既是美才，诚如来教，所宜矜全，陶冶以化其偏。馆中才俊日少，尤宜爱惜。旁观猜忌，无足深论，业已致书子固，嘱其善为保存矣"，其中"子固"即增韫，时任直隶布政使，贺涛曾在光绪三十三年五月先后致书增韫、袁世凯谈及张宗瑛之事，并言："宗瑛既多取忌于人，而馆中提调又迂缓不事事，宗瑛恒责以所当为，遂时有龃龉，久之遇事或至忿争，而提调出述馆事，乃更不得其平，于是向之诉病此馆者，遂群集矢宗瑛，必欲去之以为快。涛以为馆中合格者仅有三人，武锡珏被徐尚书劫与俱东，赵衡又不能时常住馆，真能古文者独一宗瑛耳。宗瑛去，则馆

里，提倡宗风，后进仰流，辐辏并进，贵筑桐城，夙昔撰杖，都讲之所遗韵，赖以不堕，甚盛事也。弟以猥庸，谬长畿辅，内忧蜂午，外患鸡连，日食不遑，老将至矣。每念时事多难，非兴实学无以救危亡，而吾国数千年来圣哲之文，其至者足以教后世，其次亦足以传道明法，固不容轻自毁弃，以贻斯文灭绝之忧。矧夫国粹之存亡，固与乎国之休戚哉！端居深念，每切切于中。坠文微学，不绝如发，及此不图，后将无及。此文学馆之设所以不容已也。

张生宗瑛①既是美才，诚如来教，所宜矜全，陶冶以化其偏。馆中才俊日少，尤宜爱惜。旁观猜忌，无足深论，业已致书子固②，嘱其善为保存矣。昔挚甫先生云："中国之学，就其精要，仍以究心文词为最切。"旨哉此言。兹邦人物渺然，其能研究艺文，不求闻达者，尤为罕觏。扶植大雅，宏奖风流，固不能不专望之执事尔。炎风渐厉，为道自珍。率复。祗颂著安，唯照不具。

愚弟袁世凯顿首

中无生气矣。虽有过差，犹当爱护，况其过不过草野倨侮，刚傲使气。使出而任事，固不容有此恶习，若犹是学徒，则固大人长者所宜矜全而陶冶之，以化其偏，不当骤摧之以沮丧其气，不得中行而与，必得狂狷。若虑其多所触忤，不论才学高下，专取和柔之士，虽无可非刺，果能副我所期望乎？故涛之私心以成全才士为主，有过者可使改，无才者不能强之有才也。涛曾上书增方伯，求其保护，方伯热心教育，善待士类，谅必有以调处之也"（《贺先生书牍》卷二《上袁宫保》，《清代诗文集汇编》第771册，第670—671页），可知本札当是袁世凯回复贺涛此事之函，故当作于光绪三十三年，且结合收到此信时间，当在光绪三十三年五月。

① 张宗瑛，字献群，一字雄白，直隶南皮人。诸生。师事孙葆田、贺涛，受古文法，曾任保定文学馆提调。撰有《雄白集》一卷。
② 增韫，字子固，蒙古镶黄旗人。历任湖北按察使、直隶按察使、福建布政使、直隶布政使、浙江巡抚等职。

毛庆蕃致贺涛

（光绪三十三年五、六月间①）

松坡仁兄先生大人阁下：

别来忽已数月，想望德辉，与日俱积，比读惠书，如亲謦欬。其所以奖借而教督之者甚至，而爱惜人才成就后学之诚，肫肫然溢于行间，盖非能文章而蓄道德者未足以与此。弟昨已将尊意转致方伯，并详述献群之为人矣。方伯爱重斯文，素持大体，度必处之尽善，惟望献群仰体函丈提挈护持之盛心，此后益自奋勉，调剂其性气，恢宏其识量，文行并进，以及于古而已耳。弟才识迂拙，学务亦未能悉心研究，不期遽拜新命，吴中文献大邦，职司初设，端绪纷繁，深惧弗胜，夙蒙雅爱，尚乞有以教之是幸。日内谢恩，谨当入都一行，东渡则尚无定期也。专复。敬请道安。

愚弟毛庆蕃顿首

---

① 按，光绪三十三年五月贺涛致毛庆蕃书札中云："读邸钞，知我公拜江苏提学之命，欢忭无似。江苏为文明之邦，得大贤提倡其间，学术勃兴，断非他省所能望。"又云："今宗瑛屡遭口语，几不能自安其位。宗瑛号称能文，斯人去则所谓保存国粹者，恐为虚语。故涛曾以成全才士上书袁宫保及增方伯，求其保护……我公爱护斯文，奖励后进，尤属意于此馆，排众议而为之，复屈于众护而废之，是为可惜。伏乞设法维持，俾得自立，畿辅幸甚，斯文幸甚"（《贺先生书牍》卷二《与毛方伯》，《清代诗文集汇编》第771册，第671页），而本札中毛庆蕃所言，即是对贺涛来札的答复。且光绪三十三年六月八日贺涛致张宗瑛书札云："增公既以爱才释憾，外人议论亦谓足下为馆中不可少之人，若爱护斯文，系怀桑梓，不宜掉头不顾，而袁、毛两公尤殷殷然以保全才士为念，老夫及同学诸子之盼望更不待言，不合则去，而以不得于众情复来，来去分明，情义两得，此更无俟踌躅矣"（《贺先生书牍》卷二《与张献群》，《清代诗文集汇编》第771册，第672页），则本札当作于该札之前，即作于光绪三十三年五月至六月间。又本札内容，《贺先生书牍》排列于徐世昌两札之后，故本文亦采其排列方式。

江春霖致贺涛
（光绪三十三年九月①）

松坡世伯大人阁下：

捧诵尊札，惊悉吾师仙逝，属在及门，曷胜哀痛。师外著循良，内敦孝弟，享年不永，梁木遽摧，天真可知而不可知耶！世伯手足之情，自难禁人琴之感。独念高堂侍奉，朝夕承欢，要不可不强为排遣耳，千万珍重！拟躬效生刍，职守所拘，因循不果，薄呈奠敬十金，借表微忱，务求原宥。闻吉兆尚未择定，卜葬有期，仍望先时赐示也。肃此。敬叩大安。太夫子尊前恳为叱名请安。世兄均候，未具。

世愚侄期江春霖②谨肃

徐世昌致贺涛
（光绪三十三年冬③）

松坡大哥同年大人阁下：

---

① 按，本札中江春霖提及"捧诵尊札，惊悉吾师仙逝……世伯手足之情，自难禁人琴之感。独念高堂侍奉，朝夕承欢，要不可不强为排遣耳，千万珍重"，所言为贺沅病逝之事。据贺沅之子贺葆文所作《先严芷村府君行述》载，贺沅病逝于光绪三十三年九月十二日，结合本札中江氏所言，则本札当作于贺沅病逝后不久。

② 江春霖，字仲默，号杏村、梅阳山人，福建莆田人。光绪二十年进士，选庶吉士，散馆授翰林院检讨，转御史，后以言事罢归。辛亥后里居不出。

③ 按，光绪三十三年贺涛致徐世昌书札中提及："自旌节出关，时县一新满洲于心目中，引领东向，日月以冀，而屈居莲池，隘于闻见，所以缔造而新之者，究不知其方略何如。窃以为内治之术，但使所设司道官举其事，人堪其官足矣。外交则颇不易言。日俄尝以其战争之力据我土疆，已而还我，其势必将攘我利权以自偿其劳，不满其欲弗止也。诡谋蜂出，刚柔两弄，而议者乃执其不谙理势、不切事情之高论以讥讽之，涛愚懦，不敢附和其说"（《贺先生文集》卷四《上徐制军》，《清代诗文集汇编》第771册，第619页），本札中徐世昌所言，是对贺涛关于外交边界事务观点的回复，可知本札当作于其后，且结合札中所言"九秋自都返署，奉寄一函后，未几即按部北征，冰天雪窖，驰骤骁骁"，则该札当作于光绪三十三年冬。

九秋自都返署，奉寄一函后，未几即按部北征，冰天雪窖，驰骤骁骁，甫于日前言旋。正拟肃承兴居，适奉惠札，诵谂守道匋匋，撰著日盛，惟以仲氏即世，不免手足之伤。然逝者既已如斯，高堂色养之余，当思有以善慰亲怀，未可过于戚惋。矧龙门重望，士类依赖，道义所存，亦当自重。寸心千里，希鉴区区。

　　此间各事，官制略已择要分设，以为纲领，若编练军队，开辟莱芜诸端，牖户绸缪，为之未敢稍忽，而经营方始，予手拮据，予口卒瘏，成效如何，实无把握。日人在华韩边界妄事觊觎，虽经布置在先，未落后着，而版图日蹙，谁执其咎。前事者既置不问，弟适当其厄，不得不从清理界域入手，笔舌互用，极费筹划。强梁之气，狙诈之谋，或可少戢，然旦夕间尚毫无把握也。惟胡匪经剿，渐不成股，再阅数月，冀有廓清之望。东来半载，仅此差强人意。

　　来示尤殷殷以用人为念，此正治源所在，具征关爱，但官方久不整饬，极弊之后，颓靡余风犹未尽革。目今来者虽众，中驷居多，欲用之各当其才，颇费审量，且亦不尽可用。大局布置周妥，尚须力加澄汰。簿书填委，百感在心，亟思与公畅谈而不可得。寄呈年敬一百两，聊佐岁朝清供，即希芜存。又致令弟奠敬四十两，亦望代交。拉杂布复，即承道履绥善不尽缕缕。

愚弟徐世昌顿首

徐世昌致贺涛

（光绪三十三年①）

松坡仁兄同年阁下：

　　比承来示，敬悉一切。前者奉上薄物，亦知交投赠之常，过蒙齿及，益复不安。尊论谓中驷迟久而千里，御之有术，且可与所谓上驷者同观等量，快论至为可佩。顾伯乐之特识、王良造父之奇术，未易几及，良堪愧惧。抑尤有虑者，昔昌黎韩氏谓，马之千里者，一食或尽粟一石，食不饱，力不足，且不能与常马等。神物如此，中驷可知。循是而谈，将欲御之，必先饱之。贫薄如奉省，百废待举，而饷糈之支应尤为浩穰，与其广施而泛给，何若择其有用者而饱之之为得乎？则前所云淘汰之为，殆亦不得已而思其次之说也。

　　台驾仍居旧席，为乡邦后进师法，自是上策。新说繁兴之会，四千余年之古学，譬一发引千钧，振救之责，非异人任也。安平弓均②久办学务，兹欲从事政界，自当别谋位置。武合之朴学多闻，从游数年，颇增阅历，由文学入于政事，亦吾党应历之境界也。专此。敬请著安。

年愚弟徐世昌顿首

---

① 按，前录徐世昌复贺涛书札中说："来示尤殷殷以用人为念，此正治源所在，具征关爱，但官方久不整饬，极弊之后，颓靡余风犹未尽革。目今来者虽众，中驷居多，欲用之各具其才，颇费审量，且亦不尽可用。大局布置周妥，尚须力加澄汰"，而贺涛对徐世昌关于"中驷"的看法提出建议："公谓来者虽众，中驷为多，且不尽可用，宜加淘汰。盖恐群才之不足恃，然既云淘汰矣，则驽骀之资，狡愤之气摈不得与吾事，其供我驱策者，皆可称为中驷者也。果皆中驷，虽有迟疾，无不可致千里者，况以伯乐相之，千里马终当一遇，而以王良、造父御之，中驷皆可为上驷乎"（《贺先生文集》卷四《复徐制军》,《清代诗文集汇编》第771册，第621页），结合本札中徐世昌的复函内容，可知两札前后衔接，本札亦当作于光绪三十三年。

② 弓均，号书隐，直隶安平人。同治三年副榜。师事吴汝纶，受古文法，好考据辞章之学。

杨士骧致贺涛
（光绪三十四年七月六日①）

松坡仁兄同年大人经席：

近接德晖，莫由晤对，无任跂慕之至。伏暑甚炽，伏维讲席宏开，英才角起，恨不屏弃百事，从诸生后一饱聆高论也。弟役役簿书，苦无绩效，近奉诏旨实授，益用惭皇。敬恳者，袁宫保本年八月五十寿辰，例有文字称祝，我公当代宗师，文章之事，义无所让，倘蒙不嫌轻亵，赐以鸿篇，借光屏幪，岂唯弟渥荷荣施而已，将海内知言之士，莫不额手传称以为盛事。挂名大集，固较异日史官之襃采为弥荣也。临楮无任祷切之至，并求早日赐交，以便制屏，缮写千万。不宣。伏惟万福。

年教小弟杨士骧顿首
七月六日

严修致贺涛
（光绪三十四年七月②）

松坡仁兄乡大人左右：

久慕鸿名，时深鹄仰，比想教泽涵濡，道躬康吉为颂。弟在京滞迹，一善莫名，常为惭愧。兹有恳者，项城宫保本年八月二

---

① 按，本札中杨士骧提及"袁宫保本年八月五十寿辰，例有文字称祝，我公当代宗师，文章之事，义无所让"，据《贺先生文集》卷四所收《外务部尚书袁公五十寿序》载"光绪三十四年八月二十日为太子少保、军机大臣、外务部尚书、前直隶总督项城袁公五十诞辰"（《贺先生文集》卷四，《清代诗文集汇编》第771册，第623页），结合落款，可知本札当作于光绪三十四年七月六日。

② 按，本札中提及"项城宫保本年八月二十日五旬赐寿"，并言"尤望于八月初十前脱稿，以便写屏"，据前札所考，袁世凯五十寿辰在光绪三十四年，且结合本札所要求脱稿日期，当作于光绪三十四年八月以前。

十日五旬赐寿，吾直同乡京官（南皮、定兴领衔）须办寿文，众谋恳求大文，以成盛举。弟以久未通候，未敢遽行冒昧，故托吴辟畺、徐润吾两兄先为代恳，想宫保为当代伟人①，阁下为海内宗匠，非借大著不足以发扬其绩，敢乞阁下俯念同乡诸人倾倒之微忱，兼顾徐、吴二君代恳之雅意，用赐鸿文，以符众盼，尤望于八月初十前脱稿，以便写屏，不情之请，尚乞原谅。如蒙寄下，即祈寄至天津西沽大学堂徐润吾处即可，以便托人代写。专此拜恳。② 敬请大安，诸惟惠照不宣。

乡愚弟严修顿首③

徐世昌致贺涛

（宣统元年④）

松坡老兄同年有道：

东征而后，久不得闻通论，殊用怏怏。比展惠教，猥以移领邮传，辱劳齿贺，不敢当不敢当！昌材质庸下，不自揣量，谬欲手辟混茫，以奏亘古奇功，徒自焦劳抑郁。两载以来，须鬓皆

---

① 自"松坡仁兄乡大人左右"至"想宫保为当代伟人"在《函稿》第2册第111页。
② 自"阁下为海内宗匠"至"专此拜恳"在《函稿》第2册第72页。
③ 自"敬请大安"至"乡愚弟严修顿首"在《函稿》第2册第112页。
④ 按，宣统元年在徐世昌调任邮传部尚书后，贺涛曾致函建议云："及公以邮传部尚书内召，以为密迩京师，时或得闻謦欬，则又私自喜幸，谨先驰书奉贺，献所欲言。邮传义主交通，所以统中外遐迩，贯输挹注，而同其风习也。变法以来，兴革之事以次推行，而西北一隅犹朴拙自安、不思变易者，则交通未便，无以拓民耳目而启其智识也。故铁路之敷设，惟兰州为最急……愚计以为宜暂缓所急，勉为其难，而并力于西兰一路，庶使西北之民振颓破愚，知所当任，以奉吾期约，而无异政、异俗之虞。涛蓄此意久矣，欲陈之而未有路也，闻公既至，乃急遽言之"（《贺先生文集》卷四《上徐尚书书》，《清代诗文集汇编》第771册，第625页），据本札中徐世昌的复函内容，可知两札前后相连，故本札亦当作于宣统元年。

苍，圣慈矜恤，不加罪谴，仍令趋跄台阁，侪侣夔龙，感悚之怀，不可名状，亦惟尽此心力，勉图埃报耳。承示铁路之兴宜先并力于西兰一路，此非细审全局，熟筹利害，不能道其只字。第畏难苟安，早成斯世痼疾，且以财力困乏，亟思收效，遂不得不归重于商业，而遍注于东南。不知筹国计者，不沾沾于目前之利益。洋人精思刻虑，每集全国之力，竭数十年之功以竟一事，不独于己之土地为然，即他人畛域，亦不难代为经营，曾无少吝，以遂其兼弱攻昧之志。我顾不自振奋，而甘即于弱昧，此我之所以终不如乎？弟在东，措置亦不欲狃于苟安之见，拮据卒瘏，此身几成众矢之的。然受恩深重，此志未敢少衰。贤王辅政，能受善言，赐我良谟，当酌图阐举，以报殷怀。郭承绪容徐为设法。撰著有暇，尚祈惠然来游，畅谈胸臆，曷胜企盼之至。专此奉复。敬承道履绥健。

年愚弟徐世昌顿首

徐世昌致贺涛
（宣统元年夏①）

松坡老兄同年大人阁下：

溽暑蕴蒸，招凉无计，两年边徼，恰少炎歊，骤复当之，转

---

① 按，贺涛在宣统元年五月十七日致徐世昌书札中提及："今又有所请者，桐城吴先生令嗣闿生，品节才学久邀明鉴，其于法政之学，言之甚精，临事勤敏，尤冠绝等伦，诚天下之奇宝也。向在杨宫保幕中，杨公以国士期之。杨公既没，恐志不获伸，行且谋隐去，我公爱才礼士，为国求贤，如斯人者，岂可听其闲散？若处以相当之地，涛任其必有以自效，而不负大贤之知也"（《贺先生书牍》卷二《上徐尚书》，《清代诗文集汇编》第771册，第677页），本札徐世昌则云："挚甫先生令嗣品学之优，素所景仰，近又究心法政，可谓识时务之俊杰。重承谆嘱，容随时留意，遇有相当之处，必为竭力揄扬也。"可知本札乃是对贺涛来书的回复，且结合札中所云"溽暑蕴蒸，招凉无计"，当作于宣统元年夏。

觉不惯矣。接展手教，如对清风。敬谂调卫宜时，餐茵嘉胜，至为忭快。弟初综邮传，略谂交通，亦思支干宏敷，牢笼九有，以砥周道而巩汉京，无如时局困穷，指掌有图，点金乏术，万不能百端并举，畅所欲为，仰屋咨嗟，徒滋焦虑耳。

挚甫先生令嗣品学之优，素所景仰，近又究心法政，可谓识时务之俊杰。重承谆嘱，容随时留意，遇有相当之处，必为竭力揄扬也。秋凉之后，能否惠顾一谈，以抒胸臆，瞻望眉宇，实切渴饥。专此。敬请道安，不尽一一。

年愚弟徐世昌顿首

徐世昌致贺涛

（宣统元年七月或稍后①）

松坡老兄同年阁下：

数番新雨，顿作微凉，缅想兴居，正殷翘思，适令亲朱二尹抵都，得展惠札，诵念道履冲和，撰著益健，至用为慰。弟劳劳如昨，屡体叩庇粗平，足纾绮注。吴辟疆学问文章亦所素悉，惟弟所部分，仅邮传一事耳，除由专门学科而来，及向来熟谙办理诸人之外，所需者率系粗材，实不如封圻大吏之经纬万端，可以广揽豪俊，各极其长也。现吴君既有皖抚之招，大可舒展抱负，弟殊代为欣跃。天下之才为天下用，本非一方所得而私，公欲据

---

① 按，贺涛在宣统元年七月写给徐世昌的信中提到："吴辟疆学术文章为当世所罕见，其于公事多人为之数月而后能了者，彼则一日可毕，真异宝也。彼既生长吾乡，私意便欲据为己有，前因其有去志，上书左右，谋所以挽留之，盖恐其为他人得也。今果为皖抚所招，日内即当南下，至为可惜！若我有适宜之位置，当可强之复北，公岂有意乎"（《贺先生书牍》卷二《复徐尚书》，《清代诗文集汇编》第771册，第678页），据本札中徐世昌所云，可知本札为回复贺涛关于安排吴闿生入幕徐府之事，故当作于宣统元年七月或稍后。

为我有，其所以爱吴君者似稍隘矣，然仍愿罗而致之，当期诸异日也。令亲事相机图之。此复。即请道安，唯照不一。

年愚弟徐世昌顿首

徐世昌致贺涛
（宣统元年秋①）

松坡老兄同年执事：

又月余未尘音敬，商飙零露，秋气已深。前闻从者将旋里一行，未识何日至保，缅维冲和中道，与时偕宜，如如颂颂。弟谬掌邮传，辰夕兢兢，京张路工告成，便拟扩之归绥。刻已集议兴办沿边区域，固之即为藩篱，弃之即成瓯脱。夏间曾荷明示，谓揆时取势，首宜区画兰伊，鄙意将来归绥一道，建筑能成，即循河套而西，以达兰伊，更贯多伦诺尔而东，以连哈黑，综秦城而外数万里荒漠不毛之地悉辟康庄，大通声教，可使万国俯首，岂止祖龙夺气哉。我志若此，未卜天意如何耳。张劭予少宰昨岁以其太夫人病笃，乞假省视，抵里数月，太夫人终不起，少宰哀毁，致疾而卒，朝列伤之。顷其哲嗣玮游学伦敦，寓书不才，属撰传志，另由其戚自固始缮寄《事略》前来。少宰与先四叔乡榜同年，弟与之道义切劘，昔年同馆词林，又同掌兵部，极相契洽，不敢以不文辞，然实荒芜之甚。谨将《事略》寄呈左右，乞公暇时代为捉刀。以少宰之芳洁，非公廉静凝穆之笔，亦不足以传之。专肃奉恳。敬请道安，惟照不一。

年愚弟徐世昌顿首

---

① 按，本札中徐世昌提及其职掌邮传部，同时言及京张铁路告成，则事在宣统元年。另外，徐世昌敦请贺涛代为捉刀张劭予墓志之事，张劭予即吏部侍郎张仁黼，卒于光绪三十四年，据《贺先生文集》中收录的《吏部侍郎张公传》，该篇标注为"代"，且系于宣统元年（《贺先生文集》，《清代诗文集汇编》第771册，第630—631页），故结合本札中徐氏所言"秋气已深"，则当作于宣统元年秋。

徐世昌致贺涛
（宣统二年初①）

松坡老兄同年左右：

春来碌碌，尚未奉承兴居，思念殊甚。得惠书，蒙代撰张少宰家传，高文大笔，必传之作。然言之窃美多矣，且感且愧。就谂护闱康乐，事事嘉祥，至慰怀抱。惟以溽登揆席，重借齿芬为不敢当耳。古之参知即以当轴，今之协办虽无其实际，而名位太高，亦虞太称。矧时局之疢棘已甚，宪政之立，原以尊保君权，通疏民气；昧昧者不加之察，其好事喜乱之徒又从而簧鼓之，几使古来絜矩好恶、咨度咨诹之盛治，皆成为恢张民权之说，智识所开，适以长其嚣矜之气，父母斯民者率又无术以澄化之。环顾九州，殊可忧虑。即路事一端，若者为经，若者为纬，若者宜急，若者可缓，虽经一一筹布，而事尚未办，横议繁兴。激水可使过颡，蝼蚁足以溃堤。公以某前函所言为过虑，曷再平情而思之。三四月间果能巾车而来，面罄悃愫，欣盼奚如。专谢。敬请侍安，并颂阖福百绥。

年愚弟徐世昌顿首

傅增湘致贺涛
（宣统二年四月②）

松坡先生大人阁下：

夏初快承尘教，惜以鞅掌尘劳，未获畅抒衷曲。敬维春延讲席，秋洽吟怀，翘企光风，倍殷祝露。

---

① 按，本札中徐世昌言"蒙代撰张少宰家传"，即代撰之《吏部侍郎张公传》。又言"今之协办虽无其实际"，则指徐世昌于宣统二年正月谕任协办大学士之事。且结合本札中云"三四月间果能巾车而来，面罄悃愫，欣盼奚如"，可证当作于宣统二年初。

② 按，本札中傅增湘所言，与《贺葆真日记》"宣统二年四月八日（1910年5月16日）"条所记"润吾又以传学使禀，请吾父充图书馆名誉委员，照会及手书交来"（《贺葆真日记》，第162页），有互为印证之处，故可证本札当系于宣统二年。

敬启者：前奉部章，饬设图书馆，经卢前学使极力经营，津馆成立经年，保馆现亦工竣。惟集款购书为数无几，殊不足以蔚巨观而资广览。查莲池旧书，曾庋藏文学馆，得执事主持其间，沾溉艺林，为功已非浅鲜。惟是曹仓邺架郑重，珍藏非尽人所得入览，倘将该项书籍移储图书馆，则照入馆就阅定章，实足餍士林宏览之愿。此事经都人士酌议多时，佥以为便。以前并经禀准有案，爰请徐君润吾、李君芹香到保会同该馆董事孙、王二君专访点收、入馆陈庋，将来馆内保护图书，自当详订章程以垂久远。至执事之提倡宗风，保存国粹，热心毅力，纫佩夙深，所有图书馆事宜，仍当仰赖嘉谟，共维公益，并经详明推为名誉总理，以资表率；而贵馆学生看书，亦应予以特别权利，以示区别。务请分神将书籍点交徐、李、孙、王诸君另录细目，交存备案，是所至盼。除另文照会外，专肃布臆。敬请著安，统希亮照不宣。

愚弟傅增湘①顿首

徐世昌致贺涛

（宣统二年四月②）

松坡老兄同年阁下：

---

① 傅增湘，字叔和，一字润沅，号沅叔，别署双鉴楼主人、藏园居士等，四川江安人。光绪二十四年进士，改庶吉士，复受聘于袁世凯幕府，散馆授编修，任景山官学教习。此后历官贵州学政、直隶道员、直隶提学使、中央教育会副会长。

② 按，贺涛在宣统二年致徐世昌书札中云："顷闻以津浦路事旌节莅济南，道经德州，不能往候迎谒，殊用惭恨！涛以母疾不能赴保定，已令小儿往辞馆事，而诸生坚留不释，近犹相持未决。小儿将由保人都，若旌节还朝，当令趋谒承教，并为其父谢不能应招之罪。"又言及张宗瑛事云："文学馆斋长张宗瑛病故，实堪痛惜。涛固不能到馆，馆中失此人，虽到馆亦无意味也……宗瑛文多可观，当谋之其妇翁刘仲鲁大理，请其选择刊行"（《贺先生书牍》卷二《上徐相国》，《清代诗文集汇编》第771册，第679页），而本札中徐世昌所言，即是对前录贺札的回复。又据《贺葆真日记》记载，徐世昌自济南返回北京在四月二十六日，贺葆真拜谒徐世昌在五月一日（《贺葆真日记》，第162—163页），则可进一步推知本札当作于宣统二年四月。

下月前由济南旋都，世兄见顾，敬询兴居，知以萱闱多病，欲辞讲席而不赴，是诚守道尽伦之君子也。拟即肃致悃忱，而卒卒靡暇。昨由邮局递到惠笺，反复诵绎，如接清芬。惟思世变已亟，学径纷歧，当代导师能为后生正其步趋，坚其志向，孳孳矻矻，含经味道，从容乎礼法，沉潜乎仁义，赖纳万流，疏涤百诡，舍先生其谁与？赖先生之为教，盖不仅以文字鸣雄也久矣。宜多士之心悦诚服，不欲函丈之径移也。弟深知胏执之怀不假缘饰，第为正学计，盍再加以审量乎？时多盗窃，爰辈藩篱陷溺之深，亟呼拯拔，区区之抱，不胜隐忧，谨因公一发之知，公亦必不能竟付恝然也。张宗瑛，弟亦素知其才，劬学不禄，至可悯惜。公欲与仲鲁①选刊遗稿，以永其不死之名，古谊渊渊，甚佩甚佩！宋朝桢等四人出自贤者之称扬，必非凡偶所嘱，当于便中为之，以报谆令。专肃奉复。敬请侍安，祇颂道履冲泰。

年愚弟徐世昌顿首

贾恩绂致贺涛
（宣统二年三至五月间②）

松坡先生大人执事：

上月邮到先君志文，当拟诣保射谢，故函复迟迟。比抵保，知先生尚居故城，辄用惘然。志文芳洁澹远，铭尤峻炼，先公得

---

① 刘若曾，字仲鲁，号槛园，直隶盐山人。早岁师从张裕钊受古文义法，光绪十五年成进士，选庶吉士，散馆授编修。后历任湖南辰州府知府兼充木盐关督、长沙府知府、太常寺卿、大理寺少卿、法律大臣兼法制院院长、大理寺卿等职。

② 按，贾恩绂之父墓志铭，贺涛作于宣统二年，该文收入《贺先生文集》卷四，题为《贾星垣先生墓志铭》，并且本札提及张宗瑛去世和贾恩绂三月入都事，而据《贺葆真日记》所载，葆真是年五月十五日在北京与贾恩绂晤谈（《贺葆真日记》，第165页），故本札当作于宣统二年，且在三月以后，五月之前。

此，诚足不朽。敬谢敬谢。盖世之及身通显而有丰功骏绩者，其传世行远，此非独文行能为功也。位与名皆有赖焉。独厄穷遗佚有其德其学而无其遇，则精神蕴蓄重赖于身后之文字恒十倍于名位显著者。先公湮厄于生前，伏处于乡里，倘托传不得其人，则将与无德无学之穷儒同其泯泯，谁复知咸之间，海滨之上，有所谓屈抑长才之一老耶！乃吴先生寿之生前，称其笃学；先生复张之身后，美厥推施。异日读两先生文集，于吾乡之及身赫赫者，曾熟视而不之睹，独吾父精采光焰，奕奕于常，留天地之卷中，吾乡吾族且永永与有崇施，平生之遁世无闻，竟偿之以令闻不已。吾子孙所衔感不忘益者于此，此岂面谀云尔哉！篇中子姓月日僭为增入，间与情事稍歧者，拟易数字，敬商先生，倘有未安，尚祈诲示无吝。如以为可，当即用以上石矣（另纸录呈。书手苦不得其人，奈何）。何日回保定，当图一良晤。盼盼。献群竟尔作古，吾乡又弱一个，令人短气。绂自春间解馆，三月抵都，满拟携笈旋里为雌伏之计，而国会诸君谬推代表，勉为猎较，非所愿也，畏人之多言耳，不日当可抽身矣。知念附闻，余详鹤足函中也。此布。敬颂撰安。

制恩绂①叩头上

春间，挚师棺木为盗所锯焉，相伯等言之凿凿，令人骇愤。而辟置粉饰承平，惟恐人知，以曲解其惜小费不设看守之罪，竟不告发讨贼，迹其乖妄自是，虽忠告必不见听，未审先生已悉其详否？

---

① 贾恩绂，字佩卿，直隶盐山人。肄业莲池书院，师事吴汝纶，受古文法。光绪十九年举人，官拣选知县，后任顺直谘议局议员。

徐世光致贺涛
（宣统二年夏秋间①）

松坡仁兄年大人阁下：

  哀蝉落叶，忽撄撤瑟之悲；征雁衔芦，远荷书缣之赠。情文兼至，纫感莫名。弟惊心遗挂，致慨空簟。鸾镜尘封，怆挽歌于朝露；雕盘锦舞，佩高谊之如云。肃泐伸谢。敬请勋安，诸维惠照不戬。

愚弟徐期世光顿首

  远睇鹭埃，怅羁东海之踪；惊听鼍音，遽返西池之驾。敬悉年伯母大人锦堂示疾，蓬岛归真，念至孝之性成，自异常之哀毁。惟古稀纪算，贤声追钟，郝遗徽后起多英，绕膝则孙曾竞秀，固已拈花含笑，遗范长存矣。尚乞勉节哀思，是所祷盼。弟迹阻凫趋，情殷鹤吊，愧乏书屏双管，阐扬懿德之辉，谨具缎幛一悬，聊作生刍之荐。专肃。奉唁孝履，并祈珍摄不尽。

年愚弟徐世光顿首

陈夔龙致贺涛
（宣统二年九月②）

松坡仁兄同年大人阁下：

---

  ① 按，本札中提及"敬悉年伯母大人锦堂示疾，蓬岛归真，念至孝之性成，自异常之哀毁"，据《贺葆真日记》"宣统二年六月十六日（1910 年 7 月 22 日）"条载，贺涛母陈太恭人卒于是日（《贺葆真日记》，第 167 页），本札当作于此后不久，故当系于宣统二年夏秋之间。

  ② 按，据《贺葆真日记》"宣统二年八月五日（1910 年 9 月 8 日）"条载"辟疆来函，言艺圃到津问计于辟疆，因与见严侍郎，侍郎拟邀吾父主持存古学堂事，

仰慕鸿声久矣。往在姑苏与陈伯平中丞晤谈，时时道及言论丰采，辄以不得握手言欢为憾。比者奉命忝领畿疆，方幸得亲有道高贤，常聆至论谠言以匡不逮。倥偬少暇，拥彗未遑，每见邦人君子询问起居，知我公近方抗迹林园，闭门奉养，无意复婴尘事。然此邦学者瞻依泰斗，向慕良殷，咸谓文教兴废之权匪异人任，翘仰大师，情殷望岁，我公十年教泽，湛瀜至深，讵忍置之不顾邪？现直隶方将遵设存古学堂，一切课程规则于学术人心所关甚大，始谋不审，贻误非轻。即弟十年愿见之诚，亦复如饥如渴，深盼惠然不弃，枉驾来临，商榷折衷，借资教益。谨具公牍，倩贵门人吴守闿生致敬将迎，万望俯鉴微忱，即时命驾，弟与此邦学子皆无任跂幸之至。云天在望，延俟为劳。肃请道安，不尽万一。

年愚弟陈夔龙①顿首

辟疆前来函告陈督也"，随后"九月十五日（1910年10月17日）"条载"得吴辟疆书。言陈制军改设存古学堂，仍延吾父主之。自请于小帅来郑迎迓，且云小帅敬礼徐相国严孟刘诸公雅意，无论如何，万不可不来此一游"，"九月十六日（1910年10月18日）"条载"吾父命作书辞辟疆"，"九月十九日（1910年10月20日）"条载"辟疆来郑，奉小帅函牍及照会，延吾父至津筹办存古学堂事，吾父未之应也"，"九月二十日（1910年10月22日）"条载"李艺圃以存古学堂事至自津。自文学馆奉到陈制军停办之札，艺圃与孙镜臣次日走京师天津，谋恢复之策。再至京师，三游天津，凡两阅月。既而严范孙侍郎以此事函商同乡京官刘仲鲁大理、孟绂臣右丞诸公论其事。辟疆又持诸公书献之陈公，而徐相国亦有书抵制军，制军乃决意改设存古学堂，请吾父主其事，而不隶于提学使，畿辅绅士亦开会议之，自一二人外，皆表同情。辟疆自请来郑迓吾父。王荫轩、艺圃等乃赴津，将与辟疆同行。辟疆既先至，荫轩又以他事稽留天津，故艺圃独来"，"九月二十二日（1910年10月24日）"条载"辟疆以吾父谢绝陈公之招，无以复命。吾父书陈公虽辞其事，而云当一至津门也。辟疆乃与艺圃回津"（《贺葆真日记》，第169、172页），可知陈夔龙撰写本札之原委及时间，故本札当作于宣统二年九月。

① 陈夔龙，字筱石，晚号庸庵，贵州贵阳人。光绪十二年进士。历任顺天府尹、河南布政使、河南巡抚、江苏巡抚、四川总督、直隶总督等职。辛亥后以遗老终沪。

徐世昌致贺涛

（宣统二年十月①）

松坡老兄同年苦次：

春间得书，知以萱闱多病，将辞莲池讲席，躬侍医药，方谓孝子眷恋之极，决不至遽有意外之事。比展讣告，惊悉高堂爱日坠景虞渊，哀慕迫切之衷，迥非世俗恒流所可伦拟。追述慈徽，无语不真，有字皆泪，数十年训家裕后之德，靡溢靡遗。孝子之孝至斯为极，孝子之文亦至斯而益贵矣。窆葬在即，不获躬趋执绋，谨具素幛一轴，挽语一联，乞张诸繐帷。惟不文之甚，未能阐扬芳型于万一，深以为愧。又奠敬八金，望饬备蔬品，分致几筵及令弟芷村同年与二令媳灵次。菲薄至此，仅等束刍，当蒙鉴纳。至何以婉慰椿庭，何以善卫道躬，准经酌理，自能适当其可，应无俟下走之琐琐也。专泐。布唁孝思，神笺俱远。

年愚弟徐世昌顿首

劳乃宣致贺锡璜

苏生尊兄大人阁下：

久钦芝宇，时切葭思，顷奉惠函，敬悉种种。藉谂文教覃敷，升祺迪吉，至以为慰。承寄下《海岱史略》等书九种，均已照单收到，琐费清神，不胜感谢。该价库平银三十六两四钱，兹特封固交来差带上外，京钱四百文系还吾兄代垫专差一天川资

---

① 按，本札中徐世昌提及之事，据《贺葆真日记》"宣统二年七月三十日（1910 年 9 月 3 日）"条载"定期十月二十四日葬祖母，叔父及吾妻从葬"（《贺葆真日记》，第 169 页），贺涛之母陈太恭人及贺沅、贺葆真夫人将葬于该年十月二十四日，而结合徐世昌"窆葬在即"，故本札当作于宣统二年十月前后。

之款，统祈查收是荷。来差回故，弟已遵嘱给其京钱四百文，并以奉闻。另单所开之书，如将来需购，再为奉恳。肃此鸣谢，敬请升安，诸希霭照不具。

愚弟期劳乃宣①顿首

外银一封，京钱四百文。

佚名致贺涛

松坡大哥同年阁下：

数年不见，几阅沧桑，眷念故人，我心蕴结。客冬随扈北归，时与挚甫先生握晤，备悉近状。后以莲池一席留吴先生不得，项城少保与我乡人皆属意于君，而吴先生之撮合尤肫恳。（下阙）

徐世光致贺涛

松坡仁兄年大人史席：

海天风雨，时切怀君，忽奉朵云，如亲觐面，藉谂读礼家居，安闲养静，以平生之学力著书立说，授之门墙，传旨后裔。此固为近世不多得之人，亦为近世不可少之人。我公扶持绝学，钦仰维度，弟本无才识，滥竽海疆要地，时以为惧，绝无一善可告公者。承示王大令共事一年，深知其人其才可为世用。即无公言，亦当逢人说项，谨当确记，以待时耳。专此布复。即请著安，诸惟霁照不一。

愚弟徐世光顿首
五月十八日

---

① 劳乃宣，字玉初，浙江桐乡人。同治十年进士。先后历任临榆、南皮、蠡县、完县知县，京师大学堂总监督兼学部副大臣，辛亥后归隐不仕。

佚名致徐德源

润哥①大鉴：

手书敬悉。西陵山场森林斫伐净尽，有人报告所值实逾百万。近镇署者皆云公司所为，而公司者又谓绿营骑兵所为，故上峰震怒，初拟置之于法，勒其赔偿。弟曾以查无实据复之，取消各公司时，镇台曾招集该公司经理，当场宣布所有房屋、树木等物皆属公家，一丝不许擅动。至所谓动产，性存处惟有羊群二百余只，其余破桌凳数件而已。弟已将所收之物开列清单呈报。目前敝局尚未得大宗款项，省政府需款孔急，甚为焦灼，此时若代各公司恳求补助，定遭斥责，无益有损，以后反不便再题。惟有俟敝局发展后，进款已多，当不在此区区之数。前函所云，谅示性存，何必如是急急，设如一求补助，又动其勒赔偿森林肝火，岂非自寻苦恼。请其放心，容缓图之。旧仆郭申书法颇善，昨派为本局司书，王国瑞想见此生心也。敝局员司皆无月薪，只支数元夫马费而已，必须身体健壮，勤朴耐劳（下阙）

裕厚、荣庆致贺沅

夫子大人钧座：

拜违道范，时切孺思，捧读训言，益铭下悃，即维政祺安燕，履祉增绥，至为欣颂。窃念读书原以致用，出治首重亲民，吾师以慈祥恺悌之忱，布康乐和亲之治，行见民怀实德，俗转休风，非只吾道之光，亦实生民之福。望②云遥企，弥切依依。厚

---

① 徐德源，字润吾，直隶清宛人。师事吴汝纶，受古文法，国立北洋大学首任校长。

② 自"夫子大人钧座"至"亦实生民之福，望"在《函稿》第 2 册第 175 页。

读礼家居，从公碌碌，虽借显扬以自解，实觉哀痛之难忘。庆授职以来，方拟重温旧业，借补空疏，乃既充办事之员，复忝管学之任，汲长绠短，竭蹶时形。惟有黾黾从公，兢兢励学，以冀稍副期望之心，兼幸慈亲康健，举室平安，堪慰远念。邮筒有便，尚望提撕时切，俾有遵循，是为叩祷。谨肃。即请钧安，并贺① 任喜。伏乞垂鉴。

受业制裕厚、荣庆谨禀②

佚名致贺涛

（前阙）适读来诗，锐气大挫，请暂避三舍，以避其锋。倒酬来韵，聊复强颜，仍希松哥郢削：

万紫千红陆续生，朱虚酒政借花行。编荆斩棘分明似，队伍森严细柳营。暂把名花当美人，将诗悄悄赠花神。寻常眼福甘心减，客里聊赊十倍春。有人旗鼓占词场，自大何堪仿夜郎。百战向曾夸健将，空弮已似李陵张。

牙弟未定草

---

① 自"云遥企，弥切依依"至"并贺"在《函稿》第2册第173页。
② 自"任喜"至"受业制裕厚、荣庆谨禀"在《函稿》第2册第176页。

蔡锷电文稿辑录

邓江祁 整理

说明：国家图书馆藏《蔡松坡电文稿》四册，抄录蔡锷于1912年12月至1913年9月间的电稿182封（另有一封未署蔡锷名），内容涉及云南禁烟、二次革命、哀悼隆裕太后、中缅勘界、中法交涉等事件。电稿抬头、内容、署名及韵目代日等均齐全，并拟有标题。其中三册封面均题有"湖南岳阳县方威余特送松坡图书馆保存。民国廿七年四月记"。各册按照电文发往地集中编辑，并在封面标注。据考证，除少数几封被已刊资料收录外，绝大多数为已刊蔡锷资料所阙。① 现将该抄稿全文整理公布，供蔡锷及相关研究者参考。其中几封已刊资料已经收录的电文，因字句略有不同，一并整理，供研究者对比利用。原抄本各册中电文日期以"民国"纪年，且各有顺序，整理时统一按时间先后排序，并以公元纪年。部分电稿标题略有补充修改。

整理者：邓江祁，湖南省教育厅教授。
① 参见邓江祁《〈蔡松坡电文稿〉抄本考论》，《邵阳学院学报》（社会科学版）2023年第1期。

致外交部
（1912年12月4日）

急。北京外交部鉴：午密。【迤】西道杨觐东因事调省，英署领干璘照请将杨道留任，俟会案办毕，再行更调。当以事属内政，滇政府自有权衡。经已［以］遴委妥员陆邦纯前往接任等语，婉词拒绝。兹该领复以会案停办相要挟。查每年年终会讯边案系属成例，本届会案初由森领提议会办，早经双方承诺预指地点、决定日期，并经敝都督饬【迤】西道准备一切调齐人证各在案。兹该领突照称确定不办，前后两歧，失信爽约，莫斯为甚。应请严重交涉，饬该领仍照原议办理，以了积案而敦睦谊。否则，滇政府关于此事种种预备亏损甚巨，亦应由该署领负其责。特此电呈，并希示复。滇都督锷叩。支。印。

复朱朝瑛、张开儒
（1912年12月4日）

临安朱镇台、张团长鉴：先电悉。暴俄助逆渔利，欺我民国，此间已通电中央及各省，请严重交涉，取消私约，并简练精锐，听候调遣在案。现闻交涉已有转机，仍通筹军备，为之后盾。君等热忱奋发，殊深嘉许，希仍策励士心，静候消息。边圉多事，愿共勉旃。督。支。印。

复李绍文
（1912年12月4日）

中甸李管带览：东电悉。该管激于蒙约，愿效驰驱，壮志热心，甚堪嘉尚。蒙事交涉稍有转机，希仍整饬戎行，以固边圉。督。支。印。

致外交部

（1912年12月7日）

北京外交部鉴：午密。顷据腾守鱼电称，得领署消息，言会案事滇政府不甚注重，已奉缅政府电取消。惟积案悬已两年，边民受困，现拟自由行动，令七土司脱离归其保护，由缅单方讯结等语。查会案事迭饬司、道郑重准备，而英领托词要挟，借此侵占我土司主权，实属无理已极，应请并案严重交涉，迅饬照原议办理，以抒民困而顾邦交。滇都督锷。虞。印。

复杨觐东

（1912年12月7日）

腾越杨守览：月密。鱼电悉。会案事迭饬该司道郑重准备，而英领借端要挟，反谓政府不甚注意，直欲乘此侵占我土司主权，强横无理，至斯已极。该守等体国公忠，乡土密切，尤应随事随时设法匡救，以固主权而维睦谊。除电部交涉外，特复。督。虞。印。

复杨晋

（1912年12月13日）

昭通杨镇台鉴：佳电所见甚是，应备采择。俄蒙事得中央电，交涉已有转机，惟各省仍应切实准备，以为后盾。督。元。印。

复贾子绶

（1912年12月17日）

丽江贾营长鉴：元电悉。该营长鸣剑抵掌，愿驰伊吾，壮志热忱,殊堪嘉尚。现得中央电,交涉稍有转机,仍统筹军备,以为后盾。蒙藏势若连栖[鸡],防务尤形吃紧,希仍激励戎行,严行戒备,是为至要。督。篠。印。

复杨觐东
(1912年12月19日)

腾越杨道鉴:删电交司核议。据称收销存土公司意在收销内地存土,以期除毒务尽,并无派人赴腊戍购烟之事。此次扣留烟土,不知购自边地境内或境外,希即查明,分别呈候核办。督。皓。印。

复秦恩述
(1912年12月21日)

楚雄秦守览:皓电悉。该守愿减月俸助饷,具征爱国急公。惟薪俸所入极微,且关于筹饷事另有通案,所请应勿庸议。督。马。印。

致内务部、外交部
(1912年12月24日)

北京内务、外交部:辰密。据迤西道杨觐东删电称,元日准腾关税司据龙陵分关报,有烟土一百十三驼[驮]由龙赴腾,函请封禁,如查实过界购买,则与《中缅条约》第十一条大相违背等语。经令腾守督同商会查封等情。又据杨道哿电称:篠日准税司自蛮允电开,龙陵鸦片一案,顷奉总榷复电云,中人将洋药贩运进口,必致中英政府极有为难,缘在他省内,政府于按照条约应行运进之烟药、洋药犹且力禁故也。此事我关应尽之本分极其显然,即系照约将货扣留,听候中央政府决定等因。查此货迭系由分关委员准其过关，其情形尚须详查，该员何准予放行。但已过分关，该货现在内地，惟独地方官有权，故求贵鉴［监］督格外出力，将货拿获扣留，敬候中央政府决定，并祈剀切宣告腾冲烟公司，担负该货价值责任等语。当由道饬查烟所从来，分别呈办等情。查滇省前饬商设立收销存土公司，系仿前清李督奏定办法，展期数月，冀其销除净尽，业于八月宥电详达外交部在案。现公司早饬撤销，公司前在边地方已购未运之烟亦迭饬赶运，截止收买。界内且然，何论界外？即在公司未撤销以前亦并无过界购买之事，不能谓由龙关进口即系过界购买。盖龙陵关外，我土司地面尚广故也。惟此中有一最困难之情形，即系在我界内，则一面收销存土，一面禁种罂粟，而彼界则一味放任。当收销之时，彼界奸民或不免偷运进界，朦混图售，道路分歧，盘［办］法难周，万一查出前所收买果杂有偷运之私烟，则是散商不知分别，自当重究，然究与已撤之存土公司无干。今税司电文牵引存土公司，未免失实。特先电陈，以免误会。总之，沿边地方，接壤千里，对于鸦片，我禁彼弛，以后辗转方多，前经咨请向驻使交涉，彼此并禁，务恳毅力进行，期达目的。至祷。滇都督。敬。印。

复萧继莲

（1912年12月26日）

大理萧营长览：电悉。该营长请愿北伐，热诚爱国，殊堪嘉许。俄蒙事现正交涉，希仍激厉戎行，严加戒备，静候消息。督。宥。印。

复秦康龄

（1912年12月27日）

东川秦守览：电悉。该守愿捐月薪百元助饷，具征爱国热忧。惟薪俸所入甚微，且关于筹饷事已另有通案，所请未便照准。督。沁。印。

复陆邦纯
（1912 年 12 月 30 日）

腾越陆道台鉴：外密。有电悉。以杨道邦①会案一事，傅领②调停之说，本军府为顾全邦交、体恤边民计，未予拒绝。若两方碍难之处自可作罢，所请仍以杨道留【任】一层，碍难准行。前曾接该道等会电已经交代，来电何以又云未接交代？西事重要，该道务宜【振】作精神，力任艰巨，毋稍涉瞻顾。督。卅。印。

复邹经世
（1912 年 12 月 30 日）

昭通送鲁甸邹倖：感电悉。该倖愿减月俸助饷，爱国可嘉。惟薪俸所入甚微，且关于筹饷事已另有通案，所请未便照准。督。全。印。

复李管带
（1913 年 1 月 4 日）

中甸李管带览：东电悉。该管激于蒙约，愿效驰驱，壮志热心，良堪嘉尚。蒙事交涉稍有转机，希仍整饬戎行，以固边圉。督。支。印。

---

① 原文如此，疑有遗漏。
② 傅夏礼，时任英国驻云南总领事。

复张鉴安

（1913年1月4日）

腾越转龙陵张丞览：东电悉。该丞愿减俸助饷，并效驰驱，爱国急公，洵堪嘉尚。惟薪俸所入甚微，地方政治尤关重要，所请碍难准行。督。支。印。

复何国钧

（1913年1月8日）

蒙自何道台鉴：阳电悉。前接黔电，已于卅日据发护照，行由该道转给法商于古来矣。督。庚。印。

复刘道台

（1913年1月12日）

思茅刘道台览：蒸电悉。时事多难，一切内政外交正资倚畀，望力为整理，毋萌退志。督。文。印。

复陆邦纯

（1913年1月13日）

腾越陆道台鉴：外密。阳电悉。会案事虽迭与傅领磋商，已电达驻京公使转圜。能早日就范固佳，第为期甚促，诚恐赶办不及，则惟如来电所云，亦未始非补救之策。希相机妥商办理为要。督。元。印。

复陆邦纯

（1913年1月14日）

急。腾越陆道览：佳、元电悉。前以反正后愚民偷种罂粟，彼时军务倥偬，不暇铲除，数虽无多，诚恐存积民间，为害滋大，是以饬商设立收销存土公司，运售出境，一则恤民，一则除毒。此举良非得已，惟初议原系收销内地存土，不惟外土羼入。来电称腾税司谓土购自外，查关外我土司地方尚广，应先查明分别呈候核办。扣存之土拟由税关加封运蒙，转销越南，意在杜绝洒卖，与设立收销公司之意正合，自可照办。至收销公司，前已饬令撤消，以前已购未运之土，不能不托商运，完案以后，禁种、禁运、禁吸同时并进，已分头派兵查铲，如续获有运售或偷吸情事，烟付烧毁，犯者惩办。希即督饬所属严厉执行，以除毒害。督。寒。印。

复吕令
（1913年1月14日）

昭通送彝官吕令览：蒸电悉。俄库事正在交涉中，该官绅愿捐款助饷，其志可嘉。但薪俸所入甚微，未便照准。果能互相策励，整理内政，裨益多矣。希并转知。督。寒。印。

复柯树勋
（1913年1月15日）

思茅送猛遮柯督办览：江【电】悉。捐薪助饷，热忱可嘉。惟俄库事正在交涉中，所请将执事薪水按月捐助军饷，未便准行。督。删。印。

致陆邦纯
（1913年1月16日）

腾越陆道览：元密。边地再不经营，以后恐难收拾，但措理操切，方足召乱。迭经密议，决定设流而不改土，其范围暂以现在腾管所属为限。其办法，分区设行政委员职，视州县酌设副委员职，视分防行流官之实而暂避其名，土司头目名称各仍其旧。分区以南甸为第一区，三四夷庄、曩宋、甲暮福、猛宋等处附之，委员驻遮岛，即以八撮县丞为分防，不设副委员。干崖为第二区，酌益以盏西地区，委员驻旧城，副委员驻盏西。盏达为第三区，蛮元等处附之，委员驻太平街，副委员驻习马。陇州〔川〕为第四区，户撒、腊撒附之，委员驻陇川城，副委员驻腊撒。猛卯为第五区，委员驻猛卯城，副委员驻扒坡。遮放为第六区，委员驻遮放城，副委员驻黑山门。芒市为第七区，猛板附之，委员驻芒市城，副委员驻蛮牛坝。此为分区之大略。各委员任事以后，先由总揽法权、不许土司受理词讼入手，一为清查户口、田赋，陆续删除繁苛杂派，以收民心；一为提倡开垦，广种棉桑，以补生计。已设之土塾，设法改良推广。各委员照顾难周，可斟酌情形，酌设警员以资补助。此为进行之大略。其余详细节略，希暂饬在事人员随时斟酌情形，相机妥办，本军府不为遥制。惟查陇川、猛卯、遮放、芒市各处烟瘴颇烈，有无相宜人才；如就近取材是否敷用，抑应由省拣派；开办经费应需若干，如何筹拨，希并详筹报核。又建设伊始，宜派兵驻守，以期有备无患。除南甸、干崖、盏达、陇川、猛卯、遮放、芒市及蛮元、习马、户撒〈腊〉等处均已派有兵队驻扎外，其余遮岛、八撮、盏西、旧城、大平街、腊撒、扒坡、黑山门、蛮牛坝各处应如何酌派兵队驻守，以资镇慑，并由该道会商腾越李镇查核办理。督。铣。印。

致外交部、内务部

（1913年1月22日）

北京外交部、内务部鉴：辰密。腾关税司商请迤西道扣留烟土一案，业于十二月敬电详陈在案。此项烟土，据前收销存土公司经理人称，实系在我土司地方收买，曾在迤西道署出具切结，而腾税司坚指为购自界外，一再干涉，径电总椎核示。兹据转来总椎复电开，烟土充公，交与监督，按照滇政府合宜之意旨办理，惟须向索赏号，或转运出口，或另有处置，应由政府设法，非本关事也等因。细绎总椎语意，系与〔以〕充公、交与监督了事。乃腾税司又谓总椎此电系指别案而言，反将此案正文阁〔搁〕置不提。窥其意，殆因此案初发生时，腾税司有将扣留烟土由税关过称加封，转运蒙自销售出口之说，今总椎令交监督，彼颜面上难于转圜，故支吾其词，多方留难。税司系我客卿，不惟与我为难，且违反总椎意旨，殊堪骇怪。此案由根本上言之，滇省前设立收销存土公司，意在将我境内存土一律收销出境，以除毒害。此次扣留之土，由龙陵进关，系因关外我土司地方尚多，收销我土司地方之烟土主权在我，本无税司置喙之余地。即谓恐有界外烟土杂在其中，亦须由我查明，分别核办，并非税司之事。查总椎充公、交与监督之说，权限尚属分明，然未将境内、界外两层分别言之，事实已不免牵混。至腾税司则权限、事实均所不问，忽而干涉，忽而声明不负责任。查烟土系由西道扣留，已迭饬西道派员详查，分别境内、境〔界〕外两层，将来报到时，若果杂有界外烟土，拟即充公罚办。其购自境内者仍照通案运销出口，不敢过事迁就，致碍主权。恐腾税司电京饶舌，特再缕陈，以备因应，请并八月宥电、十二月敬电抄送税务处备案。至祷。至本年滇省禁烟情形，一面派兵分头查铲，一面严饬有司关卡遵照迭次刊发规章严厉执行，禁种、禁运、禁吸同时并进，期于除毒务尽。并闻。滇都督锷叩。养。印。

复陆邦纯

（1913年1月23日）

腾越陆道台鉴：腾密。漾电悉。西防地区辽阔，正拟编练陆军一旅。腾属现在兵力，弹压各地似已有余，万一不敷，尽可调拨。□营□边布置情形并随时探确报告，并须遴派妥密专员任之，以免道听途说，致渎听闻。现时中央大借款业经成立，国际上当较稳静，俄蒙事亦有和平解决之望。边事重要，务示以镇定，仍严密侦查布置，防范机先为要。督。漾。印。

复何国钧

（1913年1月23日）

急。蒙自何道台鉴：关密。漾电深堪骇异，是否以讹传讹，当急速饬探报并令径电本军府，以凭因应。法交涉员处已嘱司诘探矣。督。漾。印。

复欧统带

（1913年1月24日）

急。开化欧统带：南密。养电悉。前据束副办呈界碑有损废者数处，应重新建立新碑，两方均已协商认可，定于日内会同办理。法人带兵勘界之说，当系讹传或以别故而生误会，希速确探报闻。该统带务镇静从事。此间已向法交涉员诘探一切矣。督。敬。印。

致束于德

（1913年1月24日）

麻栗坡束副办：外密。转据李管带荣来电称，保栗道台及法人五六画官率兵二千,声言勘界,廿二可抵四蓬。该处对汛官级概逃散等语。此间已向法交涉诘探,究竟实情若何,仰火速探确电呈。督锷。敬。印。

致何国钧
（1913 年 1 月 25 日）

蒙自何道台鉴：关密。法兵勘界事,顷晤法交涉韦委①。据语,其确为误传。本委不便电越询诘,为所嗤笑等语。特闻。督。有。印。

致蒙自关道
（1913 年 1 月 25 日）

蒙自关道鉴：陆军部电开,黔购黄磷即知照验放等由。特闻。督。有。印。

复魏汝骢
（1913 年 2 月 13 日）

广州都督府参谋长魏汝骢君鉴：奉庚电,欣悉长粤中军咨,特电奉贺。锷叩。元。印。

复周燊儒
（1913 年 2 月 18 日）

贵阳周旅长燊儒鉴：元电具悉。台端率所部振旅回黔,尽释前嫌,言归于好,足见深明大义,忻慰良深。仍望与唐都督和衷共济,妥为安插,俾黔事益臻稳定。滇处邻疆,尤深庆幸。锷。巧。印。

---

① 韦礼德,时任法国驻滇交涉委员。

致何国钧

（1913年3月5日）

蒙自何道台览：顷奉陆军部支电开，宝粤华利所购火药等即知照验放。特达。督。微。印。

致参谋部

（1913年3月6日）

北京参谋本部鉴：韧密。云南都督府参谋长请以前军务司司长沈汪度调充，副官长请以龚泽润充任。乞转呈大总统任命，公布施行。滇都督蔡锷叩。鱼。

复北京国民哀悼会

（1913年3月6日）

北京国民哀悼会鉴：公电诵悉。前清隆裕皇太后赞助共和，聿歉让德，遽闻崩逝，感悼实深。诸公发起全国国民哀悼大会，滇谨派李根源君莅会，代表哀忱。希查照。锷。鱼。印。

致李根源

（1913年3月6日）

北京天顺祥转李印泉君鉴：准国民哀悼会公电，三月十九日开追悼前清隆裕皇太后大会，滇派台端代表莅会。已电复该会查照矣。特闻。锷。鱼。印。

致袁世凯等

（1913年3月10日）

北京大总统暨参谋部、陆军部钧鉴：辰密。都督府编制，滇已遵令组织。惟滇中现势以及各界对锷感情，都督对于民政一项暂时实难全行摆脱。关于民政重要计画，锷不能不分任劳怨，俾利进行，且以扶植民政长之威望，拟于都督府内添设秘书长一员、秘书二员佐理机密文电。再，滇省筹办国防，凡军事上一切部署计画，头绪纷繁，锷不能不完全负责，而额设员司限于职级，不易延揽通才，且滇中高级将校及曾经任事、勋劳卓著之文员投闲置散者，尚不乏人，亦苦于难于位置。拟于都督府内添设顾问及咨议四员，及书记、录事十人，差遣员八人，以资佐理，而赴事功。明知与通案抵触，然为维持现状计，事实不能不出此。此系滇省特别情形，已饬编入二年度都督府预算。敬恳核准施行。滇都督蔡。蒸。印。

复北京国事维持会
（1913年3月10日）

北京国事维持会鉴：鱼电悉。诸公以热心毅力发起斯会，斟切时势，力维大局，前曾复电赞成，计早达览。复承示以罗君在滇组织分部，自应竭力匡助，勉赞鸿猷。特复。锷。蒸。印。

致陆邦纯等
（1913年3月10日）

腾越陆道并转赵钟奇鉴：密。缅中军事由赵派员或亲自前往切实调查，并设法购买缅、印大小地图各二份速送省，英人所绘吾国川、滇、藏各图亦应酌购寄省。所需银费由陆道拨发具报。督。蒸。

复段祺瑞等

（1913年3月11日）

北京陆军部段总长并祈转哀悼会诸公鉴：诸公阳电敬悉。清隆裕皇太后赞助共和，造福民国，当南北各军战争之时，凡我军界受赐尤多。遽闻崩逝，感悼良深。诸公发起全国陆军哀悼大会，滇派雷飙君莅会，借志哀忱。即请查照。锷。真。印。

致雷飙

（1913年3月11日）

北京稽勋局雷时若君鉴：顷接军部公电，三月廿日军界全体在京开哀悼清隆裕皇太后大会，希执事就近莅会。已电复该会查照矣。锷。真。印。

致陆军部

（1913年3月13日）

北京陆军部鉴：顷接蒙自关道电称，准法领函称，法商歌胪士报办镪水一百法斤染衣用，现运至河口遵章纳税，请饬验放。查镪水系禁物，应请转电饬放等情。希即知照税务处核准饬放。滇都督锷。元。印。

复冯国璋

（1913年3月15日）

天津冯都督鉴：歌电敬悉。某报纸毁台端各节，殊堪愤恨。近日报纸议论纯视党派为转移，毁誉是非，本不足为个人轻重，惟关于大局安危，乃敢造作蜚语，摇惑听闻，即属有心破坏。台端提起诉讼并呈请饬部查究，办法极为正当。讹言孔多，惨莫惩瘥，忧患之来，正恐未艾也。锷叩。删。印。

致何国钧

（1913 年 3 月 19 日）

蒙自何道览：准陆军部啸电，法商办镪水，即知照饬放。合转达。督。皓。印。

致嵇祖佑

（1913 年 3 月 20 日）

河口嵇总办鉴：王广龄本日赴河，望将副办差交替后来省晤商一切。督。号。印。

复陆邦纯

（1913 年 3 月 20 日）

腾越陆观察使【鉴】：元、铣电悉。所陈添驻重兵各节，不为无见。惟前议改设行政委员，本持渐进主义，当不致激生他变。若虑名目变更足耸视听，不妨仍沿弹压之名，阴举进行之实。此时先由垦殖入手，由该道速饬各弹压委员，分头查报各处荒地土宜及其下手之方，以便通筹办理。兹邮寄鲁省招垦章程一份，以备参仿。至兵力则腾边陆防各军均假该道以调遣之权，已另文分饬知照，并饬顾旅长品珍赴边巡视，约下月可到腾。届时一切边防事宜，可与该旅长妥商办理。至应需经费、人才，本军府自力予主持。希即断绝瞻顾，毅力进行。所请委员接任，应勿庸议。督。号。印。

复陆邦纯

（1913年3月22日）

腾越陆观察使鉴：马电悉。西事重要，亟赖长才。希仍其艰，毋萌退志。督。养。印。

复参谋部

（1913年3月22日）

北京参谋部鉴：韧密。皓电悉。此事极关紧要，惟查滇省现有测地员，合二期毕业生只五十余人，以之测量全省，断难敷用。欲添班造就，则经济不支，因噎废食，又非计之得。拟续招三期，以为蓄艾之计。合之二期毕业入班起支薪水者，经费均无从筹措，惟有恳请附念特别困难，指筹协济，以促进行，不胜盼祷。滇督。祃。印。

复统一党本部

（1913年3月23日）

北京统一党本部王君鉴：哿电悉。贵党滇支部地点当饬所司力予维持，请舒悬系。锷叩。漾。印。

致袁世凯等

（1913年3月25日）

北京大总统暨国务院钧鉴：中密。云南滇西观察使陆邦纯迭请辞职，情词恳切，未便强留。拟请准予免官。窃滇西一道外邻缅甸，内毗川藏。现在强邻窥伺，藏氛日恶，边境骚然，非得文武兼贤、富有经验之员不克胜任。查有前任湖南混成协统领杨晋，服官湘粤，留学日本年余，于政治、军事颇饶经验，人亦稳练，反正时充黔省北路统领，旋调滇任昭通镇，协赞共和，安辑地方，颇著劳绩，堪以接充滇西观察使。伏乞俯赐查核任命，公布施行。滇都督蔡锷叩。有。印。

复北京国事维持会
（1913年3月25日）

北京国事维持会孙、林、杨、曾诸公鉴：简电有悉。罗省长尚未抵滇。支部经费汇到，暂存该号，俟罗君到再交。特复。锷。有。印。

致杨晋
（1913年3月25日）

昭通杨镇台鉴：现有要公借重，已饬禄统国藩克日起程赴昭，届时望速交替回省。至盼。督。有。印。

复陆邦纯
（1913年3月26日）

腾越陆道台鉴：径电悉。现正拣员接替，足下在任一日，尚希勉尽一日之责，以维边局。督。宥。印。

致杨晋
（1913年3月31日）

昭通杨镇台鉴：顷接京艳电，大总统令，任命杨晋为云南滇西观察使。此令。等因。希即交替，速到新任。督。卅一。

复李根源

（1913年4月1日）

北京天顺祥转李印泉君鉴：月电悉。滇省选举诉讼，曾经法厅判决，此间已叠电国会筹备局查照。滇中某党似无异词，不虞翻案。如中央果有翻异，再行电达院局抗议可也。锷。东。印。

复财政部

（1913年4月2日）

北京财政部鉴：卅一电敬悉。滇西道暂驻腾越，所有腾关税务拟以新任滇西观察使杨晋兼管。希查核委任。锷叩。冬。印。

与罗佩金复外交部

（1913年4月3日）

北京外交部电【鉴】：东电奉悉。滇省遵照教令规设外交各署，前已电陈在案。现因滇西南边事方殷，两观察使仍驻腾越、思茅，借资控御，所有办理外交事宜，自可暂仍其旧。惟原有之外交司，遵即改为外交署，设特派交涉员，以蕲与各省划一。滇处财力奇窘之时，外交人材又至不易得，各外交分署应俟妥续筹画，再为实行成立。合先电祈赐察。滇都督蔡锷、民政长罗佩金叩。江。印。

复蒙自自治公所

（1913年4月5日）

蒙自自治公所览：支电悉。何道南防勋绩，仰速编叙呈候饬局采录。督。微。印。

致袁世凯等

(1913年4月10日)①

北京大总统、国务院钧鉴：云南罗民政长于本月七号接任视事，所有民政事宜，业经分别移交接收。窃滇自反正以来，百务倥偬，揩拄补苴，备极艰窘，忽忽二年，惭无补益，现虽划分民治，付讬得人，但以滇中现势及各界感情，民政关系未能全行脱卸。关于重要政务，仍当勉竭驽钝，分任劳怨，以期于公有裨而纾中央南顾之忧。特再电陈，乞释廑注。滇都督蔡锷叩。支[蒸]。印。

与罗佩金致内务部等

(1913年4月10日)

北京内务、司法部鉴：闻滇一区王应绶上诉选举违法一案，大理院以滇提前选举为无权命令，判决一层［区］重选无效，不胜骇异。查滇省举行选举日期，因道远必须提前赶办情形，已先电国会事务局。旋准十月铣电：有计日计月，真能提前，甚善，希通饬查明情形酌办等语。当经通饬按照程序进行，均无异议，始由滇筹备所知［制］定日期清单并简明表，由本都督通令各属遵办。嗣准十二月巧电询滇选举日期，复又电达在案。查《众议院议员选举日期令》内载：遇有必要情形，选举总监督得酌量延期，决定后呈报内务部等语。提前虽与延期不同，而因有必要情形，更易日期，其理由则一。且国会事务局系内务部特设

---

① 本文代日韵目为"支"，但文内称罗佩金"本月七号接任视事，所有民政事宜，业经分别移交接收"，因而日期恐有误。又查抄本中此电在《致北京电》(二年四月初十)和《致天津电》(二年四月十一)之间，故推知其日期应为"二年四月初十"。

办理选举机关，滇提前办法既先后电局认可，与《日期令》第一条意义并无不合。一区重选既在法定时间内，依《选举法》第七十六条继续进行，并未违法，当然有效。至王应绶诉一区监督周汝敦违法，经滇高审厅判决，系手续欠缺，当予以行政处分。此案情节决不应混入刑事，即不应由高检厅受理。乃该厅擅予送院，已属不合。大理院于该厅送到此案时，似应先行审明性质应否由该厅送院，然后受理，况《选举法》仅规定复选违法诉由高审厅判决，可否上诉，并无规定明文。民国成立，解释法律之权应归参议院，不知大理院受理此案根据何种法律，曾否由参议院解释通过，应请大部会同综核前后情形，设法维持，以重选举而免纷扰。如何，乞复。滇都督锷、民政长佩金。蒸。印。

与罗佩金复张耀曾、李根源等

（1913年4月10日）

北京国民党本部张镕西、李印泉、顾仰山鉴：两电悉。会电内、法两部文曰，云云等语。金等对于此案意主为争。惟既经【大】理院判决，应设善法转圜。此电到后情形如何，若一电不便转圜，拟徇一区监督周君之语，听其克日北上，请求再审，抑或由京请代理人，即请酌夺速复。锷、金。蒸。印。

致丽江永北厅李知事

（1913年4月10日）

丽江飞送永北厅李知事览：据法委面称，法主教金梦旦在华坪被教民围困，有性命之虞，请派兵护送出境等语。此案未据该知事呈报。除电郑团长飞饬第七营派兵接护外，仰就近飞查电复，并转马管派兵接护出境。督。蒸。

致大理郑团长
（1913年4月10日）

急。大理郑团长鉴：法交涉委员面称，法主教金梦旦在华坪县被教民围困，有性命之虞，乞派兵接护出境等语。希飞饬第七营马管带酌派队伍妥速接护至榆，并将办理情形电复。督。蒸。

致黄兴
（1913年4月11日）

天津路怡安里寿记杨荋南君转送上海黄克强先生鉴：荋密。接杨君荋南函，知遁初遇害，我公亦濒于入险，幸获安全。天相吉人，差为一慰。近日人心鬼蜮，遍地狙魔，我公身系天下安危，尚希戒切垂堂，为国珍重。闻此案正凶就获，有无确供，此中真相究系如何，乞撮密告。此间骤闻噩耗，同深悲愤，已于日前为遁初开会追悼，到者千人。经电苏督严缉凶名，按法惩办，并恳中央优予议恤，用慰在天之灵。附寄之玉照已分别便收并转交矣。锷叩。真。

复董家荣等
（1913年4月12日）

阿墩子董委员、刘管带同览：佳电悉。李、陈谋杀夏云一案系属刑事，仰催民政长核饬遵照。督。文。印。

复永善钟知事
（1913年4月12日）

昭通送永善钟知事览：歌电悉。铲烟事尚认真，甚慰。靖属铲烟风潮及桧，该知事赴靖日即诣桧查明具报。督。文。印。

复王广龄

（1913年4月13日）

河口王督办览：元电悉。海防报载黎副总统事当属子虚。督。元。印。

与罗佩金复袁世凯及各省都督

（1913年4月14日）

北京大总统暨国务院、武昌副总统、各省都督、民政长鉴：中。国务院真电敬悉。宋案发生，浮言纷起，现在凶犯就获，一经交涉索还归案讯办，自有水落石出之日。克强诸公对于此案极力维持，用心尤苦。乃奸人乐祸，架造蜚语，破坏大局。以大总统之明察，各都督之忠贞，必不为所荧惑。惟念谣诼之兴，必有附会影射。近日各事，足为奸人造谣之资者，最要莫如政治之竞争暨党派之冲突。民国开幕，党帜高张，内外执政诸君，各因政见之结合，欲建其生平之主张，相率附名党籍，原出于一时爱国之热心。岂意依附草木之人，遂视为扶植势力之计，出奴入主，是素非丹，互相勃溪，隐成冰炭。不逞之徒遂得捏词煽惑，摇乱听闻。长此诪张，我国将无宁日。程、应二公剀切入告，请禁止谣言；大总统通电各省，重申禁令，均为现时切要之图。锷等隐观世变，忧愤填膺，睹此横流，深虞溃决。敬恳大总统积诚感化，式遏乱萌，各都督、民政长遇事维持，共扶危局。使内外相见以诚，则奸谋自无由逞，民国前途，庶几有豸。滇中静谧如常，万无他虑。并闻。锷、佩金。寒。印。

致李国治

（1913年4月16日）

曲靖秦知事转怒俅殖边李总办览：殖边事关紧要，希该员克日启程赴差，勿片延。督。铣。印。

致谢汝翼

（1913年4月21日）

蒙自谢师长鉴：密。闻朱七即畏卿胞弟，向未分居，其家所藏装械，难保非畏卿所遗留。如彻底究治，殊非爱恤功将之道。畏卿于光复南防，镇抚地方，颇得其力，事后裁撤所部，成功不居，尤为难得，万不可过事诛求。执法本应从严，而原情无妨从宽。希密嘱所部善体此意为要。锷。廿一。

复李国治

（1913年4月21日）

曲靖秦知事速转李总办国治览：皓电悉。眷令之恸，殊为恻怆。惟怒事亟赖长才，尚希早日驰往接办。究于何日起程，盼复。督。箇。印。

致尹昌衡

（1913年4月22日）

打箭炉尹都督鉴：据阿墩电，必土活佛专[转]来蛮信称，闻川边管带刘占廷率第四营抵白盐井，将进必土、擦瓦龙一带。深知该军所过，烧杀抢掳，寸草不留。现该一带番官一面伪投诚，一面调兵堵御，求请咨阻川军勿进，以全一方生灵等语。我公治军严明，贵部必奉令惟谨。该活佛函报各情【是否】尽实。

以谊属同舟，既有所闻，敢不据情相告。尚希查核为幸。锷叩。养。

致袁世凯等

（1913年4月22日）

北京大总统、国务院、参谋部、陆军部钧鉴：中。据阿墩董委、刘管【带】电称，红井必土活佛专［转］来蛮信称，闻川边管带刘占廷率第四营抵白盐井，将进必土、擦瓦龙一带。深知该军所过，烧杀抢掳，寸草不留。现该一带番官一面伪投诚，一面调兵堵御。又称，该地一带前已向滇师投诚，求请咨阻川军勿进，以全一方生灵等情。尹督治军严明，其部下必奉令惟谨。所称各情是否尽实，惟事关边务，威德贵乎兼施，果如必土活佛所云，则于边事必多反响。除据情电告尹督外，合电陈明。滇都督锷。养。

复永北李知事等

（1913年4月24日）

丽江送永北李知事、马管带览：李笛电悉。刘文广率众抗铲，既经格毙，准免置议。夷目余长生胆敢纠众聚抗，该知事应会同马管带亲往督铲，并派绅团前往开导。如不解散，即诱拿首要惩办，仍将办理情形报查。督。敬。印。

致王广龄

（1913年4月25日）

河口王副办：外密。希特派员赴河内将英法文出版之印、缅、越及中国各省并蒙、藏各种大小地图，概行搜购一份寄省。勿延。需款报领。督。有。

致陆邦纯
（1913年4月25日）

腾越陆观察使：腾密。前饬赴缅搜购各种地图已否办到？如托办无效，可特派人赴漾贡将印、缅、藏及关于中国出版各种大小地图概购两份，飞速送省。盼复。督。有。印。

复丁润身
（1913年4月26日）

永平送云龙丁知事览：蒸电悉。早小大那匠案凶供，到古炭河买烟，并由身搜出烟具，应否照禁烟律治罪，仰即妥拟分呈核办。督。宥。印。

与罗佩金复禄国藩等
（1913年4月28日）

昭通禄统带、李知事并送永善钟知事览：禄、李沁电悉。匪劫井底官署、市场，伤毙多命，并拉去人口，实属穷凶极恶。此股匪徒究由何处窜入，何路逸去，现在藏匿何处，该统带应饬甄、何二管带分探痛剿，并将掳去人口、货物分别起出，不得稍有违误。该处发现大股匪徒，周委员事前漫无觉察，酿出此种重案，是否事起仓卒，抑或另有肇衅原因，仰钟知事驰往查明，会同周委员将伤毙各尸验明填格，连同官署及被劫各户估造账册，具报李知事派员查实，仍应呈处。都督、民政长。俭。印。

复剥隘王统带
（1913年4月29日）

剥隘王统带览：感电悉。匪匿泗色交界，桂军分路进剿，难保不窜入滇边。该统带应于滇边各要地扼扎防堵,并多派侦探,以灵消息。所部兵力如能抽拨,可赴桂边约期会剿。如嫌兵单,应函催沈营长兼程赴剿,仍与桂军随时接洽为要。督。艳。

与罗佩金复吴梓伯
(1913年4月29日)

蒙自吴观察使览：沁电悉。此案已据蒙自通海商会电呈,当即电饬谢师长、覃知事、向管带分派军队、兵警严行踩缉,限期破获。仰即转饬所属一体严缉。都督、民政长。艳。印。

与罗佩金致禄国藩等
(1913年4月30日)

昭通禄统带并送副官袁厘员览：据袁厘员俭电称,有日属卡锅圈滩、溪罗渡等处被匪首蒲飞雄统众抢劫,匪势猖狂,地方糜烂等情。日前井底劫案必系此股盗匪,现又扰及副官一带,猖獗已极。该统带应飞饬甄管、何管分路痛剿,务将蒲匪擒获严办。匪如溃散,即分头搜捕,毋令漏网。此间并电川督派兵堵剿矣。厘卡银票被劫,仰该厘员查数册报。都督、民政长。卅。

与罗佩金致胡景伊
(1913年4月30日)

成都胡都督鉴：叠据昭通属井底、副官等处电呈,滇川盗匪勾结肆扰,抢案层出纷纷,请派兵剿办前来。查井底、副官等处毗连川省,中隔一江,向为盗薮,此拿彼窜,猖獗异常。此间已饬江防各营分路痛剿,诚恐溃贩［散］四窜,敬请贵都督电派附近军队驰往堵剿，以期早日扑灭，并盼核复。锷、佩金叩。卅。

致蔡济阳堂
（1913年5月1日）

宝庆楚宝公司转蔡济阳堂鉴：张介寿如欲来滇，甚盼。锷。东。

致蔡铼
（1913年5月3日）

汉口鹦鹉洲宝帮松太木厂蔡松垣览：木款务于新历五月十五以前悉数交沪天顺祥赵焕廷汇滇。前途催索甚急，万勿稍延。切盼电复。滇。江。印。

复阎锡山
（1913年5月14日）

太原阎都督鉴：中。庚电敬悉。致副总统电，爱国忧时，情真语挚，具备荩筹。宋案、借款两事，浮议沸腾，愈逼愈紧，几有不可收拾之势。中外诸公急电交驰，共图挽救，亦已力竭声嘶。此间对于此案主张力主维持，叠具冬、江、歌、鱼各电通布，计已次第登览。诚以我国现势，釜鱼幕燕，危在目前。凡属国民，正宜蠲除意见，共御外侮，切不宜遇事激烈，致启内讧。尊电谓列强环伺，早有幸灾乐祸之心，东邻野心勃发，尤利用南北纷争，坐收渔利，洵为痛切。承嘱致电副总统一节，自当遵办。惟副总统青电已表示旨趣，意在调停两间，冀灭阋墙之祸。黎公地位自应取此种态度为宜。此间自接京沪各电后亦已联合川、黔、桂各督通电声讨矣。特复。锷。寒。

与罗佩金复黎元洪
（1913年5月27日）

武昌副总统【鉴】：宥奉皓电。致两院电稿与此间删日通电用意正同，而措辞尤为恳切，锷等极端赞成。希即挈衔拍发。特复。锷、佩金叩。感。印。

复阎锡山
（1913年6月2日）

太原阎都督鉴：卅电敬悉。蒙匪南犯，督师北征。王事贤劳，不遑启处。翘企旌节，伫盼捷音。锷叩。冬。印。

复陆邦纯
（1913年6月6日）

腾越陆观察使鉴：元。歌电悉。谭事腾领不知，驻使亦未向中央提及，或者未得缅边报告。俟李文桢到省，当询取详情，预筹对付。时局近已大定，总统尚未举定，大约袁必继任也。杨观察使日【内】启程。督。麻。印。

复田俊丰
（1913年6月10日）

兰州田财政长鉴：东电诵悉。赵前督①举动失当，以致军民愤激。台端主持公道，力求平反，热忱极佩。惟甘、滇相去万里，若据以入告，中央必以见闻不确置之不理。鄙意以由陕张护督电呈尤妥。前阅京电，欣悉长甘财政，久未奉贺，甚慊。尚望

---

① 赵惟熙。

时赐教言为幸。锷叩。蒸。印。

致谢汝翼

（1913年6月18日）

蒙自谢师长鉴：丞密。近南防盗匪横行，抢劫频甚，非严予部署，痛加剿办，不足靖间阎而维治安，而改编陆军办法，与国防计划、地方治安息息相关，麾下当已胸有成竹。希日内来省一商，借定区处。石荃于廿五以前启程赴宁。并闻。锷。巧。

复任宗熙

（1913年6月18日）

丽江送上帕任提调宗熙览：江电巧悉。该员因劳成疾，殊堪嘉念。所请准假奔丧调病，应候李总办到差后再行核办。督。巧。印。

复阎锡山①

（1913年6月23日）

太原阎都督鉴：中。效电敬悉。奖饰溢量，且感且惭。自问学识才望，未敢忝承。京中各方面叠电敦劝，均经婉辞，并举贤自代。时局稍静，以承人寅，拟入京一游，借观政局，时或迂道入晋与公作落日谈也。辱承爱注，敢布所怀。锷叩。漾。印。

致胡景伊

（1913年7月7日）

成都胡都督鉴：懋功绥靖屯委员潘延标因回相争案撤省，闻

---

① 《阎锡山档案　要电录存》第一册（台湾"国史馆"，2003年），阎锡山1913年6月19日致蔡锷"效电"中有"务望我公以大局为重，力任艰巨"之语。

潘在绥有年，廉介勤慎，民众爱戴。如察明诬枉，望予裁成，或请咨送回滇，不胜感盼。锷叩。虞。

复夏文炳
（1913年7月9日）

梧州送郁江道夏观察使鉴：阳电诵悉。台端前镇开化，光复之役，厥功甚伟。此间呈请给奖，借以酬庸。欣闻荣命，特复奉贺。锷。青。

致萧堃
（1913年7月9日）

急。北京总统府探交萧堃君（堃密）乞密呈大总统钧览：顷接蜀议会电称，胡督遁匿无踪，已举尹督复任等语。细译原电，对胡颇肆考诘，要皆出于党派意见。窃谓此事关系中央威信与西南大局者颇巨，谨献刍荛，伏望主持。胡、尹优劣，早在洞鉴之中。锷在滇、桂，曾与胡、伊［尹］共事，均属至交。两人虽均有特长，但平心而论，胡老练而尹嫩稚，胡沉着而尹夸大，胡恬退而尹躁妄。至以资望论，以治蜀成绩论，尹尤不及胡，则川督一席，自应畀胡而默尹。秘密党会为害中国最烈，蜀省尤甚。光复前后，会匪蔓延，全蜀公私涂炭，尹督借以为攫取权位之资，特相号召提倡，其焰大张，流毒侵及滇黔。现在该省袍哥虽经易名社会党，且多混入国民党，内容则依然故我。胡督莅任，匪风稍戢。尹如复任，匪焰必将复张，不独全蜀罹殃，邻省亦受影响。宋案、借款两事发生，粤、赣、皖三督随以罢斥，暴烈一派匿迹潜形，不敢轻于发难者，慑于南方边要各省，或明以□滴，或隐于掣肘耳。尹督秉性虽具天真，但幼稚而意气用事，若复任川督，势将感某派推挽之力，与同臭味，则李、胡之往事，或将见于中央鞭长莫及之川中矣。军职高级长官由议会推选，流弊无极，古今万国无此政体。此端一开，踵效堪虞。既经中央任命宣布，万难任党派之捣乱与个人之狡图，堕其计中，以失中央之威信。胡督忧谗畏讥，久存让贤之意，力求脱卸，容有其事。川电谓其遁匿，度系捏造。如胡去志决绝，坚不就职，继任之选，无出陈宧右者。陈曾仕川，甚著声誉，军界多其部曲，必易融川局，关系于西南方面者甚巨。而政纷纭不可梳爬，须特简魄力、学识、资望特出之员，予以特权，假以时日，方足以图挽救而臻治理。陈苾川如有相需于滇、黔之处，谨当竭诚报命也。锷为大局起见，是否有当，伏乞迅断施行。锷叩。青。

致张毅、刘存厚
（1913年7月9日）

成都张参谋长、刘师长均鉴：列密。顷接蜀议会电，胡督遁匿无下落，公推尹督复任等语。不胜骇异。揣情度理，或系反对文澜兄者所捏称。文虽久存谦退之心，似不致恝我远行，置大局于不顾。鄙意勿论如何为难，文澜应勉强撑拄硬承，亦不宜抛卸使席，庶几内外相维，蜀地川边可望渐臻治理。见意如何，亟盼示复，并以蜀中内容见告，俾释远怀。锷叩。青。

与罗佩金复阎锡山等
（1913年7月10日）

山西都督、民政长鉴：支电悉。本省议会经费系归地方支付。滇都督蔡锷、民政长罗佩金。印。

与罗佩金复黎元洪等

（1913年7月11日）

急。鄂副总统，晋、津、川、宁、甘、陕、豫、邕、鲁、吉、黑、奉、黔、闽都督、民政长鉴：副总统微电敬悉。拟致国会电稿极妥，锷等谨表赞同。希挈衔拍发。锷、佩金叩。真。

致王广龄等

（1913年7月12日）

河口王副办并速转海防照料委员陈子□览：部派邓、范两员来滇，道经海防时希妥为招待。督。文。印。

致萧堃

（1913年7月12日）

急。北京总统府探交萧堃君乞密呈大总统钧鉴：前肃青电计已呈览。顷接川参谋长张毅、第四师长刘存厚真电称，此次胡得中央正式任命，实因尹轻胡稳，斟酌至再，始有此举。胡数次恳辞，颇以让位为谦。尹远在关外，不悉内情，疑胡有如何手段，乱党遂乘机攻击，思借尹去胡。民主党则意在攫取政权，国民党则因而图谋破【坏】。恒［胡］相因表示谦让，在城内昭开寺养疴，并委员代行代拆。乱党议员纠合一气，即由少数议员开会发电，肆意造谣，并运动少数不良军官，意图暴动。经毅与存厚约会第一师极力维持，并向各方面调和，晓以大义，现在一律安靖，谣言渐息，胡、尹皆可于日内承认就职等语。是川事可望不致破裂。知系远廑，特陈。锷。文。

复参谋部、陆军部
（1913 年 7 月 26 日）

急。北京参谋部、陆军【部】鉴：滇。有电敬悉。滇前拨助黔械为数颇巨，滇省现练军队尚不敷用，请由军部速筹拨付为幸。锷叩。宥。印。

致唐继尧
（1913 年 7 月 28 日）

贵阳唐都督鉴：荛密。电本达否，乞复。锷。俭。

致戴戡
（1913 年 7 月 28 日）

贵阳戴民政长鉴：辰密。电本达否，乞复。锷。俭。

致沈汪度
（1913 年 7 月 28 日）

上海洋泾桥鸿安栈沈汪度君：迭电达否，速率学生回滇，拟向号借。锷。俭。

复袁世凯
（1913 年 8 月 14 日）

急。北京大总统钧鉴：午。齐电奉悉。熊克武招纳亡命，久蓄异志，锷与黔督早已虑及赣乱发生，曾将此意密告胡督。乃胡督忠厚待人，坦怀相处，未几果有据渝之变。此间接电后，屡电奉商平乱之法，并告以川、滇联合，谊同一家，意在会黔分兵助剿。嗣接复电，谓川军分三路进攻，渝乱指日可平，请饬滇军无轻越界，以免叙南各属惊恐。是于协助之意尚多误会。除饬边军严防匪窜并录令协商川、黔外，应恳大总统明发命令，饬滇、黔派兵会剿，庶不致以善因而收恶果也。滇都督锷。寒。

致胡景伊、唐继尧
（1913年8月14日）

急。成都胡都督、贵阳唐都督鉴：午。本日奉大总统齐电，熊克武据渝背叛，恐川中不逞之徒难免不借端响应，川、滇有辅车之谊，望为预筹援应，并随时电商胡督尽力协助，以联舟谊而济风涛。执事素顾大局，谅已筹画及此也等因。查渝为川省门户，关系东南大局甚重，亟宜早日铲平，以免与湘暨潜江、沙市乱军结合，致难收拾。川、黔、滇谊同一家，休戚相共，如须滇、黔效力之处，敬恳文公核示，当即派兵协助，以纾邻难也。锷叩。寒。

致龙济光
（1913年8月16日）

广州龙都督鉴：紫。顷准参【谋】部支电，欣悉我公荣任粤督，深庆得人。敬贺敬贺。昨接苏慎初支电，谓被公推为临时都督，此间深以为虑，当即密呈中央，以为粤督一席非公莫属，乃中央已先期发表，足见心理所同。粤中善后大难，此后清厘整顿尤费苦筹，希以近事见示为幸。再，滇军拟派一师赴湘并防渝乱，已陆续出发。知注并闻。锷叩。铣。

致陆荣廷等
（1913年8月16日）

南宁陆都督、成都胡都督、贵阳唐都督鉴：午。干公阳电删悉。济军定粤，龙任命为粤督，至为欣慰。所诏协规湘乱一节，此间已先遣一旅会合黔军入湘。昨奉中央电令，饬鄂、陕、黔、滇会剿渝乱，拟再派一旅赴黔，相机进止。锷请督师亲出，中央迄未认可。奈何奈何。再，此电正交译发，适准文公删电所虑公推苏慎初一事，与鄙见适合。昨已密陈大总统，乃干公早已呈请，岂所见不谋而合耶！锷叩。铣。

复胡景伊、唐继尧
（1913 年 8 月 16 日）

成都胡都督、贵阳唐都督鉴：午。文公删电敬悉。渝乱指日可平，甚慰。滇军协助一节，自可作罢。顷接京电，湘已于元日取消独立，南方乱事不一月均告肃清，真大局之幸也。知注并闻。锷叩。铣。

致胡景伊
（1913 年 8 月 17 日）

急。成都胡都督鉴：中。铣电计达。顷接泸州周师长①铣、谏两电，谓熊逆招集匪徒数万，分道犯泸，商饬滇军速由叙府水道下泸，以救燃眉等语。准我公删电嘱滇军无庸入川，已将出发军队飞檄撤回。现在周师长催援甚急，论唇齿之谊，固应星夜驰援，况重以我公友谊，尤不敢坐视其难。除饬先遣旅准备待命外，特电奉商。如承照准，即饬开拔下泸，会同周军进剿。当否，希速核示。锷叩。篠。

---

① 周骏，时任川军师长。

致袁世凯暨参谋部、陆军部

（1913年8月17日）

急。北京大总统暨参谋部、陆军部钧鉴：午。铣电计呈钧览。顷接泸州周师长铣、谏两电，谓熊逆招集匪徒及团练数万，分道犯泸，泸军力薄，岌岌可危，恳饬滇军飞速由叙府水道下泸，以救燃眉等情。查滇军会剿渝乱，系遵奉大总统命令，当饬军队进发，并录令电商胡督。电中大意谓前次援川一役，以善因而收恶果，抱歉至今。此次赴援，慎选将领，乱平即行撤回，决不至另生枝节，彼此共释前嫌，用敦睦谊。嗣接电复，仍坚阻滇军入川，锷亦未便固执，致滋误会，已将出发军队撤回。现在周师长飞电告急，欲进则碍于胡督之拒绝，欲不进则有负周师长之请求。除再饬先遣旅开赴川边待命，并飞商川督外，合将详情呈报，敬恳核示遵行。滇都督锷。篠。

复周骏

（1913年8月17日）

急。泸州周师长鉴：铣、谏电均悉。熊逆分道犯泸，泸防吃紧。川、滇唇齿相依，休戚与共，自应星夜驰援。惟叠接胡督迭次来电，坚阻滇军入川，此间未便相强。复接中央迭电，湘已取消独立，滇军勿庸进发，故将出发军队撤回。现在台端催援甚迫，欲进则碍于胡督之拒绝，欲不进则有负台端之属望，思维再四，难得其当。除饬先遣旅准备待命外，已将此情切陈中央，并电商胡督，一俟复到，即刻开拔，会同贵部分道进剿，仍望将各处军情详示为幸。锷叩。篠。

致禄国藩

（1913 年 8 月 17 日）

急。昭通禄统带览：接川军第一师长周骏铣电，熊逆招集棍匪已达数万，分道扰泸，务恳迅饬携边军队飞速由叙府水道下泸，以救燃眉等语。该统带著速筹备，待命出发。督。霰。印。

复胡景伊

（1913 年 8 月 17 日）

急。成都胡都督鉴：午。迭接周师长急电告急，即具篠电奉商。顷准铣电，自应照办，已饬驻昭军队酌调赴援，并电周师长接洽矣。锷叩。洽。

复周骏

（1913 年 8 月 17 日）

急。泸州周师长鉴：铣、谏两电已具篠电奉复。顷接谏电并准胡督铣电催援甚急，已飞饬昭属军队兼程赴援矣。援军未到以前，仍恳极力防御，并希将近情随示。锷叩。洽。

复尹昌衡

（1913 年 8 月 17 日）

雅州尹经略使鉴：删电敬悉。我公力任招抚，蔼然仁人之言，仰佩曷似。渝事当可即了，滇师不出，并告。黔督亦无庸劳师远涉矣。锷叩。篠。

复胡景伊

（1913年8月18日）

急。成都胡都督鉴：午。洽电敬悉。篠、洽两电计达。已飞饬昭属军队星夜驰援。未到以前，希饬周师长极力防范。熊逆大股是否尽锐犯泸，抑系分股四出；成、资一带兵力如何，能否堵截，已否抽队兼顾泸防，各路战情如何，统希随示。锷叩。巧。

致禄国藩

（1913年8月18日）

昭通禄统带览：成、泸迭电告急，盼援甚切，仰酌派所部由叙星夜援泸。该统带应与驻泸周师长骏妥为接洽，并将军情随时报闻。督。巧。

复禄国藩

（1913年8月18日）

昭通禄统带览：霰电悉。顷接胡督铣电开，乱党四出煽惑，第一师亦有受其运动者，请贵处现扎老鸦滩之兵不分星夜，迅速驰赴泸州等因。除派一旅由毕节、永宁赴援外，仰该统带酌拣一二营移扎滇边，俟省军抵川边时，再行合力进剿。督。啸。

致禄国藩

（1913年8月18日）

昭通禄统带览：巧、啸电计达。顷接泸州周师长两巧电谓泸危，恐缓难救急，请先发一二营由老鸦滩坐船直趋叙府援泸等语。除饬先遣旅由毕节、永宁兼程赴援外，该统带应酌拣一二营移扎滇边，俟省军驰抵川边，即会同进剿。督。啸。

复周骏

（1913年8月18日）

急。泸州周师长鉴：篠、两巧电均悉。已饬先遣旅取道毕节、永宁兼程赴援，并飞饬昭属军队先出两营星夜援泸矣。锷叩。啸。

致胡景伊

（1913年8月18日）

成都胡都督鉴：中密。迭接尊处及周师长铣、谏、篠各电，焦灼莫名。现已饬昭通军队抽调一二营赴叙援泸，并将已撤回之混成旅仍行进发，取道毕节、永宁趱程赴援矣。窃谓川事不难于勘乱而难于善后，不难于剿办已叛之师而难于处置未叛之莠兵，不难于办匪而难于扫绝袍哥。川中号称五师，而西征及各地防营尚不在内，每年兵费达二千万元。兵与匪混，殃民祸商，无所不至。袍哥横行，鱼肉良善，暗无天日。兵[长]此以往，则人将相食，永无宁宇。川省三年以来，无日不在傲扰阢陧之中，元气大伤，非借他力，难望振拔。似宜趁此役为彻底澄清之，谋一劳永逸之计。如裁撤莠兵，痛剿匪类，禁绝袍哥，改良庶政，整顿吏治，清理财政，编练正式军队，均系善后要务。然非我公手握极坚强之武力，不能贯澈此旨。滇师系我公所手创，基础已立，光复以来，益加整顿，其朴勇耐劳，求之遍国中，不可多得。此次应命来援，弟所希望不仅欲以之戡乱，如能借以办理善后为益，于珂乡前途者，似非浅鲜。为达此旨计，师抵川境即应直接归我公之节制指挥，庶可运棹自如，得收指臂之效。先遣混成旅择派殷承瓛率之北来，团、营长均拣性情温和者充之。殷与我公感情素洽，当下沆瀣。锷已谆嘱出征将校，纯以助川戡乱、恢复川滇善感为心，当能善体此意，为川中效棉[绵]薄也。

军饷既已由滇勉筹廿万，并携带长征，半年之间，不劳尊处设法。此后，滇如能为力，尚当源源接济，请释厪虑。公意何如，尚希示复。锷叩。巧。印。

复胡景伊

（1913年8月19日）

成都胡都督鉴：午。巧电敬悉。此间先遣混成旅于昨日出发，取道毕节、永宁，指挥官系中将承瑊，并调昭属两营由叙援泸。惟苦雨兼旬，泥泞载道，已饬各军兼程前进。近日泸州方面军情如何，成、资一路有无股匪分犯，兵力能否堵截，夔、忠近况何似，鄂军已否上援，统乞核示。锷叩。效。

复胡景伊

（1913年8月21日）

成都胡都督鉴：午。号电敬悉。泸军连战获胜，成、资一路亦极安靖，欣慰曷极。滇军分道赴援，为大局计，为私交计，义所应尔。重承派员慰劳，感何可言。已将厚意转谕出援各军，并饬冒雨并进矣。锷叩。箇。

复陆荣廷等

（1913年8月21日）

急。南宁陆都督、贵阳唐都督、成都胡都督鉴：中。干公效电敬悉。粤中大局已定，此后纵有小乱，龙督当能戡定，且有干公遥为援应，当可无妨。中央对于湘事，似无切实善后办法。联军入湘一层，中央迭电力阻，尤尼［泥］锷亲行，只好作罢。现在熊匪势焰大张，亦属心腹之患。已遵文公迭电，饬派援军速进矣。锷叩。箇。

复胡景伊

（1913年8月22日）

急。成都胡都督鉴：中。咢电敬悉。我公与刘、周诸公维持蜀事苦心及治理成绩，曷胜佩慰。前电所陈，多系流传之误，乞谅。其赣、直、蜀中近祸，皆硕权①贻毒，无可讳言。并闻尹、熊有接近之势，合谋去公。锷与蓂公②协商，力主助公定乱，蓂公尤切披发之谊，愿亲督师。锷已电陈中央，请任蓂为滇黔援蜀军总司令，并嘱叔桓③同行。援军入境，公力加厚，尹必不敢动，熊亦暗失所恃，渝乱当能速了，善后各事，较易着手也。尊意以为何如？锷叩。养。

复周骏

（1913年8月24日）

急。泸州周师长鉴：梗电敬悉。此间先遣混成旅巧日由省陆续出发，苦雨泥泞，约九月初十日前后可分抵叙、泸。又，防军两营巧日由昭出发，初饬兼程援泸，嗣奉参部电转川张参谋长电嘱滇军勿遽入泸，恐主客冲突等语。复饬暂驻滇边待命。现在泸防吃紧，当飞饬援军星夜前进，希将各路最近军情详示。锷叩。敬。

复袁世凯暨参谋部、陆军部

（1913年8月24日）

急。北京大总统暨参谋部、陆军部钧鉴：午。马电敬悉。顷

---

① 尹昌衡，字硕权。
② 唐继尧，字蓂赓。
③ 殷承瓛，字叔桓。

接泸州周师长梗电告急。查滇军混成旅巧日由省出发，苦雨道泞，须九月中旬可分抵叙、泸。又，防军两营巧日由昭出发，初饬星夜援泸，嗣准参部巧电转川张参谋长电嘱滇军勿遽入叙，恐主客冲突等情。当饬防营暂驻滇边待命。现在泸防吃紧，已分饬各军兼程前进。滇都督锷。敬。

复胡景伊

（1913年8月24日）

急。成都胡都督鉴：午。漾电敬悉。顷准参、陆部马电，奉大总统令饬滇军迅速援川，并接周师长梗电，谓泸防吃紧，嘱援军星夜赴泸。尹、熊暗相结合，实为我公心腹之患。现闻资州汰兵暨自流井、隆昌官军均附从叛党。熊逆又将犯省，情势较前尤急。冀公亲出督师一节，一滇、黔军有所统属，不致散无友纪；一声势较大，可以暗夺熊、尹之魄，且冀公与我公感情最洽，易谋善后。至于黔滇此次赴难，稍有一毫功利私心，天日可鉴。希公推诚相与，若蒙我公加电中央，请冀入川助剿，实于川局大有裨益。再，此电甫交译发，又接漾电询滇军现抵何处。查混成旅巧日由省出发，现时约抵宣威；防营巧日由昭出发，现暂驻滇边待命，刻已分饬星驰赴援矣。希将近日各路军情详示。锷叩。敬。

致胡景伊

（1913年8月24日）

成都胡都督鉴：列密。滇先遣混成旅原定全部取道威、毕，嗣以威、毕一带给养困难，兼以弥日大雨，道路崩坍，师行不易，是以步一团改道东昭，于叙、泸取齐昭通。防营迭饬开拔向叙、泸。兹据电复，该处兵力甚单，械亦不良，且系分防零扎，调集需时，当尽力飞调赴援，第恐缓不济急等语。望饬泸军坚守待援，两星期内滇师前锋当可抵泸。现已飞电前途兼程趱进矣。锷叩。敬。

复袁世凯暨参谋部、陆军部
（1913年8月26日）

急。北京大总统暨参谋部、陆军部钧鉴：午。漾电奉悉。查泸军分防永川、隆昌之左纵队叛变属实，与熊逆乱军结合，意图扑泸犯省，并无杀毙师长之事。尹使驻雅州时，其部下确有胁其附乱之耗。顷接胡督有电谓尹已抵清溪，行将出关，并谓已由成都派一支队集中顺庆，进规定远等语。查滇军先遣旅前队已过宣威，当饬冒雨兼程前进，并饬江防两营星夜入叙，以为泸防声援。俟滇师抵泸，即会同周军由泸规渝，与顺庆之军南北夹击，渝乱当可速平。顷已电复胡督接洽矣，请释钧廑。滇都督锷。宥。印。

致胡景伊、唐继尧
（1913年8月26日）

成都胡都督、贵阳唐都督鉴：准参、陆两部敬电，奉大总统令，现滇、黔两省援川军队节次出发，应任命黔督唐继尧兼滇黔援川军总司令，以资督率而专责成等因。特转达。锷。宥。印。

致黄永社、华封歌
（1913年8月26日）

宣威送黄团长、华营长览：川属永川、隆昌一带乱军声势颇大，泸州尚在吃紧，叠电求援，屡奉中央电令催援甚急，仰即赶程前进。再，殷司令由唐督电调入黔，先遣旅司令已改派刘云峰。特告。督。宥。

致唐继尧

（1913年8月27日）

急。贵阳唐都督鉴：午。宥电计达。顷准参、陆部敬电大总统令，援川参谋长张毅电称，乱党四出运动，第一师亦有被煽惑者，饬援川军队星夜前进，并饬滇、黔两军编炮兵支队同发等因。查滇军先遣混成旅内有炮兵一营，机关枪二连，此次奉令编炮兵支队，应由我公统筹。如何编制之处，俟协商定议，再行电复中央，并盼核复。锷叩。感。

复唐继尧

（1913年8月27日）

贵阳唐都督鉴：午。宥电敬悉。中央漾电已奉到。昨接文澜有电，谓尹已抵清溪，行将出关，并谓已由成派一支队集中顺庆，进规定远，且催滇军赴泸牵制熊逆。细寻电意，是成、资一路军情尚稳，泸防亦未十分危险，杀毙师长之事，自系讹传。已将以上各节电复中央矣。锷叩。感。

复胡景伊

（1913年8月28日）

成都胡都督鉴：午。宥电敬悉，荩虑极周。昨据报告，滇军前队已过宣威，当饬兼程前途助剿矣。锷叩。勘。

复周骏

（1913年8月29日）

泸州周师长鉴：俭电敬悉。吴行光等附和乱党，贼杀司令，谬称独立，殊堪痛恨。复敢乘虚袭泸，叛逆尤甚。应请贵师长督饬留守各军稳打稳守，坚持待援。滇军前队已抵威宁，当饬赶程前进，并力助剿。希将战情随示。锷叩。艳。

致袁世凯暨参谋部、陆军部
（1913年8月30日）

急。北京大总统暨参谋部、陆军部钧鉴：午。顷据先遣旅自威宁艳电称，沿途士气旺盛，军纪整肃。据下川南观察使裴钢俭电称，川第一师梁营长渡在隆昌为熊逆煽惑，与吴、贺①两营长附逆，占踞自流井，招集土匪，乘虚袭泸之东北，为熊逆所□。西南复为梁逆袭攻，现已距城四五里，势甚岌岌。请贵军星驰赴援等由。昨接周师长电，与裴电所称略同。当饬各军兼程前进，迅解泸围，并电周师长坚守待援矣。滇都督锷。卅。

复黄永社、华封歌
（1913年8月30日）

威宁送黄团长、华营长览：华艳电悉。途中士气、军纪均好，甚慰。此间昨得周师长电，与裴电所称略同。现在川东南贼势大张，该团、营长须详探敌情，稳慎前进。黔省援军不知现抵何处，能否设法互通消息。昨已电询唐督，得复即示。刘司令日内率临团出发，仍将川边军情探报。督。卅。

复袁世凯暨参谋部、陆军部
（1913年9月1日）

急。北京大总统暨参谋部、陆军部钧鉴：午。艳电奉悉。泸

---

① 吴行光、贺重熙。

军在隆昌左纵队附和乱党一事，前接周师长暨滇军混成旅电，当具卅电肃呈，并附陈驰援各情，计达钧览。昨接周师长陷电，谓熊逆暨左纵队叛军共五营，于廿八号袭泸，该师长率留守兵每［数］百名督战，鏖战两昼夜，已于卅号停止。将龙透关前方一带逆军击散，掳获枪炮、马匹极多，招降百余人，泸城安静如常等语。查滇军已抵毕节，俟到叙永，即可会同泸军，并力规渝，川乱当易收束，请释钧廑。滇都督锷。东。

复王秉钧

（1913年9月1日）

东川专送王团长览：卅一电悉。该团所部在途严守军纪，甚慰。迭据川电，周军在隆昌左纵队附和乱党，乘虚袭泸，后经周师长拿追，泸防安稳。华营长艳日抵威宁，黄团长艳日过宣威，刘旅长本日出发。中央更以迭电催援，该团长应详探敌情，稳慎前进。再，我军与成、泸通电，彼此于署名下加一"实"字，以免假冒，希即查照。督。东。印。

复胡景伊等

（1913年9月1日）

成都胡都督、泸州周师长鉴：滇军先遣旅前队已过威宁，曾具电奉达。现第二旅前队已过东川，约歌日抵昭。特闻。再，近日各路军情如何，希示。锷。东。印。

致袁世凯暨参谋部、陆军部等

（1913年9月2日）

急。北京大总统暨参谋部、陆军部，贵阳唐都督鉴：午。顷接成都法领东日来电，谓成都政府地位较有进步，忠于政府之军队已在北面攻击叛军,并由嘉陵河进逼重庆。又谓尹尚未赴炉,足见彼意欲再来成都,以与胡督算账为名。又谓英、法炮舰由嘉陵河下驶,有军队向之轰击,不知系叛军或系政府军舰。又谓成都城内安静,秩序甚稳,目前似不足虑各等语。谨闻。滇都督锷。冬。

复华封歌、复黄永社等
（1913年9月3日）

急。戚家湾飞送华营长,威宁送黄团长,宣威送刘旅长、彭团长,昭通、东川探送王团长均览：华冬电悉。顷据黄团长电同前由,业已分电饬知,希各稳慎前进。裴电告急,应由黄团、华营、周旅部名义以兼程驰援。大意作复。督。实。江。

致胡景伊等
（1913年9月3日）

火急。成都胡都督、泸州周师长并转裴观察使鉴：顷据先遣旅由戚家湾电称,接裴电,泸危旦夕。又探据赤水河彼岸及雪山关一带川军防我正严各等语。当饬该军兼程驰援。惟所称赤水、雪山关两处川军是否能［熊］逆分窜之兵,抑系尊处分拨防匪之兵,希查示转饬,以免误会,并盼将各路近情见告。锷叩。实。江。

复黄永社
（1913年9月3日）

急。威宁送黄团长览：冬电悉。希即详探稳进。王团约歌日抵昭,刘旅部及彭团东日出发。顷已据情分电知照续进矣。督。江。

致刘云峰等

（1913年9月3日）

急。东川、昭通探送王团长，宣威探送刘旅长、彭团长览：顷据黄团长冬日由威宁电称，接泸州火急电，泸危旦夕，恳星夜到援等情。除电饬黄电［团］详探稳进外，希即一体续进，并与各路军队随时互相通报接洽为要。督。江。

复胡景伊等

（1913年9月4日）

成都胡都督鉴：中。各电敬悉。合州、永川两方面战事得手，北路之兵连下两城，将抵合州，即可进规重庆。军威大振，慰佩曷极。锷叩。实。支。

致唐继尧

（1913年9月4日）

急。贵阳唐都督鉴：午。江电甫具，复接文澜冬电，谓熊逆招纳多系川黔边匪，凤震冀公之威，闻冀奉命来川，逆胆先落，虽传檄可定。又谓合州、永川两方面连日激战，川军战况尚佳，由北路进攻之兵亦连下两城，将抵合州。东路逆兵无多，我军方厚积势力，拟乘虚直薄重庆，指日贵部云集，必可迅扫逆氛等语。细考电意，似于我公不必亲自入川一层已于言外见意，且与我公江电所谓资州失陷一节稍有出入。如果文澜讳疾忌医，则川事真不可问矣。特电奉闻。锷叩。支。

复黄永社、华封歌等

（1913年9月4日）

急。威宁黄团长、戚家湾送华营长均览：黄江电悉。所请不必以兼程驰援作复，恐漏兵机一节，具有见地。惟此间用意系慰川人急切望援之心。无论泸陷与否，究与兵机无关，复亦可，不复亦可。顷接胡督冬电，谓合州、永川两方面连日激战，川军战况尚佳等语，似泸防尚未危急，与裴电稍有不符。希各稳慎前进为要。督。实。支。

复周骏

（1913年9月5日）

泸州周师长鉴：支电敬悉。川军严防之说，必系匪军诡计，冀阻援军。顷已转示各军队，并饬兼程进援矣。再，隆昌叛军是否再图袭泸，已否分窜他属，均盼示知。锷叩。实。歌。印。

致刘云峰等

（1913年9月5日）

急。易隆送刘旅长、彭团长，威宁送黄团长，戚家湾送华营长，昭通送王团长均览：前据华营长电呈，探闻赤水河、雪山关一带川军防御甚严等情，当即电川查询。顷接周师长支电，谓川望贵军，如望梅止渴，前说想系逆匪诡计或间言耳，请催促前进，以解眉急等语。合电示知，希各确探进援为要。督。实。歌。

复刘云峰

（1913年9月5日）

易隆送刘旅长鉴：支电悉。具见稳慎。惟攻泸之匪已被周军击退，永宁、泸州方面当无大股匪军，庶即确探敌情前进，以早达大江河岸为要，不必拘拘以毕节为中地也。黄团已过威宁，华营已过威家湾。该旅长应兼程续进，以便相机调度。督。实。歌。

复周骏

（1913年9月5日）

泸州周师长鉴：支电悉。此间已迭次各军兼程驰援，无庸候齐始发矣。锷叩。实。歌。

复尹昌衡

（1913年9月6日）

泸定桥探送尹经略使鉴：艳电敬悉。此次张煦附和熊逆，在泸宣布独立，自称川边都督，召集党羽，意图劫挟我公，逆谋甚毒。我公忠诚贯日，单骑宣抚，士皆感泣，释甲投诚，非恩信素洽人心，则川边必至糜烂。凡此殊勋，宜邀懋赏，乃深自谦损，益佩冲怀。善后各事，尚希随示为祷。锷叩。鱼。

复刘云峰等

（1913年9月6日）

急。宣威送刘旅长、彭团长，威宁送黄团长，毕节送华营长，昭通送王团长均览：华微电悉。昨接周师长电，谓川军并无严防我军之事，赤水、永宁一带亦无大股匪徒。惟军情万变，希各确探稳进为要。顷奉大总统令,滇军向称耐劳敢战,甚盼速奏捷音,以拯川民。自流井为盐务最盛之区,应赶图收复,免致逆匪久踞,重为川患等因。仰即遵照。王团抵昭,应即趱程前进。督。鱼。

致刘云峰等

(1913 年 9 月 6 日)

急。宣威送刘旅长、彭团长,威宁送黄团长,毕节送华营长,昭通送王团长均览:鱼电计到。顷准参谋部电,据川电,永宁、合江两方面连日激战,逆焰尤张,催滇军速进等因。又接周师长歌电,谓泸、合两方面逆军四面环攻,我军死守待援等语。是永宁、合江一带当有匪军假扰,华营力薄,黄团、彭团应趱程前进,以便策应,王团亦宜速进为要。督。麻。实。印。

复华封歌、董鸿勋

(1913 年 9 月 8 日)

急。毕节送华、董两营长览:鱼电悉。永宁既无匪军,该两营兵力亦不为薄,尽可相机前进,以解泸围。此间已饬彭团赶程续进,不必在毕候齐也。督。实。庚。

致黄永社等

(1913 年 9 月 8 日)

急。威宁送黄团长,宣威送刘旅长、彭团长,昭通送王团长均览:顷接华、董两营鱼日由毕来电,谓探得永宁一带已无熊逆军队,并接装观察使火急电,泸城危在旦夕,切盼速援各情。已饬华、董两营相机前进,不必在毕节候齐。希彭团兼程前进,以便策应为要。王团已否由昭进发,应即具报。督。实。庚。

复龙济光

（1913年9月8日）

广州龙都督鉴：中。俭电阳日敬悉。粤中乱事大定，极慰。熊逆近日并力袭泸，合江、永宁一带探有大股匪军。滇派两旅赴援，已过毕节，日内必与熊逆接战。此处得手，则隆昌、永川叛军胆已先落，即可乘胜规渝矣。锷叩。庚。

复周骏

（1913年9月8日）

急。泸州周师长鉴：齐电悉。已饬先遣队星夜驰援，并催各军续进，数日内即可分援泸、合矣。希坚守以待。锷叩。实。庚。

致唐继尧

（1913年9月8日）

急。贵阳唐都督鉴：周师长齐电计达。泸防危急，已饬各军由毕趱程驰援。黔军先遣队是否已抵仁怀，希示知，并乞电知黔军与滇军设法互通消息，以便联络策应。锷叩。庚。

复王秉钧等

（1913年9月10日）

昭通送王团长、谢营长览：谢佳电悉，所陈具有见地。自流井已为逆军占据，奉中央电令，饬速收复。我军现宜集中叙、泸，相机前进，炮营已发。顷接泸电，周军连战获胜，逆军败溃，希各趁此时机，兼程入叙。再，电中"占据"字样颇碍目，希注意。督。实。蒸。

复周骏

（1913年9月10日）

泸州周师长鉴：庚电敬悉。逆军四面攻泸，势甚猛烈。台端激励将士，分头迎剿，逆军败溃，危城复安，欣佩曷似。惟熊逆蓄志于泸，诚恐并力再犯。已饬先遣旅趱赴永宁，分援泸、合，并饬第二旅兼程入叙，以便会师进剿。锷叩。实。蒸。

致黄永社、董鸿勋等

（1913年9月10日）

急。毕节送黄团长、华、董两营长，威宁送刘旅长、彭团长均览：顷接泸电，阳日逆军四面攻泸，经周军分头击退，是熊君［军］虽多，实无战斗能力。已饬王团兼程入叙，相机进规自【流】井。黄团，华、董两营应即驰入永宁，分援泸、合，毋误时机为要。督。蒸。

复黄永社

（1913年9月11日）

毕节送黄团长鉴：灰电悉。此间迭电旅、团、营兼程前进，希即遵照办理。师克在和，该团兵应善解此意，迅奏肤功，勿庸遇事愤愤也。督。真。实。印。

复周骏

（1913年9月12日）

急。泸州周师长鉴：尤电敬悉。台端坚守危城，血战逾月，每念守陴之苦，敢忘急难之师。迭饬各军星驰前进，速解泸围。敝军谍查员李文桢在叙所称尚未奉令，不敢前进等语，绝非事实,希仍激励将士坚忍待援,并盼布告所属,以定人心。锷叩。实。文。

致刘云峰、黄永社等
(1913年9月12日)

急。威宁刘旅长、彭团长,毕节飞送黄团长,华、董两营长,昭通飞送王团长均览:接周师长尤电谓,据滇军谍探[查]员李文桢在叙称前卫步兵已抵滩头,尚未奉令,不敢前进等语。泸城危急,请飞饬各军驰援等语。此间迭次电令,均饬兼程前进,并无候令缓进之语。现在叙、泸各属望援如岁,中央复严迫电催,希各星驰赴援为要。督。实。文。

复唐继尧
(1913年9月12日)

急。贵阳唐都督鉴:中。佳电敬悉。陈、熊攻拔九盘,军威已立,极慰。滇军先遣旅已向永宁进发,黔军如分一支队西出仁怀,进捣合江,与滇军左右夹击,则势同破竹,綦江亦垂手可得,即可会师归渝。第二旅亦驰赴叙府,俟泸口得手,即进规隆昌、自流井。垫款十万元已交铁崖①派员运黔矣。锷叩。文。

复井渡李厘员
(1913年9月12日)

昭通送井渡李厘员览:虞电悉。第二旅已星驰扰[援]叙,先遣旅亦由永宁扰[援]泸。仰即转告叙府代表。督。文。

---

① 熊范舆,字铁崖。

复刘云峰

（1913 年 9 月 12 日）

金斗铺送刘旅长鉴：尤电悉。此间所发命令均抄示谢军长，且事前每与商酌，并无未予与闻之事。督。实。文。

复丁槐

（1913 年 9 月 14 日）

荆州丁镇守使鉴：庚电寒悉。滇军先遣旅快抵永宁，第二旅快抵叙府，黔军亦向綦江进发。台端复派劲旅援川，大兵云集，渝乱当能速平也。贵军现抵何处，仍希随时见示。锷叩。寒。

致袁世凯暨参谋部、陆军部

（1913 年 9 月 15 日）

北京大总统暨参、陆两部钧鉴：昨接先遣旅自赤水河电，称熊逆据泸、永匪军闻滇师到境，即行溃逃，泸围已解等情。顷复得重庆商会电，熊、杨①已于十一号夜间逃遁，公推陈泽霈为总司令，抚兵安民，请各省撤回援军等语。特闻。锷叩。删。

致胡景伊等

（1913 年 9 月 15 日）

急。成都胡都督、泸州周师长鉴：顷接渝商会曾得胜等文日通电，谓熊、杨已于十一号夜间逃去，该会公推陈泽霈为临时总司令，抚兵安民，并请滇、黔、陕、鄂撤兵回省等情。是否属实，尊处必有详报，敬恳飞示。锷叩。实。删。

---

① 杨庶堪。

复黄永社等

（1913年9月18日）

急。永宁黄团长并飞送华、董、聂各营长均览：黄洽、霰电，华等霰电均悉。该团驻永候命并转饬华营停进，所办甚是。希将泸、成、渝各方面军情确探具报。督。实。巧。

复刘云峰、黄永社等

（1913年9月19日）

急。永宁飞送刘旅长并示彭、黄团长览：黄巧电悉。准即赴泸暂驻待命，可声言系奉调赴渝，与川军务须【融】洽，不可以误会而生冲突为要。再，黄旅长已由中央任为重庆镇抚使，责成办理善后，希与黄使随时接洽。督。皓。实。

复刘云峰、黄永社等

（1913年9月20日）

急。永宁送刘旅长并转黄、彭两团长均览：岚密。刘巧电悉。昨电饬黄团暨华、董、聂各营遵照黔督电开赴泸州。贵旅长与彭团所部如无别项情况，可暂驻永，停进待命。希各严申军纪并与川军力求融洽为要。渝、泸近情确探随报。督。实。号。

复胡景伊

（1913年9月22日）

成都胡都督鉴：巧电敬悉。此次渝城克复，悉赖荩筹，乃谦怀不伐，尤复归美邻援，益用感佩。渝乱初定，善后事繁，中央倚重方殷，恳勿萌退志。熊、杨两逆窜匿何处，余匪能否招抚遣散，希详示。锷叩。养。

复周骏

（1913年9月22日）

永［泸］州送周师长鉴：哿电悉。敝军在川承派员犒劳，甚感。此间前接重庆克复之电，即饬敝军停止勿进。惟先遣旅前卫于未奉电令之先已向泸州进发，并闻匪军退据富顺一带，合州亦有匪踪，因令该前卫暂扎泸州城外，以资防范。后队仍暂驻永待命，并饬严伸［申］军纪，与贵军互相融洽矣。锷叩。养。

复黄毓成

（1913年9月22日）

重庆黄镇守使鉴：篠电诵悉。台端戡定川乱，开府渝城，敬贺。希将善后事宜及近时状况见告。锷叩。养。

复华封歌等

（1913年9月23日）

泸州华营长暨萧、董、聂、王均览：养电悉。昨接川督电，谓此次重庆克复，实借各路援军，呈请中央给奖等由。俟中央饬查下滇，此间当列衔请奖。希各暂行驻泸，静候后命，不必触事愤懑为要。督。实。漾。

复王秉钧

（1913年9月24日）

昭通王团长览：梗电悉。屡接唐督来电，谓黔军克复重庆，川人冒功忘义，并派周师长带兵赴渝，来意难测。请饬滇军进驻叙、泸，万勿撤退等由。并由唐督径电刘旅、黄团，此间亦分令遵照。查唐督系滇黔援川军总司令，所有滇军均归节制调遣。该团所部现在分扎何处，应分报查考，并应将进止情形电请唐督核示为要。督。敬。

川岸文三郎对华作战日记（一）

姜 涛 吴京昴 译

说明：川岸文三郎（1883—1957），日本群马县人。1903年日本陆军士官学校第15期毕业后，不久即参加日俄战争。历任参谋本部员、中国驻屯军参谋、近卫步兵大队长、第一师团参谋、侍从武官等职。1935年升任陆军中将。卢沟桥事变前任朝鲜军第二十师团长。

《川岸文三郎对华作战日记》（以下简称《川岸日记》），系川岸文三郎率领所部参加侵华战争期间的个人日记，时间起讫为1937年7月至1938年5月。日记共6卷，每卷封面题《支那事变战阵记录》和该卷起讫时间。每日事无巨细地记载作战行军路线、战斗经过、战场情报与形势研判，是罕见的日军师团长一级军官对战争的现场记录，具有极高的史料价值。此外，川岸还在日记中夹贴《京城日报》《朝日新闻》《大阪每日新闻》等日文报纸重要报道之剪报。

日记原件长期由川岸文三郎家属保存，现经其家属同意，

整理者：姜涛，中国社会科学院近代史研究所助理研究员；吴京昴，盐城师范学院新四军研究中心特聘研究员。

* 本译文系由中国社会科学院登峰战略（编号：DF2023ZD17）和国家社科青年基金项目"国民党军事派系视角下的基层军官与士兵征募研究（1931—1937）"（编号：Z1CZS039）资助。

予以整理译出，供学界利用。本期刊出部分为日记第1卷中第二十师团由动员、出发到蓄意挑起冲突，投入平津战役之廊坊战斗、南苑战斗等内容。其后各卷内容，将由本刊陆续分期刊出。原文对中国、中国军队使用"支那""支那军"等蔑称，为保存文献原貌，均不做改动。作者作为侵华日军将领，对事件的表述不尽符合事实，望读者注意甄别。注释均为译注。

七月十一日

一、七月十一日夜，接参谋总长命令：因北支爆发事变，准备派遣第二十师团。但此时只收到奉敕命令，未接到动员令。十二日凌晨2点30分，接到第二十师团应急动员令，七月十三日为动员首日。（眉注：接受师团出动北支之大命。）

一、事变的发端

在卢沟桥，驻丰台的我军一部于七月七日夜间演习时，遭（敌）第二十九军第三十七师一部非法射击，我军中止演习并撤退。凌晨4点，支那军再次发起攻击，双方随即交火。战斗于八日上午间断进行。经过北平特务机关与冀察要人交涉，九日中午左右，支那方面道歉，冲突中止。但是，九日夜，第二十九军再次进行了非法射击，事件重回原点。支那方面反日情绪高涨，且其敌对行为明显是有计划的。自事件爆发以来，日本国内外舆论迅速升温，甚至在朝鲜，也有不少人义愤填膺。（眉注：动员令下达前的情势。）

八日上午10点，（朝鲜）军参谋长来电称，中日两军正在北平交战，进展情形不明。师团需注意情况的变化，有可能需要应急派兵。师团长令师团参谋长向军部提议，万一要向北支派兵，需从一开始便派遣强力部队。当日，为了研究步兵与战车的联合演习，参谋长在偕行社向集合于此的各团队长以下人员传达要旨，要求动员参谋研究应急派兵事宜，并通过军部向参谋本部请领军用地图。（眉注：师团的处置。）

七月九、十日无情报，事件或有望就地解决。

七月十一日的状况：当日凌晨6点，参谋本部电令朝鲜军准备向北支派兵。接到电话通报后，师团考虑到应急派兵和应急动员的可能性，随即开始研究。当日虽为休息日，但师团司令部全员准备。向各地部队发出电报预告。原定于十二日举行的检阅点名中止。

北支事件发生后，政府（近卫内阁）决意从大局出发妥善处理。十一日凌晨2点，陆军省紧急召集军官。当日内阁会议长时间召开，首相将结果上奏在叶山驻跸的天皇陛下。参谋总长、军令部总长、两宫殿下，于当日傍晚在叶山上奏。

七月十一日清晨被任命为支那驻屯军司令官的香月中将（因田代司令官[①]病危），乘飞机于下午6点抵达京城[②]机场，翌日十二日早晨起飞。

从该中将处得知中央部的意图：

1. 从关东军调集独立混成第一旅团、独立混成第十一旅团的主力和航空兵之基干部队，集结于古北口、山海关。

2. 第二十师团进行应急派兵或应急动员。

3. 动员第五、六、十一师团，大部经由朝鲜，一部在秦皇岛登陆。

[①] 田代皖一郎（1880—1937），历任参谋本部中国课课长、驻中国公使馆武官、上海派遣军参谋长、中国驻屯军司令官等职。1937年7月15日病死于天津。

[②] 即今韩国首尔，时称京城府。1910年"日韩合并"后，日本改汉城为京城府，并设朝鲜总督府。

4. 根据情况或再动员两个师团。

以上为中央部内定的方针，动员的时机根据情况决定。政府与陆海军的方针一致。政府认为舆论必须举国一致。（眉注：东京中央部的状况，通过报纸电报了解大致情况。）

七月十一日，政府为此次事件命名，并由内阁发布公告。师团以动员为预期，司令部与各部队共同推进准备事宜，接到通知的部队已集合于司令部。十一日晚上8点多，接到派遣师团至北支的奉敕命令，但未接到动员令，遂向参谋本部发电询问。直到午夜12点仍未收到动员令，遂再次电询参谋本部总务部长。（眉注：事件称为"北支事变"。）

次日凌晨2点30分，接到动员令，司令部职员就任战时职务，训示全员做好思想准备。如上所述，十一日夜间几乎全体人员都在司令部彻夜值班。（眉注：下达动员令，为使动员毫无遗漏地完成，进行了各项准备。）

七月十二日

凌晨5点，抵达朝鲜军司令官官邸。小矶军司令官[①]凌晨3点巡视鸭绿江岸国境守备队归来，向其报告接到动员令、北支出动命令之事。同时，向在此办公的香月中将（天津军司令官）致以问候。

参拜朝鲜神宫，报告接受大命。

向南朝鲜总督[②]致以问候。

整日在司令部就动员准备、出动准备作必要指示。

---

① 小矶国昭（1880—1950），时任朝鲜军司令官，陆军大将。战后，被远东国际军事法庭判为甲级战犯，无期徒刑。

② 南次郎（1874—1955），时任朝鲜总督，陆军大将。战后，被远东国际军事法庭判为甲级战犯，无期徒刑。

动员召集令状传达给在乡军人，朝鲜境内各级官员与民众十分踊跃。

经理部各部分别实施了与征召有关的工作。

因北支事变，在叶山驻跸的天皇、皇后两陛下于今日返回皇宫。发电请示天意。

七月十三日①

一、各部队分别实施了动员首日的工作。由于昨天（十二日）整天都有预备，可以提前进行的事项已于前日（十一日）实施，故动员工作进展良好。

二、司令部于上午10点召开了各部门会报，上午11点至下午6点，受命的各部队长集合进行会报。

三、师团长实地视察了龙山练兵场的军马征用等状况，并下达了必要的指示。

（眉注：动员第一日。）

征用的马匹多为货车用马，品质良好，适合作为骑乘和挽用马，合格率超过六成。马主大部分为朝鲜人，皆主动接受征用，且对征用委员的定价无异议。（眉注：马匹的征用。）

应征者在市民的欢呼声中，手持旗帜，在京城市内合唱军歌，前往营门。营门前送行的人数极多，黑压压的一片。应征者无论军官、下士官还是士兵，皆斗志昂扬，渴望出征。在乡军官也整备军装入伍。

虽然紧急动员计划有关于编制、装备的规定，但考虑到在北支将与强敌交战，为了增强编制、完善装备，获得了朝鲜军司令

---

① 当天日记页贴有剪报两张，标题分别为《南总督重要训示》和《膺惩支那：朝鲜境内到处回荡着对祖国之爱，纷纷献金》。

官的批准，或仰仗中央的指示，或者采取独断措施，其要点如下：

人员：

一、各步兵联队暂留置一个步兵大队，以为铁路警备之用，日后可以重新计划。由于补充队超出定员人数（干部候补生、第一期下士官候补生等）较多，暂时仍旧补充部队，使其从一开始就可以出动，以上因军司令部的好意才得以实施。

二、在乡军人应征情况良好（当日返乡者2/100)[①]，因此将超过补充队定额之人编入野战部队。

装备：

步兵。步兵各中队按照新战斗法，小队编为4个分队，配备3挺轻机枪（原为2挺）。大队为3个中队和1个机枪中队（4挺机枪），大队炮2门。联队由本部、3个步兵大队、联队炮中队、速射炮中队构成。1联队约1900人左右。

骑兵。本部、2个中队、2个机枪小队。中队2个，携带2挺轻机枪。马夫也携带（编制定额之外的）骑枪。

野炮兵。本部、3个大队，第三大队（2个野炮中队、1个十榴[②]中队）。十榴中队原有2门火炮，改为4门，如有需要，可将拥有2门火炮的小队独立使用。考虑到要在有城墙的居民地作战，因此实现该（炮兵）编制虽有困难，但仍必须实行。

工兵。虽编制无变化，但要特别携带轻型渡河装备。携带大量炸药、筑城材料。

（眉注：关于编制装备。）

---

① 当天为该年度日本陆军士兵退伍日，恰逢第二十师团动员，故川岸在日记中特意指出当天实际退伍士兵比例。

② 九一式105毫米榴弹炮的简称。

七月十四日①

一、司令部和各部队顺利开展动员第二日的工作，其他驻地较远的部队的电报报告也已收到。

二、下午实地视察各部队的动员状况。

三、收到深泽友彦中将②出任留守师团长的通报。

四、收到电报，（天皇）将派遣侍从武官视察本师团的动员与北支出动情况。

五、师团的铁路运输计划由朝鲜军制定，大概定于十五日夜半开始。

六、为了师团的出征与鼓舞士气，朝鲜总督与（朝鲜）军司令官意见一致：决定在出发地和沿途举行盛大欢送会。

七、兵器部人员充实。其它作业进展良好。

七月十五日

一、各部队顺利完成第一期动员任务。下午3点以后检查军装，师团长巡视了驻龙山各部队，军司令官、参谋长与各部长也到场。

二、侍从武官酒井大佐③于上午8点抵达京城站，总督、军司令官、各部队长前往迎接。武官立即实地视察了师团司令部，

---

① 当天日记页贴有剪报两张，分别为7月14日《京城日报》的《非常时局的第一声：向学校与诸团体鼓吹灌输正确的时局认识》和《向全国重要都市派遣阁僚：十五日召开地方长官会议，非常时局认识的国民运动展开》。

② 深泽友彦（1880—1970），日本陆军士官学校第12期毕业。1934年晋升陆军中将，1935年转为预备役。1937年至1939年任留守第二十师团师团长。

③ 酒井康（1892—1986），日本陆军士官学校第24期毕业。1935年3月15日至1937年8月2日任侍从武官。

上午视察了龙山的各部队，下午访问了总督府、军司令部、宪兵队司令部，听取了与动员有关事项。下午3点半从京城出发，视察驻平壤部队。次日十六日返回京城。

（眉注：动员第三日。）

为第二十师团出动至北支事变地事宜，天皇特派遣侍从武官实地视察，要求师团长以下各自保重，以期完成任务。（眉注：圣旨。）

为本师团出动至北支事变地区，特蒙陛下派遣侍从武官，赐予圣旨，感戴圣恩无极。全体官兵发誓奋力死战，以期不负圣意。（眉注：奉答。）

自昭和十年二月（1935年2月）作为独立混成第十一旅团长出动满洲以来，连年仰蒙陛下派遣侍从武官垂慰，感激涕零。历次日期如下：（一）昭和十年二月十二日，町尻①——作为独立旅团长带部队出发，于大阪乘船地。（二）同年二月二十日，中岛②——在满洲国锦州慰问。（三）昭和十一年一月二十五日，后藤③——在满洲热河承德慰问。（四）昭和十一年九月二十六日，酒井——视察北九州防空演习状况（演习统监）。（五）昭和十二年一月二十日，四手井④——至朝鲜军慰问，（时任）师团长。（六）昭和十二年七月十五日，酒井——北支事变动员出征，师团长。（七）昭和十二年十月二十九日，山西省平定，四

---

① 町尻量基（1888—1945），日本陆军士官学校第21期毕业。1930年5月20日至1935年3月5日任侍从武官。

② 中岛铁藏（1886—1949），日本陆军士官学校第18期毕业。1933年8月1日至1937年3月1日任侍从武官。

③ 后藤光藏（1896—1986），日本陆军士官学校第29期毕业。1933年12月10日至1938年7月15日任侍从武官。

④ 四手井纲正（1895—1945），日本陆军士官学校第27期毕业。1935年8月1日至1939年3月9日任侍从武官。

手井中佐。(眉注：附记自昭和十年二月以来陛下派遣侍从武官情况。)①

二、总督府的知事会议（上午9点开始）。在北支事变中，官民一致，认清时局，支持出征师团，务必在军事襄助、后方活动上不遗余力。留守师团长深泽中将今日就任，进行了详细的交接。下午8点，召开龙山部队长会报。

七月十六日②

十六日凌晨0点30分起，师团各部分别从平壤、龙山、大邱、大田出发，以约一小时间隔，搭乘约20辆列车，开赴北支事变地。各卫戍地、朝鲜境内铁路沿线盛情欢送。（眉注：出征部队的出发。）

尽管是深夜，龙山站前广场上，各团体、官民共万余人前来欢送。乘车部队列队，府民等致送行辞，部队长答辞，万岁、乐队【奏乐】、号角、军歌之声不绝于耳。观者满员，故站台发放入场券，由警察、宪兵维持秩序。乘车部队官兵不仅士气旺盛，而且军容严整。满城都是出征的气氛。师团长虽因连日繁忙工作疲劳不已，仍前往送别运送各队长、军旗③的列车。军司令官以下、留守师团长及全体幕僚也尽力送行。（眉注：龙山站出发概况。）

师团长、部分幕僚、经理部长因公务，于十六日下午3点半乘急行列车出发，途中观察军用列车的运输状况，计划经奉天先

---

① 该段系川岸文三郎补记。
② 当天日记页贴有剪报一张，题为《社论：内鲜一体》。"内鲜一体"为日本统治者在朝鲜鼓吹的朝鲜与日本无差别一体化的谬论。
③ 日本陆军每个步兵联队均拥有由天皇亲自颁发的一面军旗，军旗被视为天皇分身，故而军旗出征时，师团长必须出面送行。

行至山海关。京城站出发的送行会极为盛大。（眉注：师团长出发。）

无论日本人、朝鲜人、在校学生、爱国国防妇人会都在朝鲜境内各车站欢送，供应茶水等，十分热心。群众挥舞国旗，沿途的朝鲜人房屋也悬挂国旗。开城、平壤、新义州的欢送会尤为盛大，官员、公务员全部出动。（眉注：铁路各站的欢送。）

下午，（侍从武官）从平壤返回京城。下午3点半，送别师团长出发，并在傍晚送别途经京城的步兵第八十联队。当夜，在京城留宿，十七日启程返回东京。（眉注：侍从武官其后的行动。）

七月十七日

凌晨1点，新义州。在欢呼声中出发。抵达安东站，当地有少数要人前来。为防谍起见，在满洲境内不举办欢送会，（前来欢迎者表示）请勿见怪。宪兵分队长前来致意。

满洲与朝鲜境内气氛迥异，整个南满地区已下达防空命令，夜间实施灯火管制，战时气氛浓厚。军用列车未受欢送，反而便于休养。

上午8点抵达奉天，列车换乘约一小时。前来迎接的园部中将①、三浦机关长②、水野少将③等在贵宾室交换了平津方面的情报。在奉天向朝鲜境内的官员发出电报。接受了祝酒，又收到当

---

① 园部和一郎（1883—1963），日本陆军士官学校第16期毕业。时任第七师团师团长，率部驻屯伪满洲国。1940年就任日军第十一军司令官。

② 三浦敏事（1887—1953），日本陆军士官学校第19期毕业。时任奉天特务机关长。1937年8月就任第二十一旅团旅团长。

③ 水野保（1884—1975），日本陆军士官学校第16期毕业。时任关东宪兵队顾问。

地土特产。下午 1 点左右抵达锦州，听取了旧部下奈良部队留守军官关于全队参与事变出动状况的汇报，回忆起去年四月初奉调回国时的情景。（眉注：抵达奉天。）

下午 6 点抵达山海关，听取了先遣北川参谋①的报告后向各队下达了集结命令，留下谷中尉向各军队列车传达指令。师团长于凌晨 1 点抵达山海关，乘坐师团司令部的第三军用列车前往天津。列车实行灯火管制，在晴朗的夜晚运输，愈发感受到战地的气氛。天亮后经过滦州、唐山等地，冀东政府辖区似乎平静无事。欣喜地眺望着当地人民。在塘沽稍作停留，有数名外国人、军官似乎在视察军用列车的情况。国防妇人会会员热心地提供茶水接待。（眉注：进入山海关。）

下午 2 点抵达天津东站，受到站内军民迎接，稍作休息，接受致意后，乘坐先遣人员准备的十辆汽车，前往市内，抵达作为师团司令部的日本租界商业学校。租界内日本人的商店中有许多人高呼万岁。（眉记：抵达天津。）

为了严肃皇军军容，也为了给内外各界留下良好印象，特别下达了部队在天津站下车的指示。今日的行动严整，被认为展示了皇军的威容。（眉注：皇军威容。）

下午 3 点半，师团长在偕行社拜访了支那驻屯军司令官②，报告抵达天津、师团动员、运输等情况。幕僚及各部队长随同前往。在驻屯军司令官处听取了当前我军的应对方针、与宋哲元的会谈情况。（眉注：拜访支那驻屯军司令官。）

---

① 北川洁水（1896—1957），日本陆军士官学校第 29 期毕业。时任第二十师团情报主任参谋。

② 即中国驻屯军司令香月清司。

十二日从山东乐陵返回天津的宋哲元偕张（自忠）、陈觉生①，于十八日②拜访了香月军司令官，祝贺履任新职，对卢沟桥事件致歉，表示十九日将赴北平处理冯治安部队事等。天津驻屯军认为，作为责任者的宋哲元已道歉。（眉注：宋哲元的态度。）

根据第二十九军的态度，我方原计划于二十日左右等待第二十师团到达后再行动，但体察中央的意图，且宋哲元于十八日已道歉，决定重新考察和战形势，致力就地解决。（眉注：天津军的方针。）

七月十八日

根据支那驻屯军司令部的命令，确定了师团的部署态势。计划立即让骑兵第二十八联队和步兵第八十联队开拔。

七月十九日　晴

一、师团各部队于十九日上午按照命令集结完毕。骑兵第二十八联队和步兵第八十联队于十九日抵达天津。大休整后，于当夜出发前往张家湾③，预计于二十三日上午抵达，此后该部队更名为"铃木部队"。

二、上午 10 点，召集两位步兵旅团长至司令部，作以下指示：

1. 天津军在做和战两手准备的同时，应密切关注事态发展。
2. 师团拟在现集结地进行作战准备。为此，需要特别注意并指出以下几点：

---

① 陈觉生（1899—1938），广东中山人。1935 年任冀察政务委员会外交委员会委员。1936 年任北宁铁路管理局局长。
② 本条中十八日部分为作者补入。
③ 今北京市通州区张家湾镇。

（一）严格执行必要的训练，以增强战斗力。

（二）针对有城墙的居民地，进行武装整备和专门训练。

（三）为铁路作战做准备。

（四）夏季卫生管理（充分注意日间室外温度最高可能达到华氏130度）。

此外，铁道联队长户泽中佐①在司令部向天津宿营部队的军官讲解了铁路作战要点。（眉注：对旅团长指示。）

出击准备：当日下午，驻卢沟桥的敌人向河边②兵团第一线射击，我军随即进行了部分还击。支那军违反约定。支那驻屯军司令官通报称，今晚若有意外情况，需第二十师团出动（晚上10点）。已对在天津的部队下达了作战准备的内部指示，但随后军事课通报称无需出动。

七月二十日

一、事态虽无变化，但当天河边兵团用15厘米榴弹炮对卢沟桥之敌进行了射击，以威吓城内之敌。敌方也略作还击，但（双方）未发生步兵战斗。我军通过北平特务机关督促宋哲元履行协议。

二、下午在海光寺军营观摩了各类攻城演习。

三、平津地区日本民众的动向。日本民众虽然信任军队且情绪平静，但因军队态度倾向和平，有志之士遂发出愤懑之声。来访后方部门或宿舍的熟人时常表达不满。

四、与支那驻屯军参谋长会面，他一如既往主张和平，且对

---

① 户泽二郎（1886—1949），日本陆军士官学校第19期毕业。时任铁道第三联队长。

② 河边正三（1886—1965），日本陆军士官学校第19期毕业。时任支那驻屯步兵旅团长。河边兵团即中国驻屯旅团的代称。

于开战的借口、战争的终结时机和地点问题感到苦恼。据说参谋中也有主张强硬者,但被参谋长等人压制。

七月二十一日　晴　依然高温,室外温度达130度

一、宋哲元似有履行约定的迹象。据报,他已处分了事件的始作俑者第三十七师某营长,同意将第三十七师从北平附近撤走并承诺防共等事项。然而,其执行情况仍然存疑,我军正密切关注事态发展。

二、有情报称,本日东京中央部向第五、六、十一师团下达了动员令(或预定下达命令,尚未确定)。(眉注:实际上可能是二十七日下达命令。)由于支那驻屯军司令官未通报北支局势的紧迫性,(中央)提出可让部队在满洲和朝鲜待命,不必立即前往北支的意见(军队方针有令人不解之处,或许仍计划就地解决)。

三、各部队正全力以赴准备出动。

四、来自内地的应征归休兵等补充人员截至昨夜全部到达集结地,各部队的应急动员已完成。步兵中队人数约135人,全联队约1900人,师团10000人强。

五、在唐山收集了大量用于运输行李的车辆,共30余辆,分配给各部队。

七月二十二日　晴

根据各种情报,支那政府态度不明,天津驻屯军的意向也未确定。下午3点,与支那驻屯军司令官会谈,其要点如下:

一、十八日与宋哲元会见后的情况:

1. 宋道歉,并约定善后处理事项。
2. 张自忠和桥本军参谋长达成了七项约定细目。

二、十九日，宋哲元抵达北平，虽致力于和平解决，但（我方）不认为他有充分诚意。十九日，敌方仍有射击行动。二十日，河边部队进行了炮击。敌方决定撤退第三十七师，定于二十二日下午3点起经铁路南下，至保定以南的定州。第一三二师一部（约一旅）不愿放弃黄村，欲观察数日。

本人阐述了选择黄河之线为作战目标的理由。

七月二十三日　晴

一、第三十七师自二十二日下午5点起已乘四列火车南下，但一部仍在长辛店以南，其他部队无移动迹象。

二、日本国内舆论高涨，但平津地区保持冷静。

三、本日，派往张家湾的步兵第八十联队与骑兵第二十八联队抵达指定地点。因为天气酷热，行军人马十分疲劳，需要休整两日。

四、茂州步兵少佐①（天津特务机关）就冀察政府情况向军官们进行了讲演。

七月二十四日　晴

一、情势虽无变化，但冯的第三十七师部分人员已从北平附近撤退至长辛店、涿州，主力似乎仍未撤退。

二、集结于唐山的部队宿营地狭小且设备不完善，派经理部长前去研究改善方案。

三、与驻屯军协商将卫生队从山海关调至唐山事宜。

四、派遣步兵第七十七联队的一个步兵中队至杨村，守卫铁

---

① 茂川秀和（1896—1977），日本陆军士官学校第30期毕业。时任日本天津特务机关（时称茂川机关）机关长。

路桥。决定派出第一中队（7月31日）。

七月二十五日

一、虽然局势无明显变化，但近日北宁铁路的军用通讯线路屡次被切断。为确保通讯线路安全，我军决定派遣一个步兵中队至廊坊，步兵第七十七联队的五之井①中队第一小队于今日正午出发。通过联队长指示廊坊警备中队谨慎行动。

二、师团长指示联队长行动务必谨慎，我方绝对不可对支那军队采取主动行动。但若遭到挑衅，则应断然反击。

三、有消息称，今日下午5点，天津在乡军人会召开临时总会，就日支时局发表宣言和决议，敦促军当局下定决心。

当晚11点半，鲤登部队副官②前来报告，廊坊的支那军队开始了非法射击。其概况如下：

五之井中队于下午4点抵达廊坊，欲拜会驻当地的第三十八师第一一三旅司令部（二二六团主力）负责人，但未得到回应。该旅参谋前来，遂向其说明我方是为确保通讯线路而来。当其出示天津军向师长张自忠通告的数份文件，对方称不知情，而且态度十分傲慢。中队长在车站四周构筑了防御工事，工作至夜间。晚上11点多，对方以机枪射击车站。中队长要求还击，鲤登部队长③批准。师团长决心立即让鲤登④部队主力、野炮兵一中队

---

① 五之井淀之助（1893—1939），少尉候补者出身，时任步兵第七十七联队第十一中队长。1939年6月于山西被中国军队击毙。五之井中队即步兵第七十七联队第十一中队。

② 藤原忠次（1898—?），日本陆军士官学校第32期毕业。时任步兵第七十七联队副官。

③ 鲤登行一（1891—1972），日本陆军士官学校第24期毕业。时任步兵第七十七联队联队长。

④ 即步兵第七十七联队。

出动，歼灭廊坊之敌。向支那驻屯军司令部报告并接受指示，传达给同宿的高木旅团长①和各部队。（眉注：廊坊战斗开始。）

七月二十六日

在作出上述决定的同时，午夜时分，军参谋池田中佐②传达了支那驻屯军的计划和鲤登部队的出动计划。师团与支那驻屯军的计划一致。鲤登部队（主力约一个半大队，附野炮联队第二大队的一个中队与四分之一个中队）于凌晨1点30分至2点之间，从天津商业学校出发前往东站，第一列火车于凌晨3点半发车。原计划在天明前到达廊坊，最后在上午7点半抵达。

五之井中队已有数人负伤，据报战斗十分激烈。（眉注：北支事变积极军事行动的开端。）

上午5点左右，飞机轰炸廊坊兵营。中队勇敢战斗，天明后转入攻势。鲤登部队从铁路线两侧展开攻击，但敌人已四散，我军遂重新集合部队。（眉注：飞机轰炸。）

此前有报告称收到南苑的步兵第三团正向安定前进的报告，遂欲以攻击为目的追击（敌军）列车，但因未获取敌情，于下午3点返回廊坊。本次战斗缴获大量物资，但因次日须开赴黄村，故未能充分清理。廊坊战斗的指挥水准和战果为本次事变以来之最，受到军队的表扬。

下午拜访军司令官，报告廊坊战况。支那驻屯军计划根据廊坊战斗的结果，向宋哲元提交为期两天的最后通牒。（眉注：支那驻屯军决心开始作战行动。）

---

① 高木义人（1886—1956），日本陆军士官学校第19期毕业。时任步兵第三十九旅团长。
② 池田纯久（1894—1968），日本陆军士官学校第28期毕业。时任中国驻屯军参谋。

二十六日下午发生了广安门事件①（当天从天津紧急派遣大队攻击敌军），遂决定立即开始行动。本日深夜传达了支那驻屯军要求本兵团立即攻击南苑的命令。

各部队于正午左右在东站集合，等待搭乘火车。

七月二十七日　晴

师团将步兵第七十九联队第一大队、步兵第七十七联队第二大队、一个野炮中队作为直属部队留守天津，师团主力于凌晨2点向黄村出发。鲤登部队先行，掩护师团集结。决定于二十七日攻击南苑。

尽管铁路各机务段全力以赴，但较计划有所延误。第一列车于上午10点抵达，最后一列于晚10点抵达黄村。骑兵第二十八联队、步兵第八十联队原本应在团河村附近展开，但与骑兵联队以外的部队联系不足。

原定于白天进攻南苑，但在黄村改为次日拂晓攻击（为收容北平侨民）。各部队根据各自到达的情况，向南苑攻击展开线前进。

凌晨0点30分，高木旅团长与步兵第七十八联队第三大队一同从黄村站出发，下午2点经过团河村以西700米处时，遭到敌人射击，立即开始攻击。后续部队逐次如附图②所示展开攻击。

敌人顽强抵抗，阵地设施坚固。首战中，我各部队官兵作

---

① 1937年7月26日下午，日军由丰台派兵一中队分乘军车，冒充北平城内日本使馆卫队野外演习归来，企图进入北平城内。该中队行抵广安门时，为守城部队刘汝珍部所阻。日军坚欲入城并作攻城状。刘下令开城门，诱日军入城，及其进至一半时，中国士兵开始射击，重创日军。此即所谓"广安门事件"。

② 附图缺。

战英勇。

等待炮兵下车时，将一中队派往大队本部，并从下一列车调派十厘米榴弹炮①中队。炮兵中队射击了敌宪兵营，协助步兵突击。下午6点，与师团高级副官一同视察战场，见到了受伤者与患病者，深感同情。第七十七联队多人因酷热中暑倒下。第一线部队扫荡至夜半，将敌人歼灭。下午10点，最后一列火车到达，次日拂晓攻击的准备也已完成。（二十八日）凌晨1点，就寝。（眉注：团河村的战斗是师团主力计划之外的首战。）

七月二十八日

凌晨3点半，在黄村站作出发准备。凌晨3点，廊坊站传来敌军残兵进攻的报告。电话已中断。后半夜降雨，上午5点半雨停。阴，天气稍凉，正是出战攻击的好日子。（眉注：南苑战斗。）

上午4点50分出发，乘汽车视察团河村战场，同时在左翼第一线附近设立兵团战斗司令部。（眉注：师团总攻击。）

上午6点，我第一线各联队展开。炮兵也在司令部附近就位。6点后，八架重型轰炸机对敌兵营进行猛烈轰炸，接着轻型轰炸机也持续轰炸数十分钟，场面壮观。上午6点30分，我军开始炮击，四个中队同时开火。因通讯受阻，右翼状况不明。因进行了充分炮击，步兵的前进攻击更为容易。鉴于前日战斗中步炮协同不足，步兵损失较大，参谋长曾提出从8点开始步兵出击，但由于需要向右翼队派遣联络员，改为8点45分。8点25分，飞机通报，敌兵有向东北方退却的迹象，当即命令部队攻击前进。敌人射击猛烈，但仅使用机枪、迫击炮，炮兵未开火。第

---

① 即九一式105毫米榴弹炮。

一线各部队奋勇前进，炮兵在步兵推进后不久即变换阵地。

上午10点左右，两翼部队正面枪炮声大作，至11时仍然激战不已。左翼队方面即将突击，遂增派预备队之一大队（欠一中队）至左翼队助战。正午前后，右翼队方面枪声趋缓。参谋长与作战参谋交替视察第一线。下午1点20分，左翼队长报告已突入敌人防线西南角。如此难攻的敌阵，此时终于被夺取。命令向兵营北端推进。

师团长于下午1点半后，在司令部人员陪同下视察南苑战场。抵达兵营，与高木、加藤两部队长会面，听取战况报告，庆祝胜利。

我军奋勇作战，炮兵在距敌人阵地200米处展开，死伤枕藉。有军官冲入敌阵，面敌阵亡，英勇战斗的场面一目了然。掩体内敌人尸体也堆积如山。敌军亦甚勇敢，曾向鲤登部队正面反击。兵营内残敌众多，鲤登部队一边扫荡，一边向兵营北端推进。河边部队本应在清晨发动攻击，但其主力在萱岛部队以北的马村展开，与兵营西北方2公里村落中的敌军战斗后，歼灭了这些向北撤退的敌军。整个兵营由本师团负责埋设地雷。

七月二十九日　晴　西红门[①]

一、师团主力在西红门集结，各部队进行战场清理和整顿。

二、与支那驻屯军联络，进行必要的补给。

三、报告伤亡情况。

---

① 当天日记页贴有剪报一张，为1937年7月29日《东京朝日新闻》的《期歼灭第二十九军：总攻击开始，平津各地展开激战》。

四、当天清晨，得知天津方面的支那军发生叛乱①，详情不明。

五、支那驻屯军决定以主力前往丰台，派遣精锐部队向北平西北推进。下午下达军令，决定于下午3点出发。司令部定于下午6点出发，并将河边兵团纳入指挥。急派高木支队前往天津。

六、下午5点，接到支那驻屯军命令，派遣由高木少将指挥的约三个步兵大队、一个山炮大队（河边兵团）、一个联队炮中队、一个工兵中队（欠二小队）援救天津。该支队于三十日凌晨1点左右抵达丰台。经濑户口少佐②与丰台铁路方面交涉，部队于凌晨2点乘火车出发前往天津。

七、午夜0点，抵达丰台守备队驻地，会见河边兵团长，讨论以下事项：

1. 二十九日夜河边兵团主力夜袭占领卢沟桥。
2. 萱岛③联队将于明晨占领八宝山。
3. 当前之敌似已于当天向南撤退。
4. 酒井④、铃木⑤兵团的概况。

―――――――――

① 7月29日凌晨，国民党第三十八师及天津保安队自南开大学、八里台、铁路局等地进攻海光寺、东局子及各车站日军，一度占领东、西车站。日军以50余架飞机与战车增援，双方激战。后第二十九军下令停战，国民党军逐渐退往马厂集结。天津不久失守。

② 濑户口荣藏（1894—?），日本陆军士官学校第28期毕业。时任第二十师团副官部员。

③ 萱岛高（1889—1956），日本陆军士官学校第22期毕业。时任支那驻屯步兵第二联队长。萱岛联队即支那驻屯步兵第二联队。

④ 酒井镐次（1885—1973），日本陆军士官学校第18期毕业。时任独立混成第一旅团长。酒井兵团即独立混成第一旅团。

⑤ 铃木重康（1886—1957），日本陆军士官学校第17期毕业。时任独立混成第十一旅团长。铃木兵团即独立混成第十一旅团。

5. 天津的叛乱、通州的叛乱①。
6. 北平城内外的状况。

因此，决定迅速派遣萱岛联队前往通州救援，八宝山由山下②支队于次日占领，分别作出安排。

七月三十日　晴　丰台

长辛店的敌人有退却迹象，飞机的报告同。为确保永定河右岸的立足点，决定独断占领，并向支那驻屯军司令官表明了决心。下午，附以河边兵团的主力、野炮一大队、工兵一小队，发起攻击。未遇抵抗，于下午4点占领长辛店。（眉注：占领长辛店。）

山下支队在北平西方的小井、马官营集结主力，以步兵第八十联队第三大队占领八宝山。骑兵联队在五路居附近派出部分兵力据守要点，负责肃清残敌和治安工作。（眉注：山下支队的扫荡。）

与北平取得了联系。丰台附近虽然平静，但仍有敌残兵和便衣人员出没。

七月三十一日　雨　丰台

一、整天降雨。
二、山下支队在北平西侧进行大范围扫荡，并与城内保持密切联系。

---

① 所谓"通州叛乱"，即7月29日通州伪河北省特种保安队第一总队队长张庆余、第二总队长张砚田率部约二万人反正，歼日军二百余人，俘汉奸殷汝耕。

② 山下奉文（1885—1946），日本陆军士官学校第18期毕业。时任步兵第四十旅团长。山下支队是以步兵第四十旅团为基干组建的支队。

三、由于廊坊站附近潜伏的敌人利用兵营出没，为阻碍其行动，傍晚派出加藤①支队（工兵联队主力、约两个步兵中队），于次日早晨将敌兵营破坏。

四、派遣濑户口少佐清理南苑的战利品。

八月一日　晴转多云

一、天津方面已安定，今日军用列车通至天津。

二、考虑到丰台储备的粮秣缺乏，为防意外，指示师团经理部长积极征集、购买。

三、从今日起，由北平特务机关逐次解除在北平南侧、东侧、北苑集结的支那兵及冀东保安队的武装。

收到天津军司令官的嘉奖。

传达了参谋总长就我部疾风迅雷般行动的训示。

军参谋堀毛中佐②为联络部队于下午来到丰台，说明了支那驻屯军未来的计划以及今日发布的驻屯军命令内容（师团占领长辛店）。讨论了第一期作战期间军队指挥方面的缺陷，天津、大沽、通州兵变等。

说明了内地师团动员时本师团本部人员的情况（二十九日为第一日）等。

军参谋就派遣迟缓致歉。

八月二日　多云

一、师团主力与河边兵团交接，决定于三日向长辛店前进，

---

①　加藤弘太（1880—?），日本陆军士官学校第18期毕业。时任第二十师团工兵第二十联队长。加藤支队即以工兵第二十联队为基干编成的支队。

②　堀毛一麿（1895—1969），日本陆军士官学校第28期毕业。时任支那驻屯军参谋。

占领阵地。下达了相关命令。

二、牧野参谋①、炮、工兵队长于下午实行阵地侦察。

三、西村②部队（缺少野重九一大队）于今日凌晨1点抵达丰台，编入兵团。

八月三日　雨

一、从丰台向长辛店前进，下午一点完成与河边兵团的交接。各队在村落露营，准备从明日起构筑阵地。

二、长辛店有平汉铁路材料厂、机车库、技术员养成学校等，铁路附属设备规模巨大，从其中选定了学校（作为阵地）。

八月四日　晴

一、各队开始修筑阵地。

二、敌中央军第八十四师似已进入张家口，第八十五师似已抵达津浦线、沧州附近。

三、敌军残部在大灰厂西北山地及坨里（良乡西北三里）附近驻扎，故从右地区队派出一部前往扫荡。

八月五日　雨

一、各队的修筑工程受降雨影响进展不佳。

二、内地动员部队预计于四日左右出发。

三、在警备地区开展宣抚工作，以翻译、随军僧人为主体，军医也参加。

---

① 牧野四郎（1893—1945），日本陆军士官学校第26期毕业。时任第二十师团参谋。1945年战败自杀。

② 西村琢磨（1889—1951），日本陆军士官学校第22期毕业。时任野战重炮兵第九联队长。西村部队即野战重炮兵第九联队。

八月六日　晴转雨

一、构筑阵地。

二、对在南苑战斗中功绩卓著的部队进行甄别、考核。向军司令官提交了给予工兵第二中队、野炮兵第二大队本部第三中队嘉奖状的报告。以上报告派遣牧野参谋于七日向支那驻屯军司令部提交。

八月七日　雨

一、敌兵在涿州、琉璃河附近的活动活跃。

二、有中央军进出张家口方面的报告。

三、忧虑雨季大雨,将导致阵地构筑进展不顺。

八月八日　晴转多云

一、支那驻屯军后方主任参谋①前来视察。说明了在长辛店设立前进补给点的必要性,以及铁路材料厂的利用价值。

二、经过经理部调查,自长辛店铁路材料厂各仓库缴获的物资很有价值,总值达到715万元。

向支那驻屯军发出电报和书面报告。

八月九日　晴间或多云

一、参谋长负责落实右地区队的工事建筑事宜。

二、骑兵队派遣下士侦察兵,前往琉璃河以北地区详细侦查敌情。侦察长功绩卓著。

---

① 桥本秀信(1895—1991),日本陆军士官学校第27期毕业。时任支那驻屯军后方主任参谋。

三、敌方一辆装甲车在良乡附近出现，我军派出半个中队试图捕获，但因行动稍迟，敌人已退却。

四、从步兵第八十联队增加一个速射炮分队至骑兵第二十八联队。

八月十日　晴

一、牧野参谋昨夜从天津归来，接收了支那驻屯军的集中计划。廊坊：第六师团。天津南侧：第十师团。黄村：第五师团。军计划二十日左右以一部占领固安、涿州，具体情况根据敌情决定。

二、下午巡视右地区的阵地设施，牧野参谋随行，传令骑兵15人同行。

八月十一日　晴

一、支那驻屯军参谋中村中佐①前来视察，说明了司令部的计划等，大要如下：

1. 张家口方面局势紧迫，给铃木兵团配属了强力炮兵、战车等，从当日起向南口附近发动进攻。

2. 第五师团从南口及以南地区全力攻击敌人，配合铃木兵团向张家口进军。

3. 派遣关旅团的一个步兵大队掩护承德。

4. 第六师团在黄村附近集结。

5. 由于朝鲜平壤、满洲锦州附近的水灾，铁路运输略有延迟。

---

① 中村忠英（1897—1984），日本陆军士官学校第31期毕业。时任支那驻屯军作战参谋。

6. 第二十师团可能在九月中旬以后继续前进。

7. 关于山东、山西、绥远的情报及联络情况（师团长提问）。

二、参谋长视察了右地区的阵地构筑状况。

三、截至八月十日的统计，师团死伤情况：战死194人，失踪7人，负伤445人，合计646人。

八月十二日　晴

一、凌晨2点左右，敌兵夜袭良乡冈崎骑兵部队，至天明被完全击退。敌兵力二十余名，装备有装甲车，另有便衣军约三小队。据俘虏供述，属敌第二十七师的一团。敌方遗弃尸体200具，轻机枪10挺。敌方装备为迫击炮6门、重机枪12挺、轻机枪12挺。我方损失：阵亡骑兵下士官1人、士兵2人；负伤骑兵21人、步兵11人，合计32名。

从长辛店派遣了师团预备队：步兵第八十联队第一大队（欠一中队）、野炮一中队。冈崎部队表现英勇。该部以约三分之一兵力于凌晨五时出发增援，追击敌人，并进行武力搜索。联队长亲率主力追击。

八月十三日

一、良乡前线敌情虽已平静，但中央军正在逐次增援中。

二、南口方面，铃木兵团于十二日晨开始攻击，下午8点击退了南口平原之敌。

三、第五、六师团的运输虽稍有延误，但第六师团的联络军官已于今日抵达师团司令部。

四、晚上7点起，新闻记者团来访，就事变进行了两小时的座谈。

五、收到支作甲第140号命令，军队前进准备命令。

兵团的配属及区处部队

第二十师团（川岸兵团）

配属部队：第三师团的第一、二、三野战高射炮队；第十四师团架桥材料中队。

区处部队：

1. 战车第一大队。

2. 独立重炮兵中队（1个中队）。

3. 独立攻城重炮兵第一、二大队（4个中队）。

4. 野战重炮兵第三联队（部分辎重属）（4个中队）

（合计9个炮兵中队）。

5. 独立工兵第四联队。

山炮 $4 \times 4 = 16$

大队炮 $6 \times 4 = 24$

速射 $4 \times 4 = 16$

野炮 36 门

重炮 16 门

攻城炮 4 门

总计 132 门各种火炮。

八月十四日　雨

一、凌晨二点左右，良乡的冈崎部队发现敌方两个侦察组的二三十名敌兵来到城墙处，似在进行某种作业（爆破？），我方射击将其击退。敌遗弃尸体四具。

二、自昨夜起暴雨时断时续，路况不良。

三、南口方面，铃木兵团虽已击退平原之敌，但山区仍有敌军负隅顽抗。

四、根据《大阪每日新闻》《朝日新闻》，上海局势险恶，敌我发生空战，支那军有轰炸行动。

五、在青岛，我两名水兵被支那兵绑架，局势恶化。

八月十五日　多云转雨

一、前线敌情无变化。

二、石井军医中佐①为天坛的细菌检查而来，预报将来访长辛店司令部，但因故未能成行。

三、区处部队中，战车第一大队副官及竹中大尉来访，此人从久留米来，报告了情况。

四、平壤的高射第一、二队抵达长辛店，正在师团区处进行兵站线的警备防空。

五、上海方面的状况对我有利，英美法各国因为遭受飞机轰炸，② 对支那表示愤慨。

八月十六日　雨

一、良乡的守备工作由骑兵队负责，城内由骑兵第二十八联队和约一个步兵中队（附联队炮中队、速射炮中队、二分之一个机关枪中队）驻守，步兵第八十联队第一大队主力占领城内东侧高地，构筑据点式防御。

二、上海方面的状况与前日无大差异，我方飞机活跃。

---

① 石井四郎（1892—1959），时任关东军防疫部部长。此人为在天坛组建新的细菌部队——华北方面军防疫部而来北平。

② 1937年8月13日，淞沪会战爆发。次日，中日两军军机在上海上空展开激战。8月14日下午，国民党军飞机误落炸弹于上海南京路外滩与大世界，造成伤亡近2000人。

三、恩赏课荻原中佐①来长辛店搜集北支事变功绩调查资料，召集炮工兵负责人进行说明。

四、兵器部长松尾②前来联络，携带了16部无线电台。

五、关于小矶军司令官的传言。

附：功绩确认书

野战重炮兵第九联队长

陆军炮兵大佐　西村琢磨

兹确认，右者于配属本兵团后，于八月一日晚抵达丰台，归本职指挥。本兵团根据支那驻屯军命令前往长辛店，占领全地西南方高地线，进行阵地设备。全联队于八月四日集结于长辛店，（西村琢磨）作为兵团炮兵指挥官，承担了炮兵阵地的构筑炮兵战斗计划等指挥筹划任务。特别是在雨季，降雨导致阵地设备不便的情况下，精诚努力，基本完成了任务。正在此时，八月九日根据军命令，重新配属至铃木兵团，于当日下午向沙河镇进发，离开长辛店。

右配属期间，功绩显著，特此确认。

昭和十二年八月十日
川岸兵团长　川岸文三郎

---

① 荻原直之（1890—?），日本陆军士官学校第26期毕业。时任陆军省恩赏课课员。

② 松尾春重（1890—1956），日本陆军士官学校第23期毕业。时任第二十师团兵器部长。

程天固往来未刊函札

黄德强 辑译

说明：程天固（1889—1974），广东香山县（今中山市）人。1941年任国民政府驻墨西哥公使，1944年转任驻巴西大使。本篇收录程氏1941年至1946年驻节墨西哥、巴西期间，与中、美、墨各国政要来往中英文函札33通。另有程氏发言、致辞、谈话三篇，作为附录一并收入。这些资料对于了解抗战时期国民政府在中南美洲的外交活动和宣传工作，推动相关历史人物及事件的研究具有珍贵的史料价值。本资料根据程天固孙女程复欣女士家藏史料整理。

张公扨致程天固①
（1941年5月24日）

亲爱的天固：

欣闻阁下被派驻墨西哥，美玉②和我都想致信祝贺，但是当时不知道怎样才能取得联系，想来阁下已经离开重庆了。我确信美玉最终还是往阁下在香港的地址写了封信。因为信是用普通邮

整理者：黄德强，孙中山故居纪念馆馆员。
① 本篇为英文。张公扨，本名张谦，字公扨。时任国民政府驻智利公使。
② 张美玉，张谦之女。

件寄出的，阁下经过香港时或许不能收到。

当然，我很高兴今天早上收到阁下从三藩市来的信。尽管墨西哥是除华盛顿以外这个半球最重要的地方，但政府派阁下去墨西哥，一定有其他目的，并非仅为了让阁下负责一个公使馆而已。我觉得墨西哥的职位对阁下来说只是一个短暂的过渡，毫无疑问，更广阔的舞台在等着阁下。

与此同时，我很高兴阁下离我们更近了。我在这里没有一个真正的朋友可以交谈或通信。有时候我真是受够了，以至于忍不住想放弃一切，来换取改变。但我想在目前的情况下不应该抱怨。这不只是无聊，而是一种在人群中的孤独感。所以，我很高兴阁下能在我附近工作一段时间。这种想法有点自私吧。（这个距离）足以保证阁下在36小时内收到我的信。

阁下在旧金山时或许见过郭部长①。如果他直飞的话，现在应该已经到重庆了。听说徐次长②被任命为行政院秘书长。我不知道他是否会继续担任次长。

得知我军最近在华中的捷报，非常振奋。日本人在报纸上大肆宣传他们的进攻计划，但是显然到目前为止，尚未取得很大的进展。

克里特岛现在是世人关注的焦点。③ 大战的结果在很大程度上取决于哪一方能直接控制西地中海。我每天饶有兴致地收听广播。这确实是一场现代化的战争。想象下，成千上万的战士从天而降，这应当给我们上了一课。我们应该为这种战争做好攻防准备。幅员辽阔一直是我国的优势，但我们不能总是指望这一点。

---

① 郭泰祺，时任国民政府外交部部长。
② 徐谟，时任国民政府外交部政务次长。
③ 此处指1941年5月德国发动的克里特岛战役。此役德军通过空降作战重创希腊守军和英军，控制了爱琴海和东地中海。

滑翔机拖在飞机后面，就像一串风筝，从空中运输整个师，此举现在已经证明是可行的了。所以我对克里特岛发生的事情如此感兴趣。交战双方都没有退缩，唯有决一死战。

希望阁下安顿下来之后能给我写信。我对阁下的个人情况特别感兴趣。还有，请告诉我阁下在重庆的见闻。

致以友好问候。

公扨谨呈

胡适致程天固
（1941年8月1日）

天固吾兄公使勋鉴：

前得惠书，欣悉荣抵任所，欢慰无似。承示山县在墨活动情形及美墨外交动向，甚佩卓识。将来此间如有所闻，当亦随时奉告。阶平兄①昨日西行，拟在金山候机返国，并以附闻。匆上，即候起居。

弟胡适
卅、八、一

陈蔗青大使②与柏林、罗马两馆人员眷属今日乘 War Point 船到纽约。

孔祥熙致程天固
（1941年9月11日）

天固吾兄勋鉴：

---

① 钱泰，字阶平，时任国民政府驻比利时大使。
② 陈介，字蔗青，1938年6月至1941年7月任国民政府驻德国大使。

陪都话别，瞬易韶光。顷奉瑶章，敬审台旆安抵墨京，① 至为忻慰。值此祖国抗战之时，折冲御侮，端赖贤劳再接再厉。承示各节，极佩荩筹，仍望善为运用，以赴事功。风便尚希时惠好音，尤所翘企。专泐布臆。顺颂旅祺。

弟孔祥熙
九、十一

傅秉常复程天固
（1941年9月24日）

天固吾兄公使勋右：

违教多日，驰慕良殷。顷奉八月十八日大函，敬悉一是。弟以轻材忝襄外交，时艰任重，深惧弗胜，厚贺至慰。承示墨国外交近况及列强对墨纵横捭阖情形，具见墨国在美洲所据地位之重要。吾兄长袖善舞，周旋其间，自必胜任愉快。仰企贤劳，曷胜佩慰。专此布复。顺颂时绥。

弟秉常
一九四一、九、二四

恩内斯托·杰恩·瓜迪亚致程天固②
（1941年11月10日）

亲爱的公使先生：

我高兴地收到阁下1941年11月6日祝贺我被任命为巴拿马

---

① 据1941年7月5日《大公报（香港）》之"程天固赴墨履新"报道："新任驻墨公使程天固氏，于六月七日上午十时十分乘南太平洋火车抵达墨京。"结合信末落款，酌定该信时间为1941年9月11日。

② 本篇为英文。恩内斯托·杰恩·瓜迪亚（Ernesto Jaén Guardia），时任巴拿马驻美国大使。

共和国驻华盛顿大使的照会。

应阁下的要求，谨随函附上致巴拿马共和国外交部长奥克塔维·法布雷加（Octavia Fábrega）博士的介绍信。

我对在墨西哥城期间与阁下的亲密关系有着最美好的回忆，期待尽快再次晤面。

衷心预祝阁下在巴拿马执行贵国政府委托的任务中取得圆满成功。

恩内斯托·杰恩·瓜迪亚谨启

孔祥熙致程天固①
（1941年11月13日）

尊敬的程博士：

10月6日大函和《环球报》创刊25周年中国特别版已收悉，不胜感激。

非常感谢阁下为我在《环球报》的中国特别版撰写《中国的战时进展》一文所付出的时间和精力。然而，编辑不应将我国过去几年成功的战时财政管理都归功于我。如果没有政府的真诚合作和我国人民的不懈支持，我所做的一切都不可能达到预期目的。

阁下关于墨西哥对远东缺乏兴趣的分析信息量大，且深刻。不久前，墨西哥还发生过反华示威活动。尽管这些不幸事件主要是由种族和经济原因造成的，但我国政府代表未能利用社会和文化手段向墨西哥人民展示我国的进步，亦是令人遗憾之事。

因此，欣闻阁下已经意识到有必要采取一种不仅值得肯定，而且切实可行的方法来改善这种不尽如人意的境况。欣悉阁下在

---

① 本篇为英文。

某种意义上已经成功地使有影响力的《环球报》脱离了日本宣传的影响，希望阁下的努力取得进一步的成功。

致以最诚挚的问候。

孔祥熙谨启

宋子文复程天固
（1942年4月27日）

天固仁兄惠鉴：

奉读手翰，承示增进邦交、改善侨务各点，具征荩虑周详，远企贤劳，弥增佩慰。前驻德大使陈蔗青兄奉部令前往南美各国考察侨务，日内即可启程，届时希与接洽。① 嘱寄照片，一俟印就即行付邮。此复。顺颂勋祉。

弟宋子文启
四月二十七日

宋子文致程天固②
（1942年5月8日）

尊敬的程公使：

在最近与行政院的交流中获悉，我拉美侨民向盟国提供了日本人和其他轴心国支持者的情报，给盟国提供了不同寻常的帮助。我国侨民此举是对盟国战争行动的重要贡献，应尽一切可能予以鼓励。

我专门写信给阁下，请在华侨中施加影响，以便进一步发挥

---

① 据1942年5月1日《大公报（桂林）》第二版报道："我前任驻德大使陈介，远在美国，近奉命赴中南美洲一行。"结合信末落款，酌定该信时间为1942年4月27日。

② 本篇为英文。

作用，并给予指导和协助。

我相信阁下和属下的领事为达成此目的，在该领域与美国外交代表建立紧密的合作关系，是合适、可取的，他们可能成为与驻在国主管代表传递信息的最便捷的渠道。

如果阁下有任何相关的机密报告，可以通过美国外交代表办理，他们会通过外交邮袋传递给我。

致以亲切的问候。

宋子文谨启

维特·宾纳致程天固①

（1942 年 9 月 18 日）

亲爱的程先生：

您的留言让我很难过。很抱歉从墨西哥回来后，在启程去科罗拉多大学（在那里，我努力地在作家研讨会上讲授了一个月诗歌）之间的短暂间隔里，我曾写信允诺寄《群玉山头》②，后来却忘了落实这件事。现已寄出，希望这次的耽搁不会减少阁下在书中获取的乐趣。

随信向阁下透露，我一直在努力设法寻找金博士翻译的《论语》。我想阁下是否比亚洲的编辑更清楚哪里有影印本。

无论是在个人情感上，还是作为一名美国公民而言，我对朋友胡适博士被召回一事都感到悲痛。我从许多报道中了解到，由于在学术上的卓越成就，以及在维系和促进中国事业发展中所表现出的卓越智慧和温和态度，胡适博士在美国广受尊敬。我认为重庆当局并不了解他工作的重要性。望阁下将我的观点告诉当

---

① 本篇为英文。维特·宾纳（Witter Bynner），美国诗人、翻译家。
② 《群玉山头》是维特·宾纳 1929 年翻译的英文版《唐诗三百首》。

局,不胜感激。

希望在不久的将来有机会再次访问墨西哥,届时有幸在墨西哥任何地方拜访阁下。当然,前提是阁下也乐见其成。

维特·宾纳谨呈

附言:想必阁下有兴趣得知,我最近接受了美国援华联合会新墨西哥州分会主席职务。

李惟果复程天固①
（1942年11月20日）

天固吾兄公使阁下:

别久情深,时切怀想。顷者朵云颁来,欣谂兴居迪吉,勋望日增,至为欣慰。溯自太平洋开战以还,② 墨国形势益臻重要。赖兄持节斯邦,折冲樽俎,不仅敦进中墨邦交,抑且襄助该国制止敌人活动,勋业彪炳,中外同钦。辱在交末,益深向往。弟也轻材,谬司总务,受任以来时恐陨越,乃承奖借之溢词,益觉汗颜无地矣。示及贵馆近因航递困难,此后寄部文件拟托由驻美大使馆以外交邮袋附发,嘱为咨商一节,遵已代电驻美大使馆优予便利,俟有复言,当再奉告。贵馆方面似亦可就近径行电洽,同为国事宣劳,想美馆必能乐于助力也。专此布复。敬颂勋安。

弟李惟果敬启
十一月廿日

---

① 李惟果,时任国民政府外交部总务司司长。
② 1941年12月8日,日本偷袭珍珠港,太平洋战争爆发。结合信末落款,酌定该信时间为1942年11月20日。

程天固致宋子文[①]

（1943年4月12日）

尊敬的部长：

欣悉阁下不久前再次安抵美国。请允许我借此机会直接向阁下报告与墨西哥拟议条约的最新进展。根据阁下去年7月4日电示，我在与墨西哥外交部长进行了几次非正式谈话后，终于找到合适时机，于去年11月9日向他递交了一份备忘录。他在12月18日的答复中表示完全同意我方观点，并承诺给予积极考虑。今年1月2日，外交部收到了（我）的报告电文。外交部回电告知将把条约草案送来作为我方谈判依据。从那时起，我一直在等待草案，但从外交部最近的一份电报来看，草案似乎仍在酝酿中，或许尚需时日。对于草案究竟是贸易友好条约，抑或如古巴之例仅系友好条约，尚不清楚。此事应慎重考虑。我已根据阁下去年七月的指示，就与墨西哥签约的性质问题，向外交部提出建议。一旦收到条约草案，我即开始与墨西哥政府谈判，并随时向阁下报告进展情况，以期获得进一步指示。同时，我们将非常感谢阁下对此事的任何建议。

我还想向阁下报告在墨西哥针对日本的反间谍工作。我们一如既往地遵循阁下的指示，与墨西哥当局和美国驻墨大使馆保持密切联系与合作。在过去几个月中，有几起重要案件与敌方活动有关，我已就此向我国外交部提交了特别报告，供参考。

阁下在启程返国前送给我的去年10月10日演讲全文副本，我们已经把它翻译成西班牙文，刊登在本地主要的报纸上，我很高兴地向阁下报告，它引起了拉美人民的极大兴趣，受到了好评

[①] 本篇为英文。

和赞扬。最近我们与墨西哥政府新闻办公室达成协议，每周在政府电台播出三十分钟的中文节目，该节目被命名为"中国之声"。如果阁下今后有演讲和声明要发表，希望您发来一份副本，我们可以翻译成西班牙语播出。此举极有利于我国在拉丁美洲的宣传工作。

期待阁下的指示，谨致以诚挚的问候和崇高的敬意。

程天固谨呈

李惟果复程天固

（1943年4月26日）

天固吾兄公使勋鉴：

接奉二月廿五日惠书，敬悉勋望弥增，慰如所颂。墨国自对轴心宣战以来，① 形势益形重要。吾兄万里奉使，樽俎雍容，不仅敦睦邦交，加强盟谊，抑且协助墨政府制止敌人活动，远企声华，尤深景佩。承示墨京生活日高，贵馆经费不易维持一节，久在系念之中。溯自战局扩大全球，骤然各国物价均趋高涨，我驻外使领馆担负外交重务，以区区之经费应无穷之需用，困难万端，殆无例外。刻部中正在统筹补救办法，倘能奉准，当可稍资挹注也。风翼多便暇，希时惠教言，藉匡不逮为幸。专此布复。敬颂勋安。

弟李惟果拜上

四月廿六日

---

① 墨西哥于1942年5月22日正式向轴心国宣战，结合信末落款，酌定该信时间为1943年4月26日。

程天固致宋子文[①]

（1943年5月26日）

尊敬的部长：

很荣幸在华盛顿再次见到阁下。自回任墨西哥以来，我一直在为启动与墨西哥政府关于条约事务的谈判做必要准备，我将随时向阁下禀报。

墨西哥政府最近改革了特工机构，成立了由前总统、国防部拉扎拉·加德纳斯（Lazara Gardenas）将军领导的一个新情报委员会，国家军事学院院长阿尔贝托·Z.埃兰德斯（Alberto Z. Herandez）将军被任命为负责人。与此同时，华盛顿海军部派来训练有素的特工亚瑟·R.英格利希（Arthur R. English）与墨西哥委员会共同工作。该委员会与联邦调查局（联邦情报局）和美国大使馆的海军武官合作。自回任至今，将军和英格利希先生屡次前来拜访，邀请我们参与合作，他们想让我们加入一个特别部门，该部门负责针对日本的反间谍计划。因为这项工作符合我们对平民事业的政策，也符合阁下之前的建议，所以我接受了他们的邀请。

在华盛顿向阁下报告开展这项工作所需特别津贴时，阁下曾关切地问我大约需要多少经费。由于我不知道这项工作将是多么繁重，也不知道我们能为美国和墨西哥政府提供什么样的帮助，故一时无法回答。现在经过仔细考虑，鉴于他们要我们做的工作，我敢大胆地说，4000或5000美元足够了，甚至更少，2000或3000美元也足以让我们有所作为。华盛顿的海军部和美国大使馆的官员非常赞赏我们过去的工作。相信在阁下的指导和协助

[①] 本篇为英文。

下持续进行这项工作，我们的服务仍会得到他们高度赞赏。期待这封信能得到阁下的肯定。

致以最诚挚的问候。

程天固谨呈

陈介复程天固
（1943年6月9日）

天固先生公使阁下：

　　月前欣承大教，深慰积思。两奉惠函，敬悉一是。弟赴巴西事，虽经内定，尚未明发，将来如果成行，务祈多赐指教。① 廖君兄弟②同日奉部令返国，先后来函托为设法，弟意必有特殊原因，与巴西升格无关。其兄弟景况，弟去年均曾目睹，承鎏一家共五人，尤为可悯。承鉴年前已奉部召，经弟以推销储券有功，商涂公使③保留，旋调 Costa Rica（哥斯达黎加），尚未赴任，兹复被免，当有内情。思之至再，未敢置喙。弟已略复两君，请其谅解矣。阿国政变远在天南，虽尚未全妥贴，当不致影响他国，是否加入盟邦，或尚踌躇有待。阿政府现在右派军人掌握，急进派之国会复遭解散，对外政策只可谓有变更可能，难必其遽加决定也。高明以为然否？专复。敬颂勋祺。

弟陈介拜上
六月九日

---

　　① 1943年6月23日《大公报（桂林）》第二版报道："我国与巴西……已于五月四日同时宣布将两国使节相互升格为大使，现我政府已任命前驻德大使陈介为首任驻巴大使。"结合信末落款，酌定该信时间为1943年6月9日。

　　② 廖承鎏、廖承鉴兄弟为民国外交官，其父廖恩焘曾任国民政府驻古巴、巴拿马公使。

　　③ 涂允檀，时任国民政府驻巴拿马公使。

邵毓麟致程天固
（1943年7月1日）

天固吾兄星使勋右：

敬启者：多年承蒙爱助指导宣传，缅维高谊，铭篆无既。弟现已呈准解除外交部情报司职务，专任侍从室工作。用特函达，仍乞随时指导，不胜公感。专泐。祗颂韬祺。

贵馆诸同仁前，均此致意。

弟邵毓麟拜上
三十二年七月一日

徐淑希致程天固[①]
（1943年7月2日）

亲爱的程先生：

我向阁下递交6月26日电报时，随函寄出了宋博士6月30日的来信，想必阁下已经收悉。重庆方面在条约谈判时通常采取的某些政策令人困惑，故有必要对程序稍作改动。舆论认为，在目前的情况下，最好通过正规渠道指导所有工作，即便可能延缓进度和浪费时间。

非常荣幸上个月和阁下一起开会。希望在不久的将来，可再叙情谊。

徐淑希谨上

---

① 本篇为英文。徐淑希，籍贯广东饶平，哥伦比亚大学博士，时任国民政府外交部高级顾问。

梅瑟史密斯致程天固①
（1943年8月5日）

亲爱的同僚和朋友：

通过媒体和阁下8月2日的来信惊悉贵国主席林森先生于8月1日逝世，悲痛之情无以言表。美国总统已经向贵国政府转达了我国政府和人民对贵国杰出政府首脑逝世的深切悲痛和遗憾。由于美国人民对中国人民的爱戴和尊重，林主席的逝世将在我国引起更广泛的悲痛和遗憾。

尽管我国政府已表达哀悼，我还是要致以本人和大使馆同事们的悼念之情。

借此机会，再次表达我的崇高敬意和真诚友谊。

梅瑟史密斯谨呈

约瑟夫斯·丹尼尔斯致程天固②
（1943年9月22日）

我亲爱的朋友：

非常高兴那天晚上与敝州民众一起欢迎魏道明大使③莅临布拉格堡军事训练营。魏大使在精彩的演讲中提到了阁下。他说不久前曾拜访过阁下，对阁下评价很高。当然，我向他介绍了鄙人夫妇与阁下全家的友谊。

祝一切顺利，祈祷贵国早日从过去六年来的可怕战争中解放出来。

---

① 本篇为英文。梅瑟史密斯（Messersmith），时任美国驻墨西哥大使。
② 本篇为英文。约瑟夫斯·丹尼尔斯（Josephus Daniels），时为美国《新闻与观察家》报社总经理，曾任美国驻墨西哥大使。
③ 魏道明，时任国民政府驻美大使。

我的夫人和我一起向阁下的夫人、女儿以及阁下本人致以深情的问候。

约瑟夫·丹尼尔斯谨呈

刘锴致程天固①
（1943 年 10 月 15 日）

亲爱的程先生：

很高兴向阁下介绍我的朋友陈亦先生，他以中宣部代表的身份来墨西哥研究拉丁美洲的情况。

他毕业于密苏里大学新闻学院，曾在华盛顿的中央通讯社和《纽约时报》任职。夏晋麟博士②派他去墨西哥的任务和余铭③在加拿大接受的任务是一样的。

顺便说一句，他是董显光博士④的女婿，也是我的好友，我个人将感激阁下对他的任何帮助和指导。

谨致崇高的敬意和最诚挚的问候。

刘锴谨上

卡斯托瓦尔致程天固⑤
（1943 年 10 月 19 日）

尊敬的程先生：

我很高兴收到阁下 7 月 20 日的来信，这封信是在 10 月 12 日，也就是一个星期前送达的。感谢阁下在信中所表达的善意，

---

① 本篇为英文。刘锴，时任国民政府驻美国大使馆公使衔参事。
② 夏晋麟，时任国民党中央宣传部驻美代表，在美创立中国新闻社并任社长。
③ 余铭，时任国民政府驻美国大使馆参事。
④ 董显光，时任国民党中央宣传部副部长。
⑤ 本篇为英文。卡斯托瓦尔（Acarstwallee），时任墨西哥驻华公使馆代办。

以及阁下关于我和墨西哥人民的表述。

我饶有兴趣地阅读了阁下从墨西哥寄来的剪报，这些在自己国家发生的事情读起来真令人高兴。祝贺阁下作的精彩演讲——尤其是阁下用西班牙语发表的演讲。在评论阁下在外交部的成就时，阁下认识的、在智利多年的张亨利先生（张公权），对阁下在墨西哥待了不到两年就能说西班牙语的能力表示钦佩。我已经把阁下的演讲稿翻译好并发给了媒体，这些演讲稿对中国公众来说很有价值。

兹向阁下寄去两份剪报：一份关于庆祝联合国日；另一份是墨西哥政府在贵国进入抗日战争七周年之际所表达的敬意。这两篇文章都发表在本地所有的报纸上。

蒋委员长和第一夫人就职国民政府主席典礼后，于下午举行了招待会。我有幸参加。主席和夫人看起来很高兴，很健康。招待会在国民政府大楼举行。大楼装饰着"双十"的两个字架，大厅里聚集了所有外国军事使团和外交官，气氛庄严肃穆。这一简朴的行为反映了当下重庆盛行的民主精神，也给仪式增添了一丝优雅。想必阁下有兴趣知道，外交部长宋子文先生再度掌权，但听说他不打算在这个位置上太久。当这种情况发生时，事情又会回到通常的状态，即吴国桢先生将担任外交部常务次长。不知道阁下是否听说，张亨利已经从外交部美洲司司长调任驻葡萄牙公使。张忠绂先生接替了他的位置。最近的另一个变化是张道藩先生被提名海外部长。我听到一些消息，说他是第一个担任该职位的部长，而且他不是广东人，贵国政府可能会有其他的人事变动。众所周知，委员长卸任的行政院院长一职还空缺，许多人被和此空缺联系在了一起，如陈立夫、宋子文等。

我在中国越久，就越喜欢中国人民，也越觉得我的工作有趣。我正在学习贵国国语和方言。我寄给阁下两份剪报，其中有我在 7 月 7 日对军队的演讲和 7 月 20 日在人民对外关系协会晚宴上的演讲,晚宴在国民党总部举行,由吴铁城将军主持。这些演讲表达了我对贵国人民的真诚感情和钦佩之情。

请继续给我邮寄阁下认为有助于我工作的剪报和文章。同样,只要有机会,我也会向阁下发有关的剪报。

衷心祝福阁下,祝事业成功,身体健康。

卡斯托瓦尔敬上

附:麻烦阁下寄关于墨西哥文学运动的书或者述评给我,谢谢。

魏道明致程天固①
（1943 年 10 月 23 日）

亲爱的程先生:

很荣幸向阁下介绍陈亦先生,他是我们最杰出的青年记者之一。陈先生代表中国新闻社前往墨西哥城。如果阁下能向他表达善意,并提供一切必要的帮助,我将不胜感激。

向阁下致以最诚挚的问候

魏道明谨启

夏晋麟致程天固②
（1943 年 10 月 26 日）

尊敬的程大使:

我荣幸地转达董显光博士给阁下的信息:"中央宣传部立即

---

① 本篇为英文。
② 本篇为英文。

按照阁下的要求在墨西哥开设办事处。陈亦先生正从纽约赶来主持工作,期待与阁下密切合作。"

致以友好的问候。

中国新闻社社长夏晋麟谨呈

何凤山复程天固①
(1944年4月22日)

天固公使先生赐鉴:

接奉二月一日惠书,欣悉贤劳卓著,至为钦颂!弟自奉命到司服务,勉尽棉〔绵〕力,谬承奖饰,愧何敢当!窃以本司职掌情报与宣传,非与外馆密取联系,难收实效。最近本部为求对外宣传逐步进展起见,分电外馆将上年度宣传工作及费用报告暨本年度宣传计划与预算呈部,乃遵总裁手订行政三联制(设计、执行、考核)之指示,希望外馆检讨既往,策划将来,求内外声气之沟通,谋表里合作之增进。现奉交下贵馆呈文(五三八〇号),藉稔宣传工作获收良效,曷胜敬佩。除奉准宣传费续发,经本部另行电达外,关于以后宣传情报工作应如何推进扩展,尚祈随时赐教为祷。专此。敬颂勋祺。

何凤山敬上
三十三年四月廿二日

兰德尔·高尔德致程天固②
(1944年6月14日)

亲爱的程先生:

---

① 何凤山,时任国民政府外交部情报司司长。
② 本篇为英文。兰德尔·高尔德(Randall Could),美国来华记者,时任上海《大美晚报》主编。

我们共同的朋友阿瑟·达夫（Arthur Duff）昨天提到了阁下，他建议我再去墨西哥城时拜访阁下。虽然我在1941年去过墨西哥城，但近期恐怕没有这种令人愉悦的机会。我现在只能满足于向阁下致以达夫先生和我本人最美好的祝愿，并在我们报纸付印后，立即向阁下寄去最新的版本。

我不想打扰一个忙碌的人，但我想禀告阁下，我们很乐意从阁下那获取任何消息，并将竭尽全力为阁下服务。毫无疑问，咱们有许多共同的朋友。

阁下可以从所附报纸的重庆版了解我们的情况，几个月前我还在贵国首都，那是我第四次前往。

致以最美好的祝愿。

主编　兰德尔·高尔德谨呈

孔祥熙致程天固①

（1944年8月27日）

亲爱的程大使：

很高兴再次晤面，我喜欢和阁下谈话。感谢惠赐的墨西哥精美皮制手提箱，感激阁下的体贴周到。

阁下同意帮我带几封信去里约热内卢，现随函附上一封邮件，恳请转交孔夫人。

应巴西政府邀请，我拟在返国途中前往访问，届时有幸再次会晤。

阁下抵达巴西时可能要应付各种费用，随函附上一张1000美元的支票，望笑纳。

---

① 本篇为英文。

衷心祝您工作顺利。

孔祥熙谨启

米莉莎·科犹斯复程天固①

(1944年9月15日)

亲爱的程天固先生：

非常感谢阁下7月4日的来信。很高兴知道我拥有如此的挚友。

我遵照从前的许诺，将拙著寄给阁下，希望阁下喜欢。我有一个愿望：如果中国人民真的如阁下所说那样喜欢我，阁下能否安排人将其翻译成中文，如此贵国民众就可以看到这本书。也许它能帮助别人取得成功。还有，不知能否在里约热内卢出版？我可以支付翻译费用，并与销售商签订协议。

如阁下想给我写信，请寄往：

查尔斯·L. 瓦格纳，纽约州纽约市第五大道511号。

期待再次会晤。

米莉莎·科犹斯谨呈

程天固致阿道夫·A. 伯利②

(1945年4月13日)

尊敬的大使：

惊悉贵国伟大的弗兰克林·德拉诺·罗斯福总统溘逝凶耗，无比震惊。他的去世不仅是美国人民的损失，也是所有热爱和平的人民或世界的损失。

---

① 本篇为英文。米莉莎·科犹斯（Miliza Korjus），波兰籍女高音歌唱家。
② 本篇为英文。阿道夫·A. 伯利（Adolf A. Berle），时任美国驻巴西大使。

中国人民是罗斯福先生的崇拜者，没有他，纳粹主义的邪恶势力可能仍然横行无忌，文明必然遭受进一步摧残。

历史上没有一个人为人类做了这么多工作，而罗斯福先生却为此奉献了自己的生命。

他在这个世界如此需要他的时刻去世，实在令人难过。亲爱的大使，我与阁下的心都沉浸在噩耗中，请接受我深切的同情和真诚的哀悼。

谨呈

阿道夫·A. 伯利复程天固①
（1945年4月13日）

亲爱的大使先生：

接到阁下今天如此周到吊唁罗斯福总统不幸逝世的来函，我以个人和使馆全体职员的名义深表谢意。这对我们所有人来说都是一个巨大的打击，但总统的政策和崇高理想将长期持续下去，并为建设一个更美好的世界作出贡献。我对此充满希望和信心。

亲爱的大使先生，请接受我对阁下周到、友好来函的深切谢意及我个人对阁下的崇高敬意。

阿道夫谨呈

程天固致米莉莎·科犹斯②
（1945年4月28日）

亲爱的科犹斯小姐：

很高兴收到您最近的来信。

---

① 本篇为英文。
② 本篇为英文。

希望能尽快收到大作。您是在世界享有盛名的伟大艺术家，您的人生理想一定令人感兴趣。

一旦收到大作，我就会知道向我国公众推荐的最佳方法。除了夏季炎热外，里约热内卢是一个非常美丽的城市。上个月，我差点被比纽约更热的气温击倒。

希望有一天能在纽约再次见到您。

请让我们保持联系，有空时给我写信。祝您健康、快乐。

谨呈

孔祥熙致程天固①

（1945年5月1日）

尊敬的程大使：

我已收到4月5日的来信，感谢及时告知阁下在巴西的工作情况。

我饶有兴趣地读到，阁下发现乌拉圭是对我国及其领导人谣言的滋生地之一，阁下正在尽最大努力抵制这种颠覆活动。衷心希望阁下的努力取得圆满成功，希望巴西人民更好地了解我国。

我在哈克尼斯医院接受治疗已经两个多月了。期间经历了两次大手术。虽然现在感觉好多了，但还是很虚弱。医生建议我在恢复活动之前先休息一下。

致以最诚挚的问候。

孔祥熙谨启

---

① 本篇为英文。

李骏致程天固

（1945 年 5 月 2 日）

天固大使勋鉴：

睽违光仪后，一路托庇，于三月二十六日安抵陪都，四月十一日亦即接任礼宾司长之职矣。① 此次道出巴京，诸承照顾，云情高谊，感谢无既。至嘱带药品，惟果兄份曾赶在渠出国前面交，其身体康健业已恢复。所余各份均面托令亲晓生兄②代为转交。请海滨先生③注意事，亦拜托令亲转达，似较妥善。驻外各大使薪勤及公费详情，已向会计处抄得一份，兹特随函附奉，呈祈接洽是幸。专此鸣谢。顺请勋绥。

弟李骏拜启
五月二日

程天固致伊格纳西奥·阿泽维多·杜阿马拉尔④

（1946 年 1 月 30 日）

伊格纳西奥·阿泽维多·杜阿马拉尔阁下：

我荣幸收到阁下 23 日来信，获悉巴西大学决定授予我"荣誉博士"学位。

感谢贵校和阁下给予我的荣誉。事实上，这不仅是个人的，也是敝国的荣誉。

---

① 据 1945 年 4 月 13 日《大公报（重庆）》第二版报道："外交部欧洲司司长梁龙已调任驻瑞士公使，所遗欧洲司司长一职由礼宾司司长吴南如调任。礼宾司司长一缺，则由新近回国之前驻秘鲁公使李骏继任。"结合信末落款，断定该信时间为 1945 年 5 月 2 日。

② 李晓生，程天固内兄，曾任南京国民政府铨叙部政务次长。

③ 邹鲁，字海滨，时任国立中山大学校长。

④ 本篇为英文。伊格纳西奥·阿泽维多·杜阿马拉尔（Ignácio M. Azevedo do Amaral），时任巴西大学校长。

一旦我们两国签署新的文化条约（也许近期有望完成），我们就可以开始更好地了解和深入发展中巴两国人民的文化和文明。

相信在这项对人类和平影响深远的重要工作中，阁下一定会给予我支持和帮助。

再次感谢阁下和贵校给予我的巨大荣誉，并借此机会向阁下表达崇高敬意。

中国大使程天固谨呈

周诒春复程天固
（1946年5月21日）

天固吾兄大使勋鉴：

正切驰思，忽捧朵云，欣谂节旌移驻，懋绩益进，快慰奚似。弟谬掌农林，正值胜利复员，言念艰巨，良用惕惶。① 辱承言贺，弥切汗颜，惟祈时赐教言，匡其不逮，无任幸企。所嘱华侨回国农垦及计划开发琼崖各节，甚佩卓识，已交主管部份，分别研究策划，容再复闻。专此。祇颂勋祺。

弟周诒春敬复
五月廿一日

附：
程天固在驻墨西哥大使馆媒体招待会上的发言②
（1940年1月9日）

各报社代表就日本侵略现状提出了询问。可以说，日本侵华

---

① 据1945年8月25日《大公报（重庆）》第三版报道："新任农林部长周诒春昨晨由蓉抵渝，定下月一日到部视事。"结合信末落款，酌定该信时间为1946年5月21日。

② 本篇为英文。1939年至1940年，程天固以国民政府外交部顾问身份巡视驻外使馆。

是历史上最明目张胆、规模最大的扩张事件，理应受到全世界的强烈谴责。《巴黎公约》和《华盛顿九国条约》缔约国谴责日本违反上述国际公约，国际联盟谴责日本肆意践踏国际法。世界上有责任感的政治家和国际组织的文件都明确阐述了正义和人道的原则。这些都表明，虽然世界其他地区的武装侵略正在升级，减弱了东方冲突的关注度，但中国不断获得全世界的同情和友好国家的物质支援。

当日本军国主义者在1937年7月7日发动战争时，他们计划在3至6个月内征服中国。但是正如目前的事实所证，这场大规模的战争已经持续了超过两年半，并没有很快结束的迹象。中国没有像一些观察家认为的那样，是一个和平且缺乏军事准备、正在逐渐衰弱的国家，反而在战场上，以及在各行各业，特别是与战时经济有直接关系的行业中彰显出新的力量和信心。我们有数百万已接受一年多严格训练的新兵，积极参战的部队人数也已增加了两倍。在抗战所必需的物资和装备方面，中国从来没有像今天这样自给自足，尽管一些必要物资还要依赖外国。

如果我们要指出一个最能说明她新的实力和信心的基础，毫无疑问，那就是民族团结。在过去的四十五年里，特别是自1915年日本将"二十一条"强加给中国以来，民族团结和民族主义精神逐渐发展起来，但从没有发展到如今这样的巨大规模。今天，全中国人民坚定地支持他们的政府和领袖，愿意为实现国家的自由而承受任何苦难。我们正以坚毅和决心继续战斗，并准备抗战到底。也许经过数年战争后，最后的胜利还不会到来，但是无论付出多大的牺牲，它都必须实现，因为中国人民除了竭尽全力坚持抗战之外，别无选择。支持民主政体原则和民族独立的国家可以从中国人民沉重打击侵略者士气的事实中感到欣慰。侵略者已经付出了一百多万人的伤亡，同时国库负担不断增加并走向枯竭，这一事实应该至少可以让他们清醒下。

尽管中国政府完全清楚，在1938年9月30日国际联盟理事会通过的报告中，有关于"中国在与侵略者的英勇斗争中，有权得到国际联盟其他成员的同情和援助"的规定，但她丝毫没有忽视在战时基础上重组和进一步发展国民经济。事实上，中国这两年半来蓬勃的经济发展，是另一个与民族团结几乎同等重要的因素。

由于侵华不是日本全体人民的意志，所谓"中国事变"正在迅速耗尽日本的国家资源，以致日本几乎到了崩溃的边缘，日本军国主义者急于扭转事态。由于认识到早日结束战争的可能性不大，他们寄望于建立傀儡政府，并说服全世界相信建立伪政府是中国人民的自发行为，战争将很快结束。从北平、南京和其它沦陷区政权破产的事实判断，这个日本政府最近宣称很快就会建立起来的伪政权陷入停滞的原因是显而易见的。日本向世界和日本人民歪曲战争的真相已经够久了，不可能再继续下去了。

我愿借此机会声明，中国政府和中国人民高度赞赏墨西哥政府和墨西哥人民自侵略战争爆发以来对中国的同情和道义支持。墨西哥政治家和国际联盟代表已明确表态反对国际扩张，同情受害国。

程天固向墨西哥总统呈递国书时的致辞①
（1941年6月17日）

总统先生：

---

① 本篇为英文。该件未注明时间。据1941年7月8日《大公报（香港）》报道，程天固于当年6月17日上午11时在墨西哥总统府呈递国书，故确定该件时间为1941年6月17日。

我荣幸地向阁下呈递中华民国国民政府关于委任我为驻墨西哥共和国特命全权公使国书,以及我的前任谭绍华博士的召回书。谭博士已被调任他职。

中墨关系源远流长。大家可能还记得,我的同胞是最早移民到贵国定居的群体之一。通过他们,两国在文化和商业方面的联系大大加强了。

因此,加强我们两国之间最亲密的关系,全面增进两国的诸多共同利益,将是我最大的荣幸,也是我最高的职责。在此过程中,我衷心希望始终与总统阁下和墨西哥政府合作。

借此机会祝愿总统先生身体健康,墨西哥共和国繁荣昌盛。

程天固与墨西哥总统谈话①

(1941年6月17日)

时间:1941年6月17日上午11时
地点:总统办公室,墨西哥国家宫
陪同:外交部长和礼宾司司长,后者负责翻译。

按照惯例打招呼之后
公使:总统先生,我愿借此机会转达我国政府主席林森先生和蒋介石委员长对阁下的亲切问候,并祝愿墨西哥共和国繁荣昌盛。

总统:非常感谢。同时我也非常高兴地委托您向贵国最高领导人蒋介石委员长表示我最崇高的敬意。他领导贵国人民对外国侵略进行了四年英勇的抵抗。公使先生,请向贵国政府主席和委员长转达我的问候和敬意。

---

① 本篇为英文。

公使：我会的。总统先生，我关注到墨西哥在阁下及政府卓越的领导下，在国内和国际上都进入了一个新时代，我看到了贵国生活方方面面的进步和繁荣，感到由衷的钦佩。

总统：感谢阁下对敝国的高度评价。坦率地告诉阁下，墨西哥多年来一直有内乱和革命，只是在过去的最近几年，我们才成功地实现了国家的统一。

公使：总统先生，中国人民能够理解阁下这种坦率的表达，因为我们有完全相同的经历。但是，现在我们团结起来了，我们团结起来面对外国的侵略，我们成功地抵抗了四年的侵略，我们有信心取得最后的胜利。毋庸置疑，中国的胜利符合所有民主国家的利益。

总统：我很高兴听到您这么说。我们相信中国会胜利，战后她会成为一个强大的国家。墨西哥也是一个民主国家，请相信，我们同情并衷心支持贵国的民族解放事业。我还要向阁下保证将真诚地合作，共同努力完成阁下在墨西哥的使命。

公使：我的最高职责是促进中墨两国几百年来友好相处的传统友谊。我已下定决心，为了两国人民的共同利益，在驻节贵国期间将全力以赴巩固这一悠久的纽带。在阁下的鼓励和合作下，我对我外交使命的成功充满信心。我要感谢阁下此次的接见，并保证将永远为您服务。

公使向总统介绍了随行秘书后辞行。

考察钢铁厂迁建委员会报告两篇

吴　顺 整理

　　说明：钢铁厂迁建委员会（简称钢迁会）是抗战时期由军政部兵工署与经济部资源委员会合办的国营钢铁企业，在大后方钢铁工业中占有举足轻重的地位。本篇收录有关钢迁会的考察报告两件。第一篇《钢铁厂迁建委员会考察报告书》，作者为国民政府国防最高委员会所属党政工作考核委员会政务组，完成于1941年8月；第二篇《钢铁厂迁建委员会考察报告》，完成时间为1942年7月，作者为李彭龄。李彭龄，广东新会人，1934年毕业于南开大学政治系，先后在南开大学经济研究所、经济部资源委员会、地政学院等从事经济调查研究工作。1942年李彭龄以资源委员会专员奉派赴美实习工矿管理（1943年4月抵美），行前于1942年6月22日至7月3日赴钢迁会考察企业管理状况，并撰写本篇考察报告。两篇报告时间不一，视角不同，可互为补充，不仅对于钢迁会研究有重要价值，而且对于深入全面了解和研究战时后方工矿企业具体运作中存在的问题和面临的诸多困难，也颇具参考价值。原件分藏于中国台湾地区"国史馆"和中国第二历史档案馆。

整理者：吴顺，浙江省宁波市象山县委宣传部办公室干部。

一　钢铁厂迁建委员会考察报告书[①]

党政工作考核委员会政务组

（一）创办经过

甲、搬运器材

钢铁厂迁建委员会自民国二十七年初奉命拆迁汉口钢铁厂250吨之炼铁炉，是年三月开始拆卸。嗣恐将来原料接济困难，乃由兵工署另购进六河沟公司100吨炼铁炉1座，同时拆卸运川，连原有器材共10余万吨。惟以时局紧张，运输工具缺乏，由汉阳运出者仅37000余吨。又以川河水急滩险，沿途失吉，到川者只31000余吨。查器材中每件有重量二三十吨者，川江轮船大者载重不过600吨，小者仅数十吨，而15吨之器材仅"民元"、"民本"始能装运，超过15吨者需装驳船，用轮拖带，因兹辗转驳运，费时颇多。十一月汉口失陷，宜昌吃紧，乃抢运入川，存放三斗坪、巴东、巫山、万县等转运站。迄二十九年春，始将存储各地之器材运到厂址，开始重建。此搬运器材之大概情形也。

乙、厂址建筑

二十七年寻勘新厂厂址于扬子江畔重庆上游20公里之大渡口，并进行测量、征地，修建临行办公室、职员宿舍、材料房栅，以作迁川员工及重要器材之用。二十八年着手建筑全部厂房、码头、轻便铁道，安排交通路线，并引水、给水、泄水及土石方工程。是年计开工土石方26万余公方。建筑工程完成者，

[①] 该报告于1941年8月上呈蒋介石。

有运输码头、引水码头、沉殿池、耐火砖厂、临时修理房、20吨炼铁炉、发电房、20吨炉混凝土底脚及炉架、铸铁场厂房、100吨炉混凝土底脚、铸铁场石垱墙及厂房等。二十九年完成者有铁路旱桥、500吨水塔、交流发电厂凉水池、100吨炼炉凉水池、打水机房、引水导沟、给水导沟、出水导沟、交流发电厂锅炉房、给水机房、换流变压机房、钢料构造厂、钢条厂、锅炉房、车辘厂、炼钢厂、修造厂、机器工厂、钩钉厂及防空伪装等工程。

（二）组织系统

甲、本会组织

该会组织由经济部资源委员会与军政部兵工署合办，设委员7人。

主任委员：杨继曾（现任兵工署制造司司长）。

副主任委员：张连科（原任上海炼钢厂厂长）。

委员：杨公兆、恽震、程义法、严恩棫、胡霨。

其组织系统表如后：

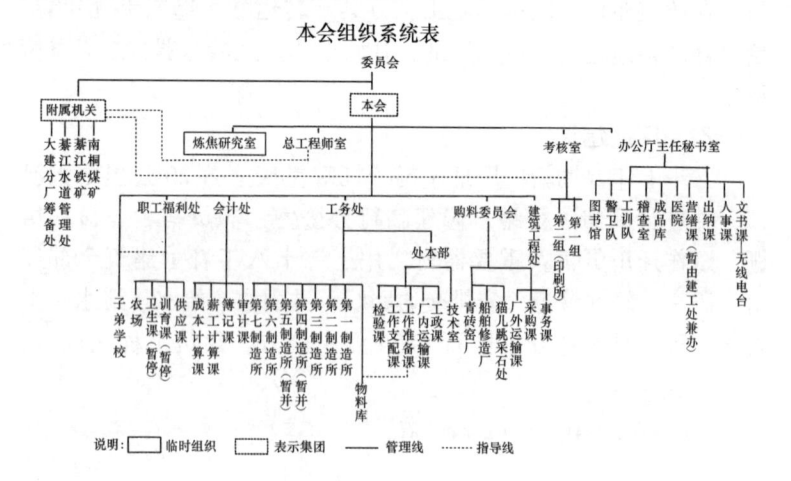

本会暨各附属机关主管人员名单

职别	姓名	备注
主任委员	杨继曾	
副主任委员	张连科	
委员	杨公兆	
	恽　震	
	程义法	
	严恩棫	
	胡　霨	
主任秘书	李仲蕃	
总工程师室总工程师	翁德銮	
考核室主任	柴九思	
工务处处长	翁德銮	总工程师兼
建筑工程处处长	黄显灏	
会计处处长	赵苍严	
职工福利处处长	周元成	
购料委员会常务委员	童致诚	
南桐煤矿矿长	侯德均	
綦江铁矿矿长	黄典华	
綦江水道运输管理处处长	李仲蕃	暂由本会主任秘书兼
大建分厂筹备处处长	王拓洲	

钢铁厂迁建委员会各部三十年四月份工人人数一览表

部别	技术工	普通工	艺徒	共计	备考
第一制造厂	117	185		302	动力厂
第二制造厂	76	183		259	炼铁厂
第三制造厂	89	102		191	炼钢厂
第四制造厂	41	85		126	轧钢厂
第五制造厂	18	5		23	钩钉厂
第六制造厂	91	293		384	耐火材料厂
第七制造厂	223	203	13	439	钢材构造厂、机器修理厂
厂内运输课	94	1364		1458	
技术室	2	2		4	
工政课	13			13	
物料库	29	60		89	
检验课		14	5	19	
厂外运输课	348	204		552	
驻渝办事处		10		10	
职工福利处	20	271		291	
采石处	55			55	
会计处		3		3	
文书课		2		2	
成品库	9			9	

续表

部别	技术工	普通工	艺徒	共计	备考
建筑工程处	45			45	
考核室印刷所	18	12		30	
农场	42	54		96	
青砖场	7	3		10	
总计	1337	3055	18	4410	

乙、南桐煤矿组织（附表）

该矿五月底止在职员司计共147人，工人计共4391名，总共员工4538人。

南桐煤组织系统表

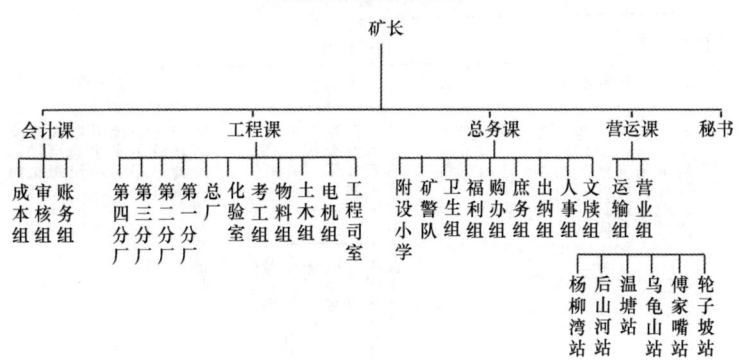

```
                          矿长
   ┌────────┬────────────┬───────────────┬────────┬──────┐
 会计课    工程课        总务课         营运课   秘书
  │         │             │               │
 ┌┴┐   ┌──┬──┬──┬──┬──┬──┐  ┌──┬──┬──┬──┬──┬──┬──┐  ┌──┬──┐
 成审账  第第第第总化考物土电工  附矿卫福购庶出人文  运营
 本核务  四三二一厂验工料木机程  设警生利办务纳事牍  输业
 组组组  分分分分  室料组组组组司  小队组组组组组组组  组组
        厂厂厂厂              室  学
                                      杨后温乌傅轮
                                      柳山塘龟家子
                                      湾河站嘴坡
                                      站站  站站站
```

丙、綦江铁矿（附表）

钢铁厂迁建委员会綦江铁矿组织系统表

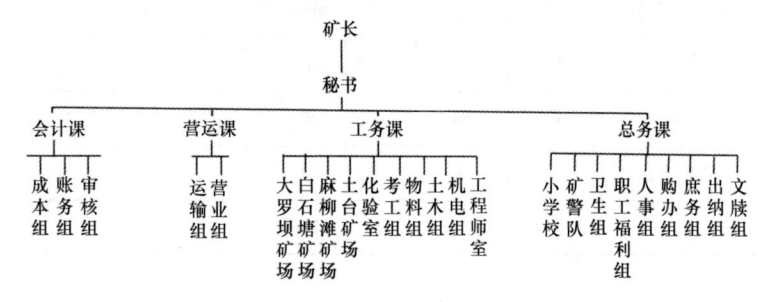

```
                        矿长
                         │
                        秘书
    ┌────────┬──────────┼──────────────────┬──────────┐
  会计课    营运课              工务课                总务课
 ┌─┼─┐    ┌─┼─┐   ┌──┬──┬──┬──┬──┬──┬──┬──┐  ┌─┬─┬─┬─┬─┬─┬─┬─┐
 成 账 审  运 营    大 白 麻 土 化 考 土 机 工  小 矿 卫 职 人 庶 出 文
 本 务 核  输 业    罗 石 柳 料 验 物 木 电 程  学 警 生 工 事 务 纳 牍
 组 组 组  组 组    坝 塘 滩 场 室 矿 组 组 师  校 队 福 组 办 组 组 组
                   矿 矿 矿       场          室        利    公
                   场 场 场                            组    组
```

本矿现有职员 117 名，工人 247 名。

丁、水道运输管理处（附表）

綦江水道运输管理处组织表

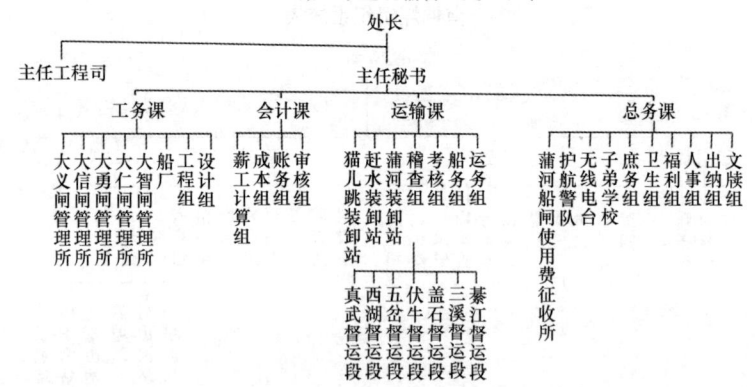

```
                              处长
           ┌───────────────────┴──────────────┐
        主任工程司                          主任秘书
                    ┌────────────┬─────────────┬──────────────┐
                  工务课        会计课        运输课          总务课
         ┌──┬──┬──┬──┐     ┌─┬─┬─┐  ┌──┬──┬──┬──┬──┬──┐  ┌──┬──┬──┬──┬──┬──┬──┬──┐
         大 大 大 船 设     薪 成 账 审  猫 赶 蒲 檎 船 运   蒲 护 无 子 庶 卫 福 出 文
         义 信 仁 厂 计     工 本 务 核  儿 水 河 查 务 务   河 航 线 弟 务 生 利 纳 牍
         闸 闸 闸 工 组     计 组 组 组  跳 装 装 卸 组 组   船 警 电 学 组 组 组 组 组
         管 管 管 程         算                卸 卸         闸 队 台 校
         理 理 理                            站 站           使        
         所 所 所                                            用
                                                            费
                                                            征
                                                            收
                                                            所
                         ┌──┬──┬──┬──┐
                         真 西 五 伏 盖 三 綦
                         武 湖 岔 石 溪 江
                         督 督 牛 督 督 督
                         运 运 督 运 运 运
                         段 段 运 段 段 段
                                段
```

附注：一、本处现有职员共 120 名。二、本处现有工人夫役共计 1853 名。

戊、大建分厂（正筹备中）

迁建会拟在大建滩另设一分厂，重建 20 吨炼铁炉，将大渡口现有 20 吨炉之原动力迁移该处，以便接近焦煤产地。现正筹备中。

（三）原有计划与实施概况

甲、原有计划大纲附二十七年度建设计划书

照原来计划，该会应于二十八年度四月份完成码头、铁路、给水、排水、动力厂及炼铁厂全部工程，每日出铁 100 吨。又，应于二十九年度八月完成炼钢厂及一切附属设备，每日炼钢 100 吨。余详该计划书。

乙、工程实施概况

1. 动力厂

由汉口迁来计有大冶交流 1500K.W. 透平发电机 2 座，锅炉 4 座，交流高低压大小马达 30 余只。又，汉阳交流 2000K.W. 透平发电机全套，直流 400K.W. 蒸气发电机 2 座，直流 500K.W. 蒸气发电机 1 座，锅炉 11 座，400K.W. 换流机 4 座，大小直流马达 200 余只，汉阳鼓风机 3 座，蒸气鼓风机 3 座。以上皆动力厂之重要机器。二十七年办理运输及新厂地土石工程，并无动力之建设。二十八年为另建 20 吨化铁炉，建临时直流发电厂，装 200K.W. 及 400K.W. 蒸气直流发电机各 1 座，锅炉 3 座，以供鼓风造砖及其他动力之用。二十八年五月兴工，是年底完工，20 吨铁炉二十九年三月出铁，所需动力皆赖于此。本年一月锅炉损坏，迄三月份始行恢复，前后计发电 44 万度，供给马达 20 余只。现在正赶建中之交流发电厂，计有 1500K.W. 透平发电机 2 座，锅炉 7 座，供给炼钢、轧钢及其他直流马达之 400K.W. 换流机之用。其他 500 吨水塔、打水房、江边进水机房、水管等，于本年二月兴工，八九月份可以完成。

2. 炼铁厂

100 吨炼铁炉二十八年春开始装置，二十九年铁工工程全部完成。惟高白式热风炉因缺乏火砖（按：汉口运来火砖失吉2000 余吨），延至本年三月，由该会自行制造，同时开始砌筑，业于今年五月完成。现正在整理各部机件，约于八九月间可以出铁。至于 20 吨炼铁炉，在二十八年春因 100 吨铁炉一时不能开炼，为求迅速出铁起见，临时设计建造，二十九年三月一日开炉，计产铁 3000 余吨。今年一月停工，三月二十二日重行开炼，目前每日可出铁 20 吨。现查 20 吨炉未能达到预计产量原因：（一）鼓风机风量不足；（二）焦炭含硫灰太高；（三）铁矿含杂质亦多；（四）热风炉温度较低。以上原因如不能改进，将来 100 吨炉出铁之时亦恐不能达到预计之生产量。

3. 炼钢厂

该所内部设施计有 10 吨碱性平炉 2 座，煤气炉 4 座，吨半碱性电炉 1 座，储热式甘埚炉 1 座，立式汽炉 2 座，碎石机 1 部，磨砂机 1 部，30 吨及 3 吨电吊车各 1 部，三吨半柏赛麦炉 1 座，鼓风储热式坩埚炉各 1 座，四吨半熔铁炉 4 座，烘模房 1 座，退火炉 1 座。该厂建筑尚未全部完竣。现正装配各种炉座及修造机件，平炉铁件已完 1 座，鼓风式坩埚炉五月份安装完竣，煤气炉装竣 2 座，电炉熔铁炉正安装中，烘模房退火炉尚在开掘地脚。本部全部工程如材料不感缺乏，年底或可完成。

4. 轧钢厂

轧钢部份分为三组，即钢条厂、钢轨厂、钢板厂。钢条厂内部设施计有 500 米厘直径二重轧辊，及 390 米厘直径三重轧辊轧钢机各 2 座，300 米厘直径三重轧辊轧钢机 4 座，由 400 马力双气缸卧式蒸汽机交换带动之。另有热锯机、冷剪机、鱼尾板剪机、剪钢头机各 1 座，均用蒸汽转动。

其他整理成品者，设有冷却床 3 座，专供成品冷却之用；15 吨连续式再热炉 2 座，附设煤汽发生炉、强力通风机及螺旋式上料机全套附近［件］。该厂高处设 30 吨循环水柜 1 座，备供轧辊轴及再热炉冷却之需。轧钢机顶上装有自造 3 吨手拉走动吊车 1 部，备起重之用。

其他尚有汽炉房及车辘房等。该厂工作因厂房一度被炸，建筑工程以致延迟，原有工人患病者多，乃由第五制造所调来大部分工人，始将修配工作大部就绪，预计今年底可以全部完成。

钢轨厂、钢板厂由汉口运来之机器亦甚多，照原计划设置于钢条厂附近，因疏散关系，另行择地建设，现正进行土石方工作，短期内恐难实现。

5. 钩钉厂

钩钉厂原系临时设在第二十四工厂附近，该厂两遭狂炸，所受影响甚巨。二十九年七月，奉命拆迁运回大渡口，另行择地建设，现厂房正进行中。

6. 耐火材料厂

该厂分烘泥、熟料、磨细、分筛、配料、制坯、烧砖等部门。设备方面有烘泥房 2 所、熟料窑 1 座、碎石机 1 部、磨细机 1 部、分筛机 2 部、配料房 1 所、干湿和料机各 1 部、自动压砖机 1 部、手压砖 3 部、烘坯房 7 所、倒焰式方窑 1 座、圆窑 2 座。上项设备均已于二十九年春季完成，同年五月开始出品，每日可产出火砖 10 吨，资料［质量］尚佳，耐热 1700 度之谱，专供给汽锅炉、炼铁炉、高白式热风炉及炼钢炉之用。所用原料系滑石六成、矸子土四成，皆出南川崇林沟一带。每月需用原料 360 吨，均由南桐煤矿代办之。

7. 钢材构造厂

该厂建筑已于本年二月完成，现正安装机械中。

8. 机器修理厂

现正建筑中，今年底或可完成。

（四）运输现状

查钢铁事业系一种重工业，所需原料为数至巨。兹就100吨炉开工以后及其他全部所需原料之重量分析如左：

100吨炉每日出铁60吨：一、矿砂160吨，二、焦炭100吨，三、石灰石80吨，四、锰矿5吨，共计345吨。原动力及炼钢厂共需：烟煤300吨。其他如20吨炉及耐火材料、建造材料等之需100余吨，约共计800吨。若以各项材料来路之不一致，水道有枯涨之分，一切设施如求充裕，应以1000吨为率。

目前运输机构计分三处：一为厂外运输课，属于购料委员会；一为厂内运输课，属于工务课；一为綦江水道运输管理处，为直属大会之附属机关。

甲、厂内运输课

材料原料运抵厂区码头，即由工务处之厂内运输课起卸上岸，并转送至用料各处。现在设有斜坡轨道4条，每日起卸平均量尚不到200吨，以致河边物料有经常积压之情况。六月初旬尚有4000吨未能起卸，船只停用，空耗开支。七月份有吊杆囤船之设备，有此机械能力，或有相当辅助，但对于每日500吨以上起卸能力，是否能达到，诚属疑问。

乙、厂外运输课

自江口以至于厂区，属于购料委员会厂外运输课之管辖范围。该段因系大河运输，尚无困难。目前上游有船约150只，每只平均可装40吨，自厂区至江口往返，连起卸、过档在内，须时7日，故平均运量每日可800吨，必要时尚可增加船只。此外尚有汽轮4艘，及木船50只，专运砖瓦水泥及在重庆市面与国外采购所得之各项材料、机器等，每日约有60余吨，尚属应付裕如。

丙、綦江水道运输管理处（附水道运输图）

该处负綦江水道整个运输之责任。

一、由赶水站经大信闸、大严闸，经三溪到江口。此线专运綦江铁矿之矿砂。

二、由蒲河站经大仁、大智、大勇三水闸到三溪，后到江口。此线专运南桐煤矿之烟煤、焦炭、滑石、矸子土等。

查该处控制船只能力如下：

一、大舢板公船有227只，能载16吨，因水浅关系只能装5吨。

二、小舢板公船有56只，能载6吨，因水浅只能装3吨。

三、柳叶公船有40只，能装7吨，现只装4吨。

四、綦江商船350只，能装20吨，现只装8吨。

五、柳叶商船263只，能装6吨，现只装4吨。

照最近整个计划，二、三、五号船共约300只，全用在赶水线，每日希望走两次，每日或可到80吨。一、四号船只共570支，每日希望到90吨。

现在又赶制柳叶船200只。据考察人亲到三溪下游造船观察所得，七月份或可完成100只。其余100支材料、经费均生问题，尚有损坏船只正待修理者约数十只。

据此情形，短期内水道管理处运输能力经整理后，若能每日平均达到250吨，已属最大之成绩。

（五）原料之来源

甲、綦江铁矿（附属迁建会）

矿砂来源采自綦江土台场、麻柳滩、白石塘等处。二十七年已将綦江铁矿区划归国营，民营铁厂矿砂仍归该矿供给。同年三月开始筹备，八月接收矿区，先以包采制开掘，其后在麻柳滩开辟平硐，在土台开辟直井，至二十九年三月一日正式改为綦江铁矿，地址设麻柳滩。

麻柳滩，有平硐20余个，矿工600余人，土木、养路、运输杂工亦六七百人。现在每日可出矿砂70吨，农闲之时雇工较易，产量可增至100余吨。

土台场，有直井3个，最深者达60公尺。每井皆有斜坑，工人由此背运出口（此处矿工及杂工共约700人，每日可出矿砂50吨）。现谋增加出产，拟装设原动力，但此部机械拆自大冶铁矿，匆促迁移，遗失颇多。又因环境所限，配置安装颇不容易，即使完成后，所需燃料等项亦不易接济。此项建议难于实现。

现拟在教化沟底开凿平洞，一端伸入矿层，一端修筑轻便支路，衔接至小鱼沱，如此可减省动力之困难，且可资泄水，并可避免大坡道之意外。此计划尚在拟议中。

麻柳滩距赶水计8公里，土台场距麻柳滩计6.5公里，皆自筑有宽60生的之铁路。用人力推运，每车可装矿砂1吨。由麻柳滩到赶水一小时可达，回程需一时半，中有叉道回避，每日担任100吨之运输尚不成问题。惟由土台场到麻柳滩，因差高200余公尺，筑有大斜道，坡高几40度，用人绞车，经常运输恐不免发生困难。

白石塘，用包采制，计有矿工100余人，每日可出矿砂二三十吨。由河道到赶水，距 8 公里。

以上三处，开采至今，已出矿砂 126000 余吨，运往迁建会者 24000 余吨，销售于当地土炉者有 5 万吨。除选耗、运耗外，现积存 2 万余吨。

矿区甚广，矿量亦丰，出产量供给迁建会及民营铁厂用尚不成问题。矿砂成分不等，大约低者 35%，高者约 50%。该矿经济全恃建设费及售砂收入两项。建设费在二十八年度额定为 100 万元，二十九年度 60 万元，三十年度为 250 万元。迄今领到者为 300 万元，而实际该矿已完成建设如铁道、房屋、机器安装、井工设施等所耗费用，实已超过所领之数。凡此皆以售砂价为之挹注，计有 200 余万元。民营铁厂原有 60 余家，现因钢铁统制，规定价额不足成本，亏折过巨而停业者已有 20 余家，售砂之数日益减少。又因水道运输未能解决，不但迁建会所需矿砂发生问题，而所存矿砂不能变成现金，产量有不能增加之苦，经费开支捉襟见肘，工作进行为之顿挫。

又以设施大部利用人力，目前生活高涨，经济所限，待遇不能提高，人工不易招致，此皆该矿之困难。现在为解决经济之困难起见，拟请迁建会于出井或运到赶水时按吨付价，以资周转。

乙、南桐煤矿

钢铁厂中用煤可分为三种：一、炼焦用煤，二、炼钢厂煤气发生炉用煤，三、动力厂用煤。

以上三种，以炼焦用煤与煤质之关系最为严重，其量亦最多，炼钢用煤次之，动力用煤又次之。川省煤田分布甚广，大约分二叠纪及侏罗纪二种。该会在綦江、南川、桐梓交界之桃子荡附近设南桐煤矿，开采二叠纪煤。该矿区有 4000 余万吨之煤量，以年产 70 万吨计，可供 60 余年之开采，惟硫质、焦质颇有问题。

该矿二十七年度开始采煤，除改用土窑 2 座外，并新设 3 厂，开直流井 5 个。兹分述如左：

一、王家坝称第一分厂，二、傅家嘴称第二分厂，三、新厂地设总厂。现有土窑 2 座：1. 在王家坝，系收置土窑，从事修整，又另辟斜坡路以达地表，装手摇车，现每日产煤约 100 吨。2. 在总厂，经另辟平巷，排水改善，运道现长 700 公尺，每日产煤 50 吨。

第一分厂一号直井以动力及排水设备不完，凿深至 35 公尺后停工。第二号直井亦因动力及排水设备两感不足，自开工后旋停旋作者数次，今年四月凿深至 50 公尺发现大连炭，每日产煤 80 吨。

第二分厂第三号井于二十七年十一月开工，亦因水量过大，排水设备不完，向下开凿极感困难，遂于 38 公尺处开穿石门，以期早日采煤。二十八年十一月起开始采矿，最近以上层煤藏无多，乃将直井继续深凿，已达 67 公尺，辟有平巷，采煤每日产量 100 余吨。第四号有一井，亦因动力排水等问题未能解决，于凿深至 20 公尺后未能复工。

总厂第五号直井因动力排水等设备不足，凿深 36 公尺后未能复工。

炼焦设备：南桐煤矿含硫量达 2.5%，现用土法洗炼，先用煤筛（筛眼为 8 公厘）筛过，次则采用个旧锡砂淘洗法，洗后仍有硫 1.7% 之多。炼焦炉则兼用圆形、方形土法。现已制有煤筛三十余部，洗煤池 16 座，每座日可洗得净煤 30 吨。长方形炼焦炉 90 座，圆形炼焦炉 30 座，现每日产焦约 70 吨。查用煤 100 吨，经筛洗后可炼焦 20 吨，所余烟煤 57 吨，可供他用。该矿为改进洗筛工作，现计划制造 50 吨筛煤机及五吨洗煤机各一部。

运输设备：自第一分厂至蒲河镇筑有轻便路道17公里，路基宽2公尺，轨距6公寸。因铁轨不易购置，有用三角铁及木轨代替者，颇不整齐。车辆载重1吨，箱以木制，用人力推送。现有车辆250余部，每日可运130吨。

动力设备：自汉阳拆迁兰克希式锅炉九部，并拨用六河沟铁厂管子锅炉四部，总计动力约2000马力，现已安装使用中者不及半数，其余尚在修配装理中。因动力不足，以改［致］一、四、五号直井皆不能复工，而现在开工之第二号直井打风抽水时成困难。

年来施工之困难：原有计划以每日产煤1000吨为率，至今产量不过300余吨。其所以然者：一、人工招致不易；二、材料购置、零件补充皆成问题；三、运输不能畅达，资金不能周转；四、百物昂贵，成本提高，几难维持。

丙、其他原料

石灰石：石灰石为炼铁必需之熔滓剂。在大渡口上游猫儿峡处相距约20里，该会设有猫跳采石处，属于购料委员会。因产量甚丰，运输亦便，颇不成问题。

锰矿：化铁炼钢所需之锰矿为量不多，借用以补充铁矿内所含锰质之不足，每年需2000余吨。湖南湘潭方面有公司开采，成分40%余。该会新购汽车10辆（现在仰光，尚未运到），专作是项运输工具。又，涪陵长宁县亦有锰矿，尚在调查中。其他如镁石、白云石等材料，正设法解决之。初期开炼尚有由汉运来之存货可足支持。

（六）预算与现在经济概状

甲、预算

二十七年度三月到二十八年度六月之预算1000万元：

一、钢铁厂本会迁建费 728 万元；

二、綦江铁矿经费 100 万元；

三、南桐煤矿经费 100 万元；

四、水道改善费 72 万元。

二十八年因未完工，追加迁建费 1400 万元：

一、本会 1255 万元；

二、綦江铁矿 60 万元；

三、南桐煤矿 80 万元；

四、水道改善费 50 万元。

乙、现在经济情况

据该会自二十七年起至本年四月底，现金支出共达约 5000 万元。又据该会现在每月开支至少需 400 万元。以此推计，截至七月，全部预算用尽无余。

（七）考察意见

甲、划分系统

查该会合组初意以兵工所需属于军政部，煤铁开采属于经济部，以两部之技术合作，共同创办，在理论上自颇适当。今就事实上考察，第一严重问题即运输未能合理解决，煤铁已先钢铁厂生产，原料产品呆滞，致两矿经济难于维持。为争取时间完成目的计，仍以划分系统，分担负责。以钢铁厂直属于兵工署，綦江铁矿、南桐煤矿直接属于经济部为宜，其理由如下：

1. 该会组织庞大，机构不严，以本身之督饬尤虞不给，而以远隔数十公里之煤铁两矿，受其指挥管理，实难收效。

2. 綦江矿砂、南桐焦炭藏量甚丰，若由经济部办理，除供给迁建委员会外，尚可售销其他国营、民营各厂，藉此可以维持其本身经济之独立。

3. 查綦江水道渠化工程之经费向属于经济部，若将煤铁两矿划归管理，则自能就产量之需要而谋运输之增进，庶渠化工程或可早日完成（渠化工程计划另详綦江水道工程考察书）。

4. 该会所需煤铁改由经济部供给，水道运输亦由经济部同时负责，就目前水道运输之能力，以决定暂时供给原料之数量，其不足之数，该会尽可另谋其他解决途径。经查南桐煤质硫化均重，化铁炼钢俱不适宜，如能采用嘉陵江及永隆一带之良质焦炭，不但减少綦江水运输之重负，更可改进生铁品质，一举两得，实为要图。

乙、确定合理运输

查该厂100吨炉完成后，所需之原料材料，以现在之运输力量不能供给需要，其遭受之困难如下：

1. 厂内运输课所设之码头，起卸每日应担任800吨之能力，以现在设备最高度只能起卸200吨。

2. 綦江水道运输，每日应担任500吨之能力，现在平均仍不及200吨。

查第一项问题，若提前设法补充，稍假时日，即可解决。第二项问题，就目前水道运输情形，因綦江河床限制，船只添置不易，船夫补充困难。即使加以整理，增强运量，尚相差60%以上，供给亦属有限，成为最严重之问题。该会遂有改建铁路之计划。查阅该计划内容，系由钢铁厂南岸之珞璜场起点，经五岔以达三溪为终点，建筑标准轨铁路，计长80公里。就原则上言，运输问题似可解决，而事实上则环境、时间、经济皆所不许。兹分述如下：

时间缓不济急。路基工程，根据该会计划书，估计约有土方300余万公立方、石方200余公立方。假设动员土石工人4万人，加紧工作，需时一年半。又，涵洞、木桥、车轨一切设备亦需时一年半，在开工前之准备设施亦需相当时间。若无天时、人事意外之阻碍，非三年以上不能完成。

路面材料困难。路面材料，如钢轨、火车头、电话、信号等设备，约需各种各色钢材六七千吨以上，假使该厂能够自给，亦非短期所能如数办到，况在抗战紧急关头，交通困难之时。该厂出品亦宜用于国防急需，以符迁建之原则，断不能以此宝贵之出品，用以解决60吨产量之运输问题也。况铁路未成，原料不济，何由生产？如能生产，何需铁路？揆诸情理，似有矛盾。

路线未达产场。该路计划以三溪为终点。查矿砂在赶水，距三溪尚有40余公里；焦煤在蒲河，亦距三溪20余公里。由产场运至三溪均仍仰给于水运，而铁路运输仅局部之设置，整个问题仍未合理彻底解决。

经济庞大。该路经费，根据该会本年3月所拟之工程概算，已达8500万元。目前物价激增，该项数字已成过去，照现在生活指数，恐非1万万元以上不可，而钢轨、火车头、拖车、行车设备等尚不在内。姑就现在最低钢价估计，全路经费约需3万万元以上，况战时物价变动甚剧，实难预算是否影响政府抗建预算成案。另一问题，而该路之使用价值，尤应详加考虑。

增加起卸困难。该路由产场运至三溪装车到达珞璜场后，再用船只驳运北岸钢铁厂。与水运比较，须多两次提转，起卸时间与经济皆有缺憾。该厂对于铁路之计划，似应建议于三年以前，而厂址则不应位于北岸者明矣。

上述各点关于时间、价值、物力、经济各项条件俱不具备，故认为有放弃该项计划之必要。兹建议如下：

A. 暂时办法

加强水道运输。仅就已成木船，加强调度，改善船工待遇，使尽量发挥其运输可能之效率。

减少运输负荷。照划分系统办法，所需焦煤之一部份，改用嘉陵江及其他处所产者。运输负荷既已减轻，则调整自有办法。

B. 永久办法

确定綦江水道全部渠化。铁道建议既如上述，该会之运输问题，即应确定綦江水道全部渠化。该计划之优点分述如下：

1. 时间缩短。建筑渠化工程较建筑铁路，时间缩短 1/2。

2. 经费减少。渠化工程与铁路工程比较，所需经费不过 1/3，而材料全系就地采用，不受限制。

3. 运量增加。全部完成每日可运 2000 吨，并可直达钢铁厂，无中途提转、起卸、消耗之困难。

4. 不受空袭限制。木船运输不但疏散【容易】，在空袭时亦无停滞之虞，水闸纵遭轰炸，修复亦易。

综上各点，与铁路相较，优劣自明。綦江全部水道渠化完成后，不但该会运输问题完全解决，而每个水闸之水力皆可利用设置动力，运输、燃料、动力，三者俱备，綦河沿岸必一跃而为工业区域，国营、民营可尽量发展。惟渠化工程因铁路建议而未加紧进行，深觉歉然耳。

备注：渠化工程计划请参阅《綦江水道工程考察书》。

丙、改进钢铁厂计划书

查阅该会二十七【年】计划书，关于钢铁厂址之决定，殊费研究。照通常一般工厂选择厂址之原则，以原料之供给与运输交通为必要条件，该项决定忽于此也，致演成今日之运输严重问题。当时有建议设于三溪者，惜未采用。况该厂迁建在抗战之时，空防问题尤未顾及，厂房密集，目标显著，虽有伪装之设，仍觉可虑。设若不幸毁及重要部份，修配困难，耗财力、人力固不足计，而影响于抗建尤为重要。兹建议改进如下：

A. 铁之生产

100吨炉完成后之冶铁计划。现值夏季，綦江水位正高，应赶紧加强木船运输，尽量运集原料，待至冬季炉工完成、空袭减少，即可根据运量供给产生成品。

在原料场附件添设小炉。现正计划筹备之大建分厂应加紧进行，更应另添建10吨以下小型冶炉数座，既可增加出品，设若100吨炉遭受空袭阻滞，亦不致断绝出品。

改进土窑，补助生产。现在綦江方面因营业不振，停工之土窑甚多，不妨予以经济之援助、技术之指导，使其复工，亦系增加生产之办法。

B. 钢之生产

炼钢炉应使绝对安全。炼钢部份重于铁炉，该厂空防对于炼钢炉应使其绝对安全。查炼钢房正建筑中，而钢炉尚未安设，为谋安全计，正宜凿洞安设，以保不虞。其他附属设备及器械，亦应尽其保护能力，万一遭受损失，补充亦易，期望不致影响生产进行。

综上各点，仅就个人所及，略具原则，应如何改进，则有待于专门之精确设计也。

丁、调整人事

迁建工作较新建尤难，该会组织庞大，工作艰巨，主其事者非躬亲督率，应［非］脚到、眼到、手到不足以克服巨艰而达预定之目的。查技术人员大多来自大冶、汉阳、上海各炼钢厂，其中技术优良、经验宏富者颇不乏人。但缺乏联系，意见纷歧，工作散漫，此为初创时可能之现象。而杨主任委员学识俱优，办事勤能，专任其事自胜任，惜已任兵工署重职，每周仅到会一次，时间匆促，以致全部工作不能洞澈，遇有困难，不能立决，每因一部之问题而影响全局之进度。此其施工计划迟缓之原因也。该会待决问题尚多，应予以有效之调整，以达预定之目的。

谨建议原则如下：

1. 该会如照划分系统办法，则钢铁厂组织单纯，应责成专任。
2. 严谨各级机构，增强效率。
3. 甄别能力，裁汰冗员，平均劳逸，提高待遇。

综上贡献原则，本属空泛，应如何调整，请主管机关详加考虑之。

二　钢铁厂迁建委员会考察报告

李彭龄

窃职奉派考察钢铁厂迁建委员会，以为赴美实习工矿管理之准备，经于六月二十二日出发，七月三日事毕返会。原定计划以业务统计及推销制度为范围，嗣以该会组织概况、生产效率及当前各项主要问题，颇多值得注意之处，因亦略为涉及。兹谨合并报告如次：

（一）组织系统

该会自二十七年二月成立，迄今已逾四年，因建设阶段之不同与事业之日趋庞大，组织屡有变更。现行组织系统系于三十年十二月十六日修订施行，据称尚未十分确定，稍迟方能呈报备案。该会组织概况，本会遂迄今仍无案可稽。兹将其组织系统表列如次，以供参考：

现行组织。委员会之内部分设总工程师办公处、工务处、建设工程处、购置处、秘书处、会计处、职工福利等七处，处之下分课或分部。此外，复根据实际需要，附设其他机构，如物料库、警卫队等。课或部之下，再行分组办事。至于外部组织，计有十四个单位，或为工厂，或为矿场，或为运输机构，或为训练机关，或为办事处所，性质颇为复杂。查本会三十年九月间公布之《附属机关组织修正通则》规定，甲种工厂内部分设总务、工务、业务、会计四处，处下分课、分股办事；外部则得设分厂。凡有分厂之甲种工厂，其内部组织殆具有总管理处之性质。该会现行组织系统，内外部权责之划分，原则上与本会通案相同。惟内部所设各处，除工务、会计两处外，与通案不尽一致。第一，其特设之秘书处，权责相当于本会甲种厂之秘书处及总务处，但员工福利事宜非划归此总务机构，而单独设处主管。第二，该会推销业务简单，由工务、会计两处兼理，无业务处之设置，通常由业务处主管之购置事务，因而另设购置处掌理。第三，该厂规模宏大，又尚在营业兼创业期间，建筑工程颇多，因特设建筑工程处，以专责成。第四，本会通案仅规定甲种厂得设总工程师。该会为求组织之划一，设置总工程师办公处。

表一　　　　　　钢铁厂迁建委员会组织系统表

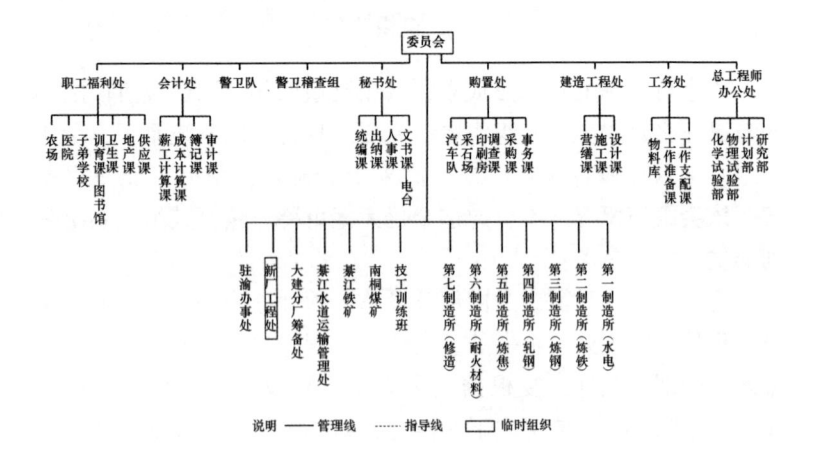

[组织系统图：委员会下设职工福利处、会计处、警卫队、警卫稽查组、秘书处、购置处、建造工程处、工务处、总工程师办公处。

职工福利处下设：医院、农场、训育课子弟学校、卫生课图书馆、地产课、供应课；
会计处下设：薪工计算课、成本计算课、簿记课、审计课；
秘书处下设：出纳统编课、人事课、文书课、电台；
购置处下设：汽车队、采石场、印刷调查购房课、采购课、事务课；
建造工程处下设：营缮课、施工计算课、设计课；
工务处下设：物料库、工作支配课、工作准备课；
总工程师办公处下设：研究部、计划部、物理试验部、化学试验部。

临时组织：驻渝办事处、新厂工程处、大建分厂筹备处、綦江水道运输管理处、南桐煤矿、綦江铁矿、技工训练班、第七制造所（修造）、第六制造所（耐火材料）、第五制造所（炼焦）、第四制造所（轧钢）、第三制造所（炼钢）、第二制造所（炼铁）、第一制造所（水电）

说明　——管理线　……指导线　□临时组织]

是项组织系统虽未能与本会通案完全符合，但在权责划分与隶属关系上，已较该会旧有组织有显著之进步。缘此次改订以前，其7个制造所与南桐煤矿、綦江铁矿等，虽同属外部组织，但隶属关系并不一致，煤铁两矿直隶该会，7个制造所则隶属于该会工程处。多此一种承转机关，办事手续已病其增繁；而各所主持人员在工程界之资历，与工程处长大致相同，尾大不掉之弊尤所难免，过去建设及生产工作坐是颇有延误。修正组织系统，将各制造所直接改隶该会，其地位与煤铁两矿完全相同，减少承转手续，提高各所主持人员之地位，以往由此而发生之弊端当可纠正。

(二) 业务统计

甲、统计机构隶属关系

该会业务统计工作，现由工务处工作支配课、工作准备课、秘书处人事课、会计处簿记课、成本计算课等分别主办。至于综编工作，如对本会之工作电报、工作月报等，则由工作支配课兼理。该课之主要职掌，原为编造工作命令，目前之所以以办理统计为主，或有两种原因：其一为现有业务统计内容仍以生产方面为主，工务处为执掌生产管理之机构，工作支配课担任生产管理之一部分工作，关系比较直接；其二为工务处现有两课中，工作准备课因兼掌厂内运输，事务最繁。工作支配课因生产管理尚未尽上轨道，一部分零星制造工作，颇多由各所自动进行，并非全部依照固定程序，等待命令，而生铁、钢料等系由兵工署大批饬造，每月需要填发之工作命令并不甚多。就目前情形而论，工作实属颇有余闲。

生产管理如能切实推行，工作支配课本身之工作实甚繁剧，而业务统计之范围如尽量扩大，则就工作性质而言，亦殊非该课之所能负担。该会有见及此，现行组织系统于秘书处之下设统编课，掌理统计编辑事宜。据主任秘书童致诚报告，本年年底将可成立。以言其法律上之地位，盖系全会之中心统计机构。查秘书处因文书之集中处理，与会内各部分均有密切联系，由其办理统计，关于资料之征集，似尚有相当之便利。

乙、业务统计之内容

该会现有业务统计，虽大体上已包括：一生产、二营业、三运输、四员工等多方面，但每一方面已有之统计种类及其内容皆极简单。

在生产方面：仅由工作支配课办理煤铁两矿及该会各种产品之产量统计、炼铁炉原料消耗统计、全会物料收发统计等三种。关于产量统计，兼作实际产量与计划产量之比较。关于原料消耗，按月作生铁每单位产量消耗原料之分析。物料收发统计，仅包括焦、煤、铁矿、锰矿、石灰石五者之旧存、新收、发出、结存等项。其余物料之与炼铁无关者，暂时尚无年度之统计，且仅二十九年度曾办理一次，物料收发虽按日皆有月报，但二十九年以后即未见续编之全年统计发表。

在营业方面：现有之统计尤为简单，仅会计处编制一种成品解缴明细表，自三十年起附于年度决算报告之内。主要目的在示明兵工署定货（即饬造）量值及已交、未交定货量值之比较。

在运输方面：由工作支配课及工作准备课分别办理，后开三种统计：

一、綦江水道运输管理处承运各项原料统计；

二、工务处工作准备课物料运输统计；

三、钢铁厂迁建委员会暨綦江水道运输管理处运量统计。

第一种统计綦江水道运输管理处在猫儿跳接运煤焦、铁砂、毛砂、生板铁、火泥、滑石等之数量，藉以示明主要来源地之原料供给情形。第二种统计工作准备课自河下起运到厂，及在厂内转运物料之数量，目的在示明每月运输到厂可供利用之原料数量。第三种统计运到河下及起运到厂之数量，目的在比较两者每月之差额，藉以显示起卸之效率。该会过去最严重之问题厥为运输困难①，故对此方面之统计特别注意。

在员工方面：由秘书处人事课办理工人及职员进退统计，统计事项包括各部分各类员工进退及月底止在职人数。此外，并由工务处工作支配课办理三附属机关（綦江铁矿、南桐煤矿、綦江水道运输管理处）职工人数、薪资统计，并附经费收支。财务与员工统计并列，内容未免驳杂。同一事项由不同之部分办理，彼此又无相当联络，遂发生支离破碎之弊。工作支配课之统计对象为十四附属机关中之一部分。人事课之统计包括该会内部各部分及工作支配课统计之三机关以外各附属单位，亦未能综其全体。由此关系，总管机构内部员工若干，附属机关全体员工若干，内外各部员工总数若干，遂无法随时稽考。

以上为该会用供管理上参考之统计，除成品解缴一种外，其余皆系分年分月经常办理。此外，该会前购料委员会曾办理主要物料采购量值、采石处生产成本、文书处理效率等项统计，均截至三十年十月以前为止，系属该会结束报告之性质，并非经常办理之统计。至于遵照本会通案呈报之种种业务、财务、员工统计，其详细内容，参见月报及电报，不必细赘。

过去该会所办业务统计，不论用供内部参考，或向本会呈报，在内容上均不无若干缺点：种类单纯，在管理上需要殷切之其他统计，未能一一办理，此其一；综合之分析，如产销之比较，产量与员工之比例等，尚鲜办理，此其二；已办之统计，内

---

① 原注：详见下文第六节。

容亦间或稍欠完备，如呈送本会工作月报中之业务报告，生铁以外，即向未统计产值，此其三；材料根据，未尽确实，例如产量系根据《成品解缴单》统计，而据工作支配课课长朱恩明报告，各所每月所出之产品，遇超过当月之计划产量时，为预防下月生产不足，成绩表现不良，间或未必全数照解，而留存若干，以待下月再缴。以解缴单为根据而统计之结果，各种产品产量，遂间或未能代表真实情形，此其四。

业务统计内容之所以有上述种种缺点，主要原因约有四端：关于业务统计方案尚无整个之设计。统计之目的何在，统计事项应包括若干，材料来源应如何决定，凡此等等，关系统计整齐划一及其实用之程度者至大，该会尚迄未筹拟及之，此其一；统计既未集中办理，不同之主管部分复缺乏联络，同时又无详备之方案以为各部分办理之准则，此其二；主管各部分之统计人员过少，且或无专掌之人，人选亦未能尽皆适当。工作支配课办理统计者仅有三人，工作准备课及人事课仅各一人，会计处方面则系附带办理，无专司是项工作之人员。在成本会计制度草创之初，会计事务已应付不暇，该处自无余力办理精详之统计。至于人选方面，因目前一般公务人员流动性过大，该会办理统计人员皆为课员及课员以下阶级，待遇又胥属甚低，无从获得适当之人手。工作支配课之三人中，其一仅属初中毕业，且已往向无统计经验。据朱课长报告，此等新进人员，又往往于稍为熟练之时，即易受外界之吸引，匆匆求去，此其三；生产管理、工人管理、物料管理、会计制度等尚未尽上轨道，各项有关报表之性质较为重要者，如工作命令、工人工资清单、成本汇记表等等，大抵均未能依式依时编制，材料根据至不完备，此其四。

(三) 推销制度

该会由兵工署与本会合资经营,为供应兵工署经办各兵工厂之原料而设,因由兵工署主办,所有成品现均援用各兵工厂之定制,缴解兵工署集中支配,绝不向一般市场销售。将来钢板钢轨厂完成后,其出品是否外销,届时当由兵工署另行决定。故就目前而论,推销制度实与通常工厂不同,与本会主办各厂相较,亦迥然有别。而其唯一特点,则为方法之固定与制度之简单。兹可分推销机构及其职权、成品解缴程序与价格厘定及货物清单三点叙述之:

甲、推销机构及其职权

查一般工厂关于成品之推销,大抵系专设机构负责办理,本会甲、乙、丙各种厂亦有业务处或业务课之设置。该厂则因成品按照固定手续缴解兵工署,关于如何决定销货政策,如何发展业务,如何督导各地推销人员等等,普通工厂销货部分所必需特别或经常办理之事务,无须一一筹及,故并未依照本会附属机构组织通则设立业务处。销货业务,系分别由工务处与会计处兼理之。

工务处在此方面之职掌,一为接受定货,通知有关各所制造,二为保管成品,三为办理交货手续。会计处之职掌,则为估报单价及清算价款。

乙、成品解缴程序

兵工署为该会之主管机关,向该会定货不称"定货",而名曰"饬造",由署根据该会生产能力,对该会各种出品随时发出"饬造命令"。命令之内容至为简单,大抵仅记明饬造数量,间或按照上次或他厂同一产品之价格,规定单价。该会于奉到饬造命令后,即由工务处依照规定数量,编制"工作命令",经由工作准备课会核,准备材料,最后经主任委员核定,交由有关制造所制造。

制造所于制品完成时,一次或分批填具"成品缴库单"一式四份，将成品送交工务处物料库验收。物料库将成品收讫，缴库单盖章后，一存该库，一送成本计算课，一呈工务处转工作支配课，一退缴库部分。查通常大工厂关于物料与成品之保管，多采划分制度。材料与生产工作关系密切，大抵系归设计或工作准备部分保管。成品则由销货部分管理。盖两者收发之程序不尽相同，分别保管，当可较为清晰。然该会因无业务处之组织，故暂时由物料库附带保管。

兵工署为该会之上级机关，故对该署交货称为"解缴"。物料库汇集各所缴库之成品，一次或分批拨交兵工署指定之领收机关（大都为兵工署所属之各兵工厂）。兵工署填发领发回单三联，发单一联颁与该会，遵将饬造之制品拨发与本单列之机关；领单二联，其一由受货之机关持向该会提货后存查，另由受货机关于收货后呈署备案。同时，该会交货后，亦即编制"解缴单"五联，一联由成品库存查，一联送会计处记账，一联送工务处，二联呈兵工署备案，其一由制造司会计课据以登账，另一由该司核料课据与领受机关之领单核对。核数目相符后，即由署发给备案令，作为收货之凭证。

丙、价格厘定与货款清算

该会成品售价，系由兵工署核定。事先由该会根据原料、工人、制造费用等三项对成本预作估计。在呈核前大都系事先将估定成本与署方负责人员预洽，认为无甚问题，方行正式备办手续，故大致甚少核减。即偶有核减，亦以畸零之数为限，例如生铁每吨5200元核为5000元是。

成本估计，系会计处成本计算课负责。估计标准，因成本项目而异。直接原料之计价，采用"先入先出法"，直接人工计算比较简单，如能根据上月之成本记录，则以上月为标准，否则亦可采用较接近月份之数字。制造费用之分摊，颇费手续，该会成本会计制度草创之始，计算尤为费时，故迄本年五月份止，仍以上年十二月份之数字为估计之基数，而对物价上涨之因素，则一并加以考虑。据成本计算课长杨胜惠报告，本年五月份制造费用系按上年十二月份之一倍估计。

生铁解缴单价，上年580、605、638等号饬造命令为3000元，639号饬造命令为4000元。本年五月份增至5000元。六月份增至6000元，但迄公毕离开该会时，尚未核定。该会大炉生产，消费原料及人工既较节省，而焦煤、铁矿等主要原料又系过去之存料居多，故估定之售价虽较市价为廉，仍有相当利润。据会计处长杨君雅报告，过去每吨价格，系约按获利500元估计。以每月出铁1500吨计算，盈利月计约达70万元之谱。

钢料之价格，则以该会出钢尚少，暂时系按照第二十三兵工厂钢品成本核定。六月份每吨为16000元，与市价相去固远，据称亦在该会目前成本之下云。

至于货款清算制度，对该会资金周转颇为有利。兵工署发出每一饬造命令后，可立即根据规定或该会估报之单价计算货价，预先垫发一部分。垫发成数之高低，依该会之财政状况，随时商定。迨每一饬造命令之定货交足后，即行清算，补发垫付以外之余额。

（四）设备及出产情形

甲、主要设备概况

该会煤铁两矿设于桐梓与綦江，冶炼及制造部分设于重庆大渡口，计分7个制造所：第一制造所供给水电，第二制造所炼铁，第三制造所炼钢，第四制造所轧钢，第五制造所炼焦，第六制造所烧制耐火材料，第七制造所从事修造。其主要设备分列如左：

第一所有拔伯葛炉7座，1500千瓦交流发电机2套，400及200千瓦直流发电机各1套。直流机系于二十七年内装竣，供临时发电之用。1500千瓦交流机则上年方安装完竣，先行以1套供电。是项大机供电后，最初装设之直流机即行停用。关于给水设备，有水塔1座，抽水机5座，1座用电力，其余用汽力，能力大小不同。所有机件，均系分别自汉阳炼钢厂、大冶铁厂及六河沟炼铁厂分别拆迁而来。

第二所现有20吨及100吨炼铁炉各1座，均附有热风炉4座，及鼓风房1所。100吨炼炉之鼓风房置有鼓风机3座，平常只用2座，其一备不时之需。此外，附有简单之修理设备。除鼓风设备视20吨炉为优越外，上料以机械代替人工，尤为生产效率较高之原因。计有45马力上料机2具，装料用上料车法，建一上料桥于炼炉之后，桥为钢制，上有钢轨，桥下有坑，为上料车降落之处，于此容受自手车倾下之原料，由上料机提之上升至炉顶，倾倒于炼炉之内。此100吨炉及其一切附属设备，均拆迁自六河沟炼铁厂。至于开炉日期，20吨炉早在二十九年三月，100吨炉则始自三十年十一月七日。

第三制造所设有10吨平炉2座，3.5吨贝士麦炉2座，1.5吨及3吨电炉各1座，鼓风式坩埚白云石炉及4.5吨熔铁炉各1座。现代炼钢所用之种种方法，该会殆可谓应有尽有。惟迄现在为止，已装成者仅1.5吨电炉1座，10.5吨平炉两座。1.5吨电炉于上年十一月开始冶炼，10吨平炉之第一号于本年七月六日开炉。此外，熔铁炉亦已于本年一月开始铸铁。

第四制造所之小型轧钢设备于上年年底装竣，本年一月开机，现有设备能力每日仅约10吨，可以轧制钢条、轻磅钢轨。至于自汉阳炼钢厂拆迁之大机，每日可轧钢板、钢轨400至500吨，现正建筑厂房，准备安装。良以炼钢设备尚未全部完成，安装过早，殊无必需也。

第五所之副产炼焦炉正建造中，希望于本年年底完成。是项炼炉在国内尚属首创,故第一步仅先建15吨炉,以资试办。该所预留扩充地基颇多,一旦开炉成功,即可继续扩增设备。

第六所之主要设备有研磨机、炼泥机、制砖机及窑炉等。窑炉计有倒焰窑及圆窑各2座。圆窑每月可烧制3次,每座每次75吨;倒焰窑其一每月亦可烧制3次,每次40吨;另一每月可烧制4次,每次25吨。所有机件,亦系迁自汉阳,故已异常陈旧。自二十九年十二月起,已开始烧制耐火材料。

第七所之主要设备,计有车床、刨床、钻床、铣床等工具机,系前第三兵工厂及汉阳钢铁厂旧物,在重庆附近而论,可谓为尚属完备。此外,另有20吨电吊车2具,以供起重之用。自二十九年九月起,业已开始制造兵工器材。

乙、生产情形

该会第一制造所供电打水,以应炼钢制铁及全会各部分电力、电灯之需要。第二制造所出产之生铁,以含磷稍高,电炉原料殊不相宜,平炉开炼后,将可部分消用。第三制造所出产之钢锭,全部由第四制造所用以轧制钢料。第五制造所将来冶炼之焦炭,系用供第二所之燃料。第六制造所烧制之耐火材料,大部分系供应建筑或翻修炼铁、炼钢及炼焦炉之需要。第七制造所除为兵工署制造兵工器材外,经常为其他各所从事修造工作。全会各所之间,互相配合,极力联系,迁建工作进行颇为迅速,主要产品之生产情形,因有显著之进步。据表二所示,二十九年至三十一年各年间,生铁及钢锭之每月平均产量均递有增加。钢料本年开始轧制以来,各月产量亦大致呈上涨之趋势。锉刀及耐火材料,就每月平均而言,各年亦有显著之进步。惟兵工器材一项,历年逐渐增产,此纯因其他各所业务发达,内部修造工作增繁之关系,就整个事业而言,决非退步之表征。

（五）工作效率

甲、开工停工状况

该会主要产品产量虽呈进步之趋势，但主要设备之运用状况则并不十分良好。由表三观察，本年七月上旬以前业已运用之各所主要设备，间或暂时闲置，或在修理中者，其余大抵亦只能局部开工，产量除100吨炼铁炉外，且无一能超过最高能力50%。

乙、原料消耗率

该会主要出品计有多种，炼钢厂各炼炉全部建成，钢轨钢板厂大机装竣后，当以钢品为最重要，但目前则以生铁为最大宗之产品。且生铁冶炼所用原料之种类及品质，亦较齐一，便于前后各期之比较，故仅就100吨炉及20吨炉出铁每吨之原料消耗率，稍加分析，列如表四。就20吨炉及100吨炉之本身而言，各月原料消耗量增减不一，在开炉以来之短期间内，尚未有显著之进步表现。然如就20吨炉与100吨炉两者用料作一比较，则大炉实大为节省。小炉三十年度有若干月份用料数量甚高，八月份且高至焦炭8.231吨，生铁3.222吨，固部分由于空袭频仍，停炉过多（见表五）之关系；但机械设备较简，焦炭燃烧不如大炉之完全，炉渣视大炉为多，则为技术上之根本原因。

大炉原料消耗率虽视小炉为低，但未能尽皆符合一般之标准。盖通常出生铁1吨，约需铁砂2吨，焦炭1吨，石灰石0.25吨①。马鞍山钢铁厂计划，据外人与实业部初次会同计算，每生铁1吨，仅需铁砂1.5吨，焦炭0.9吨，石灰石0.5吨，锰矿0.06吨。即就实业部自行估计之原料用料推算，亦不过铁砂1.8吨，焦炭1.3吨，石灰石0.6吨，锰矿0.06吨。

---

① 原注：见 Eimmerman, *World Resources and Industries*, p. 647。

丙、每 1 吨铁所需之员工人数

查广东建设厅委托 Arthun G. Mekee D Co. 设计之广东钢铁厂，系以美国之 Davison Coke and Iron Co. 为范型，计划中之员工与产量比例尚相当切实。其化铁炉每日产量为 275 吨，与化铁炉有关各部分之员工总数 548 人。工作开始时因尚未熟练关系，人数约须增加 50%，即约共 822 人，生铁产量与员工之比例为 1∶3。汉阳钢铁厂方面，据前该厂工程师现任该会第一制造所工程师王文富君报告，民国七、八年营业全盛时代，自行炼铁制钢，每日出铁约 500 吨，轧钢 400 吨，工人 3000 余人，职员四五百，共约 4000 之谱，生铁产量与员工之比例，亦不过 1∶8（如能将炼钢部分员工剔除，尚不及此数）。至于钢铁厂迁建委员会，如就本年一月份之情形观察，职员 671 人，工人 4848 人。其中包括炼钢、轧钢及耐火材料、兵工器材制造等部分工人约 1500 人，应予剔除。又运输工人 1747 名，数目颇大，完全由于起卸及厂内运输未能完全机械化之关系。兹假定该会亦可用机械设备代替，而将此大宗之运输工人并予除去，则与炼铁关系比较密切之员工共约 2362 人。是月平均日产生铁 65.70 吨，是生铁产量与员工之比例为 1∶36。高出计划中之广东钢铁厂 12 倍，与汉阳钢铁厂相较，亦超出 4 倍以上。至于钢之产量与员工之比例，以该会目前出钢尚未正常，暂时不便约计。

丁、百吨炼炉产量与六河沟时代之比较

目前主要产品之生铁，虽系利用目前湖北谌家矶六河沟煤铁公司之炼炉冶炼，但如与过去六河沟之产量相较，实瞠乎其后。查该会 100 吨炼炉自上年十一月开炉，迄本年五月底止，平均产量，每日仅 51.62 吨，最高者为本年一月份，不过 61.43 吨，最低之上年十一月份，则降至 38.41 吨。而六河沟炼铁厂，民国十一年至二十一年先后七次开炉期间，总平均每日产量为 74.36

吨，最高之一次达 81 吨，最低之一次为 61.57 吨（见表六），亦在该会大炉开炉以来每日平均产量之上。根据大炉过去出铁记录，最高时每日可达 80 吨。平均产量所以如此其低，主要原因系由于运输困难，原料不足①，不能充量接济。而化铁炉一旦停止冶炼，炉渣凝固于底部，清除须费颇长之时间，为免延误工作，只得减少原料用量，以求维持经常之生产。

（六）运输与原料问题

甲、运输困难

该会需要原料、燃料数量相当巨大，如以本年七月以前各项设备之最大能力为标准，而仅计其由厂外运进之部分，各所大宗原料之每月需要量约为 18360 吨，细数列举如次：

第一所 日需烟煤 40 吨，每月约 1200 吨。

第二所 生铁每吨需焦 1.5 吨，铁矿 2 吨，石灰石 1 吨，共约 4.5 吨。如 100 吨与 20 吨炉全开，日需 540 吨，月需 16200 吨。（此项估计，假定 20 吨炉与百吨炉用料相同，实际上前者用料比较耗费，其数当不止此。）

第三所 1.5 吨电炉按每日出钢 9 吨估计，约需毛铁、生板铁 2 吨，每月约需 330 吨。

第六所 火砖每吨需耐火黏料 1.4 吨，烟煤 0.7 吨，共 2.1 吨，按每月最高产量 300 吨计，约需 630 吨。

过去因厂外厂内运输困难，上项需要未能充量供应。在厂外方面，来自綦江铁矿之铁砂，南桐煤矿之煤焦，及其附近之耐火黏土，虽系顺流而下，然綦江水量不足，滩险颇多，运量有限。近两年半以来，每月最高运量为本年五月，亦不过 1 万吨之谱，

---

① 原注：详见次节。

本年二月仅得 1100 余吨。二十九、三十两年度及本年一至五月之平均运量，仅自 3000 余至 5000 余吨（见表七），以与该会需要数量比较，相差至为辽远。

在厂内方面，现有码头四处，仅一处设有绞车，其余三处既无机械设备，坡度又嫌稍高，人力起卸，至为迟缓。故綦江水运管理处之平均运量虽已甚小，犹不能充量起卸。据表八所示，四年来每月平均卸运到厂之吨量，从未超过 12000 吨，最高者为本年五月份，不过 13367 吨，仍不足以供应各所之最高需要。就本年 6 月份之情形言，该会雇用之起卸工人计抬工 510 人、壮丁及荣誉军人 490 人，包商约 500 人，共约 1500 余人，占全体工人总数 1/4 以上，不可谓不多，然积存河下之物料，最高时竟达 8000 余吨。

乙、原料不足

1. 5 吨电炉因炭精电极不足，时开时停，以致平均产量甚小。然是项电炉宜于冶炼特种钢，熔能不及行将开炼之平炉。该会炼钢将以平炉为主，此项原料短缺，影响要非严重，其关系巨大者，厥为铁矿生产之不足。

该会所需铁砂，全部取自綦江铁矿，二十七年三月即开始经营，现有土台、麻柳滩、白石塘、大罗坝、小矿山等五处矿区，总面积 84614.14 公亩，储量估计约为 1000 万吨，大部集中于土台，业已决定方针，致力于该区之开采。然该矿年来主持者三易其人，据闻新旧人员未能善为联络，上下之间，未能和衷共济，业务殊不甚佳，产量因无起色。每月平均，三十年度不及 2000 吨。本年一至五月平均亦仅 2000 吨（见表九）。查大小两炉同时并开，日需铁砂 7200 吨，仅开大炉，亦月需 6000 吨。然该矿目前产额，即就过去大炉日产生铁 50 吨言之，亦不足充分供应。是以自去年十一月间开炉以来，所用原料，泰半依赖以前小炉开炼用量不多时之储料，存料一旦告罄，即将无以为继。据材料库之登记，截至本年六月三十日止，库存矿砂仅 1000 余吨[①]，照现在每日出铁 50 吨计算，仅能维持十余天。而运输方面，适遇老虎滩水闸损坏，正在修理之中，矿砂下运，多经一道搬滩手续，益为迟缓，故最近恐只得再行减产待料，以免停炉重开，耗费时日。

查 100 吨炼炉甚为陈旧，重装开炉之初，原希望能维持至本年四月为止，乃经过良好，甚少修理，殊出意外。该会为尽量发展业务，确立初基，计划自本年九月起，每日产量增至 90 吨，届时月需矿砂 5400 吨。主任委员杨继曾为此曾两度亲笔函致该矿矿长，勉其赶紧设法。该会工程人员之意见，亦认为铁矿无燃烧窒息等项灾害，即机械设备不能迅速完成，仍照现在方法，纯用人工采选，每日 200 吨之产量，亦当可以达到。然就过去该矿之实际情形观察，其事或不免有相当困难耳。

（七）管理与人事问题

甲、管理上之问题

在工人管理方面，初步观察所得之印象，似颇有失诸松懈之感。该会各所如按主要设备运用之程度言，目前工作效率既不甚佳，而丁兹招工不易之时，虽停工或产额减少，亦不能不将闲冗之工人予以保留。职在该会居留期间，第三所 1.5 吨电炉旬日之内仅因军政部举行大检阅开炉一次，第四所亦非每日轧钢，炉工、机匠之无事优游者，比比皆是，因此而养成怠惰之风气。而该会规定每日工作 11 小时，怠工自所难免。据一所工程师王文富报告，渠某次交修零件一小件，大约需时数分钟即可竣事，而竟日尚未完工。据称凡此之例，不一而足。

[①] 原注：账面为 3556.23 吨，据库长谭家彦报告，六月下旬发出约 1000 吨未予减除，又其中碎砂约 800 吨，并不合用，故可用数额约 1000 余吨。

在物料管理方面，自请购、验收、保管、领料、发料，以至退料，迄目前为止，大都或则效率不甚良好，或则尚未纳于正轨。就请购言，据该会前购料委员会之统计，请款签呈120号之批回，平均需12.2天，时间最长者竟达91天。就验收言，三十年四月至七月60宗材料送验统计，每一送验单验收平均需时15.5天。就保管言，该会工务处之下现设一物料库，为保管及领料、发料便利起见，其下设分库六、支库八（现已成者五处）。表面上系统井然，无碍于物料之集中管理，然夷考其实，则各支库系为保管各所自各处迁来之原有物料及其特别请购之物料而设，由于此种关系，支库所有物料，惟有关之制造所（如第一所之于储存电气材料之支库）方能领用，工作准备课及物料库不得自由支配。其他部分如欲领用，必须进行洽商有关之制造所允准。而自各处移来之原有物料，迄今尚未尽皆清理登记，此等由各支库保管之物料，遂未能为全厂各部分作最妥善之利用。余如领料、退料等方面，或则领料单不依格式随便填写，以致查询费时；或则剩余材料不予退库，使成本之计算不确，材料之统筹难周。

在会计方面，成本会计为现代科学管理之主要工具。然该会重要设备尚未全部完成，年来忙于迁建工作，对于成本制度之树立，无暇及早从事。20吨化铁炉虽于二十九年三月出铁，而迄上年大炉开炉时起，方开始设计进行成本之计算。以前则仅有官厅会计之报销制度。目前初基虽已奠定，但施行未久，有待改进之处颇多。材料收发保管制度既未尽妥善，账项不易整理。一部分工程人员对成本计算之重要又未尽明瞭，不愿积极协助，有关报表之内容，遂难期其准确。在事人员于工作上颇有灰心之表示，良非无因。

至于该会整套会计制度之设计，系以兵工署之兵工会计规程为准则，科目内容、报表种类颇多与本会颁行之重工业建设基金所属机关会计制度不尽相同之处。此则对于本会附属事业会计报表之综编及业务统计之分析，未免颇多不便之处耳。

乙、人事上之问题

该会系合并汉阳钢铁厂、上海炼钢厂、六河沟煤铁公司炼铁厂、大冶铁厂、第三兵工厂等数大厂矿而成，除拆迁各厂矿原有器材外，并尽量引用旧有工程人员，而管理人员，则以兵工署新任者为多，分子复杂，彼此之间畛域之见颇深。主任委员杨继曾身兼数职，每周仅能到厂一次，副主任委员张连科又未能随时调和统驭，各所之间，未能密切合作。第一所所长陈东曾谓："本会之争，彼此类皆痛痒不关！"殆可谓概乎言之矣。

（八）推行中之改进计划

上文所述各项问题，目前要以原料及运输问题为最急切，该会于此因亦最为注意，已在可能范围内积极设法改善，兹分述之如次：

甲、在煤矿两矿附近筹设新厂

綦江水运困难，运输费用极高，就本年五月份言，焦炭每吨350元，运费为260元；矿砂每吨200元，而运费更高至310元。此种情形，迁建之初，原已加以考虑，在理论上以设厂于綦江之三溪为最合宜。但该会自汉西迁之器材，共达25000余吨，最重之件且在20吨以上，经由长江上运，业已费尽周折，在巴东江面因木船失吉而损失之火飞轮一只，经十个月之时间方补配竣事。如再循綦江运至理想之设厂地点，则完成期限，殆属毫无把握。同时，南桐烟煤含硫稍高，须掺合他矿烟煤冶炼焦炭，方称适宜。设厂重庆，可以采运黄丹之煤，以达到此种目的。是以当时决定以大渡口具有深水码头之处为厂址，原以为一面建厂，一面改进綦江水运，以图补救，惟迄今仍未收效。治本之计，莫善于建设新厂于綦江，以求接近原料。是项计划现分两步进行。第一步于上年三月间开始筹设大建分厂于三溪，先建20吨化铁炉1座，本年年底可以完成。根据该会之经验，小炉在人工及用料两方面，效率远逊于大炉（见表六）。故第二步决定利用汉阳拆迁之200吨炉，稍加改造，在綦江另建250吨化铁炉1座，已于本年一月设立新厂工程处负责进行。

此外，本会与商股经营之建川煤矿公司，距该会仅三十华里，煤质宜于炼焦。该会本年底行将完成之炼焦厂（即第五制造所）将采用之，以充原料，并拟由第五所铺筑铁路至该矿，以利运输。该所初期每日产焦15吨，远不足以供应需要，但技术上如无问题，即可进行扩充。故炼焦厂之设立，亦为解决原料及运输问题有效方法之一。

乙、改善运输，增进产量

綦江水道之彻底改进，需费耗时，均属甚巨。该会为力图功速，且为钢料辟一销场，力主建筑自煤铁两矿至重庆之铁路，业经政府核准。自綦江铁矿、南桐煤矿至三溪之一段，长30公里，由该会自行兴筑，已设煤铁两矿联络铁路工程处负责进行，现正订购枕木，兴筑桥梁，所需钢轨，并将由该会第四所以全部设备轧制。如日夜开工，每日产量按10吨计，据称两个月即可轧制完竣，故预计本年年底可以完成通车。三溪以下至重庆约40公里，由交通部设綦江铁路工程处负责进行，虽不能与该会自行兴筑之一段同时完成，立即衔接，但三溪以下水运无甚问题，故自筑之一段倘若能如期完成，厂外运输问题，即可大为改进。据两矿联络铁路工程处处长李仲强报告，将来铁路直达两矿，不唯比较便捷，运费亦可降至每吨20余元。此事关系该会生产营业綦巨，故本年扩充建设费用8000万元中，铁路工程处经费计1630万元，占20%。

在厂内运输方面，该会亦同时设法改进。本年度计划拟将一、四两码头加以整理，三码头添装机械设备，二码头装配趸船1只，以增强起卸能力，已列经费398万元，约占本年度预算5%。如与綦江水道运输管理处扩充设备费150万元及铁路工程处之经费等并计，则改善运输之费用，约占本年全部扩建经费30%弱。该会对此事之用力，可以概见。

表二　　钢铁厂迁建委员会产品产量统计表
（民国二十九年至三十一年）

月份		每月平均	全年合计	一月	二月	三月	四月	五月	六月	七月	八月	九月	十月	十一月	十二月
生铁（吨）	1940年	270146	2971609					380000	569265	490381	248472	260263	335415	315501	372312
	1941年	270083	4441000	141000		105000	374000	273000	241000	169000	87000	208000	166000	922000	1755000
	1942年	1591919		1904448	1440484	1447470	1577193	1590000							
钢锭（吨）	1940年														
	1941年	9416	113000												57000
	1942年	65866		36000	70311	65047	79857	78113						56000	
铸钢（吨）	1940年														
	1941年	0902		1716		1278		1514							
	1942年														
钢料（吨）	1940年														
	1941年	52783		19000	91000	28712	62110	63092							
	1942年														
铸铁（吨）	1940年														
	1941年														
	1942年	79243		64789	38992	59786	99646	133001							

续表

月份	每月平均	全年合计	一月	二月	三月	四月	五月	六月	七月	八月	九月	十月	十一月	十二月
兵工器材(件) 1940年	5627	67518									36130	19500	20000	1888
1941年	2033	24400	7400			3480	3820	3700	5700	300				
1942年	1078		3558				1830							
锉刀(把) 1940年	475	8100				600	2370				2950	1465	715	
1941年	6230		11007	3865	3932	5316	7032							
耐火材料(吨) 1940年	12124	145491												145491
1941年	128250	1539000	96000	15000	14000	233000	268000	156000		28000	20000	504000	106000	99000
1942年	111062		96000	20402	72984	114487	251435							

表三　　钢铁厂迁建委员会主要设备运用程度表

所别	主要设备名称	数量	最高能力	1942年运用情形	备注
1	1500千瓦交流机	2套	3000千瓦	开用一套最高负荷800千瓦	
1	400千瓦直流机	1套	400千瓦	停止供电	是项设备于1500千瓦大机装竣前开机，大机发电后停用
1	200千瓦直流机	1套	200千瓦	停止供电	是项设备于1500千瓦大机装竣前开机，大机发电后停用
2	大化铁炉	1座	每日100吨	每日约50吨	
2	小化铁炉	1座	每日20吨	在修理中	
3	吨半电炉	1座	每日9吨	本年1—5月每日平均出钢1.94吨	最高能力按每日二十四小时可开炉六次计算
3	10吨平炉	2座	每日60吨	本年7月6日起先开一炉	最高能力按每月出钢三次计算
4	轧钢设备		每日10吨	本年1—5月每日平均轧钢1.75吨	
6	倒焰窑及圆窑	4座	每月共约300吨，每年共约3000吨	本年1—5月每月平均131吨	

说明：第七所设备复杂，最高能力及运用状况不易表示，注略。

表四　钢铁厂迁建委员会大炉小炉出铁每吨用料数量比较表（吨）

月份	20吨炉（1941年）				100吨炉（1942年）			
	焦	铁矿	石灰石	锰矿	焦	铁矿	石灰石	锰矿
1	3.384	2.207	2.222	0.081	1.531	2.078	0.979	0.019
2	2.870				1.442	1.983	0.935	0.019
3	2.490	2.325	1.049	0.049	1.478	1.950	0.037	0.018
4	3.388	2.335	1.118	0.045	1.663	2.316	1.053	0.019
5	3.590	2.906	1.517	0.071	1.673	2.076	1.014	0.018
6	4.796	2.789	1.592	0.104				
7	8.231	2.802	1.946	0.129				
8	4.178	3.222	2.844	0.207				
9	4.903	2.304	1.600	0.096				
10	3.343	3.050	1.817	0.081				
11		2.362	1.318	0.057				
12								

表五　钢铁厂迁建委员会二十吨炉空袭次数及停炉时间之统计

月份	二十九年		三十年	
	次数	停炉时间约计	次数	停炉时间约计
1				
2				
3				
4			1	
5			8	
6	6	22 小时	14	41 小时
7	11	35 小时	13	67 小时
8	14	40 小时	24	109 小时
9	10	30 小时	3	32 小时
10	11	30 小时		
11				
12				
总计	52	157 小时	63	249 小时

表六　六河沟炼铁厂历次开炉期间生铁产量表

次数	起止时期	约计天数	生铁总产量（吨）	每天平均产量（吨）
第 1 次	1922 年 10 月 12 日至 1923 年 10 月 14 日	362	27975	77.27

续表

次数	起止时期	约计天数	生铁总产量（吨）	每天平均产量（吨）
第2次	1923年12月6日至1924年5月9日	177	12232	69.10
第3次	1924年8月15日至1924年11月5日	80	5831	72.87
第4次	1925年6月15日至1926年1月26日	223	17090	74.18
第5次	1926年6月6日至1926年9月4日	90	5541	61.57
第6次	1928年10月11日至1929年6月23日	253	17534	69.30
第7次	1931年10月17日至1932年9月5日	288	23331	81.00
总计或平均		1473	109534	74.36

注：本表材料根据 T. C. Chen, "The Liu Ho Kow Blast Furnace Plant, HanKow", *The Far Eastern Review*, March, 1934, P. 117；又 *A Brief Description of Blast Furnace Plant Liu-Ho-Kou Mining Co. ltd.*, 1934。

表七　　　綦江水道运输管理处运量统计表

月份	1940年	1941年	1942年
1	1247.000	2268.000	5395.500
2	1644.500	1238.422	1166.500

续表

月份	1940 年	1941 年	1942 年
3	4565.500	1872.754	6486.500
4	5705.500	7635.500	6109.000
5	5191.000	6127.792	10596.028
6	4864.500	6137.500	
7	4030.000	8612.500	
8	2993.000	7064.500	
9	3442.500	4956.500	
10	5367.000	2797.000	
11	2692.162	4306.000	
12	2764.655	5938.000	
全年总计	44507.417	58953.968	
每月平均	3708.951	4912.831	5950.706

表八　　钢铁厂迁建委员会由厂外运进物料数量表

月份	1939 年	1940 年	1941 年	1942 年
1		3896.663	7209.066	13152.126
2		3021.962	6577.359	7981.235
3		5596.412	7395.495	9203.733
4	483.923	7180.038	7152.897	12341.210
5	1555.396	7378.601	9551.540	13366.972
6	1838.510	7148.406	10357.217	
7	2932.817	5156.877	7718.729	

续表

月份	1939 年	1940 年	1941 年	1942 年
8	1810.221	3876.818	8410.375	
9	1967.869	4921.291	5014.286	
10	2538.094	2549.140	4893.479	
11	2515.715	6023.996	4384.781	
12	1662.923	6947.873	9525.361	
全年总计	17305.468	63698.077	88194.585	
每月平均	1922.830	5308.173	7349.549	11209.055

表九　綦江铁矿净砂产量表（吨）

月份	1941 年	1942 年
1	1120	1708
2	1183	1865
3	1396	2659
4	1846	2124
5	1561	1750
6	1083	
7	974	
8	997	
9	928	
10	721	
11	835	

续表

月份	1941 年	1942 年
12	1128	
全年统计	13772	
每月平均	1148	2021

"历史研究中的史料整理与利用"笔谈(二)

编者按：本刊上期发表有关近代史史料笔谈两篇，本期刊载张剑的《日记整理中人名字号与人物研究漫谈》和黄道炫的《陆地日记的虚与实》，两篇分别从日记史料的识读、考辨与解读等方面进行了讨论，期于读者有所启发。

日记整理中人名字号与人物研究漫谈

张　剑

日记的起源在中国至少可以追溯至西汉，此后发展缓慢，至宋代才有了较为全面的培育和发展。经过明代，到清代进入全面繁荣的时期。尤其是近代，更是繁荣中的高峰。据笔者不完全统计，道光以降至五四运动之前，至少有1100多位人物留下日记。近十年来，近人日记的整理与出版也出现高潮，超过百种以上的日记陆续刊行面世，引起学界高度关注。不过，日记中人名字号的整理，似乎给很多学人带来不少困难，这里也想以一得之见求教于方家。

作者：张剑，北京大学中文系教授。

其一，人名字号的字形辨析问题。由于诸多日记是以稿本形态存世，书法潦草，不易辨认。诚如论者所言："草书符号的兼代并用，独立成字或与其他笔画结构搭配成字，则会产生大量相似、相近甚至相同的草书字，这便给草书的识别、运用带来了不少的疑难。"① 如须与顷、欣与颀、朗与郎、治与诒、论与临、利与和、笑与唤、连与违、途与逢、思与恩、辛与章、宣与宜、决与诀、列与别、庄与藏、尉与财、马与焉、侯与詹、绿与缘、慰与赋、熙与照、惠与鱼、涂与徐，等等，皆字形相近，容易混淆。特别是人名的草书，顺着上下文的文意猜字的做法往往无法奏效，所以人名的辨析就需要更多的查考方式。

如翁心存日记道光十二年除夕："未初，抵宿州北门外，州牧同年张白也（应云）来迎……出东门，抵馆宿（是日行半站）。张白也复来见。"② 古人在日记中提及人名字号，一般是对初次见面的人物，大字书写字号，其后小字偏书其名讳及其他信息，该人再次出现时就可只书其字号而不注其大名了。因此只要确认其人名字号中的一个，就有可能通过查找《清人室名别称字号索引》《中国近现代人物名号大辞典》《清代人物生卒年表》等相关工具书推定其他用字。在翁氏日记里，由于原稿系草书，"应"字看起来有点像"名"字，但"白也"二字清楚无误，且据惯例可判断为字号，检《清代人物生卒年表》，张应云号白也，故此处"应"字无误。现在数字化技术发展很快，我们也可以使用专业数据库来检索，如"中国历史人物传记资源库""人名权威人物传记资料库"，以及"中国基本古籍库""读秀"

---

① 田幕人：《草书辨似大字典·前言》，春风文艺出版社1996年版。
② 翁心存：《知止斋日记》，稿本，中国国家图书馆藏。今有张剑整理本《翁心存日记》，中华书局2011年版。括号内字在原稿中皆为小字。

等，以便更有效率地解决问题。

如果姓名字号不全，还可通过其他信息来判断。如季芝昌日记道光二十九年四月二十七日："夜雨彻旦，卯刻风雨中行。署嘉兴守张雨樵（行大，印塘，直举）、嘉兴令朱（绪曾，上元举）、嘉兴副将百（胜）迎见。"① 张雨樵的雨樵是字，印塘是名，系张佩纶之父，名与字对得上；朱绪曾的"曾"又像"鲁"字，这个人做过嘉兴县令，上元举人出身，通过检索相关纸质工具书和数据库，知朱绪曾与之信息相符，朱绪鲁则未检得其信息，故此处是"曾"非"鲁"。再如彭瑞毓日记咸丰八年十月初八日："门人卫游庄送王箓友所刊《说文句读》一部。"② "箓友"二字形似"慕文"，检《说文句读》著者为王筠，字贯山，号箓友，清代《说文》四大家之一，则此处是"箓友"无疑。

其二，人名字号的同音字、近音字借代问题。古人对大名较重视，一般不会写错别人的名讳，但字号在私人日常交往中却多有以同音或近音字代替的习惯，且相沿成习。阅读日记、书信、笔记这类文献，这种情况可谓比比皆是，因此不宜将这些同音或近音字视为误字、错字而去妄改。如高均儒字伯平，在莫友芝稿本日记中，除写作"伯平"外，又写作"北平""北坪""伯坪"。③ 丁士源字问槎，在宝熙稿本日记中，除写作"问槎"外，又写作"问楂""文查""文楂""文槎"。④ 还要注意的是，同音与近音有时是按方言，在普通话里则读音差别较大。如江苏常

---

① 季芝昌：《季芝昌日记》，稿本，南京图书馆藏。又收入张剑整理《晚清军机大臣日记五种》，中华书局2019年版。

② 彭瑞毓：《彭瑞毓日记》，稿本，湖北省图书馆藏。

③ 莫友芝：《邵亭日记》，稿本，中国国家图书馆藏、中国台北"国家图书馆"藏、中国社会科学院文学研究所藏。

④ 宝熙：《宝熙日记》，稿本，上海社会科学院历史研究所藏。

熟人杨崇光，字硕甫，又字实甫，原来，在常熟话中，"硕"与"实"同音；江苏武进人丁嘉葆，字诵孙，又字诵生，在江淮一带方言中，"孙"与"生"同音，故有此称。像这些情况，整理时似应保留原字，只需在凡例中加以说明，或在人名索引中以聚类的方式加以解决，容易引起误解之处可适当出注。顺便一提，这种同音字、近音字借代现象，在地名中也很常见，这时则需要注释说明，否则会引起误会。

另外，虽说写错他人尊姓大名并不礼貌，但不排除匆忙间听错的情况，一时误写也就难免。如日记、书信中将陌生人的姓氏"汪"写成"王"，将"程"写成"陈"，可能是听错了。但熟悉的朋友，也有写错的现象。如陈曾寿稿本日记中，就将他的朋友李拔可（李宣龚）写作"力八可"①，不知是否由于熟不拘礼，抑或调侃挚友？这种极特殊之处，宜加注说明。

其三，人名字号的提取和标点问题。对日记中的人名字号进行标点或信息提取时，需要丰富的知识和周密的判断，必须仔细推敲日记上下文才能准确无误。笔者在与易爱华老师合作整理《祥麟日记》②时，因为涉及大量满洲、蒙古和藏族人物及相关知识是音译，颇觉头疼。如"库伦格根差派伯特等前往西藏呈进党舒克，本处发给路票"一句，如果不明白"党舒克"在藏语词面上的意思是"永固存在"，指给活佛或皇帝、大人物献上祝福礼，也许就会把"党舒克"作为人名提取出来。再如"前往伊犁请新那噜班缠胡图克图胡毕勒罕"，如果不明白"胡毕勒罕"在蒙古语中有活佛、灵童的意思，就有可能把"胡毕勒罕"

---

① 陈曾寿：《苍虬阁日记》，稿本，湖北省图书馆藏。今有尧育飞整理本《陈曾寿日记》，凤凰出版社 2023 年版；朱金波整理本《苍虬阁日记》，湖北教育出版社 2023 年版。

② 张剑、易爱华整理：《祥麟日记》，中华书局 2022 年版。

和"那噜班缠胡图克图"当作两个人点开,实际上,这里的"那噜班缠胡图克图"是该活佛(或转世灵童)的称号,二者不能断开。又如"三盟札雅班弟达格根棍布札布及其尚卓特巴遣递哈哒一块"一句如何点断?这里需要弄清楚"札雅班弟达"是活佛称号,"格根"是活佛之意,"棍布札布"是名字,因此应该点作:"三盟札雅班弟达格根·棍布札布及其尚卓特巴遣递哈哒一块。"当初我们整理时,尽管请教了乌云毕力格等知名专家学者,但仍恐有遗漏之处。

有时即使标点汉人姓名字号,一不小心也会致误。如彭瑞毓曾充咸丰五年顺天乡试同考官,该年稿本日记①九月初四日曾记各房中榜情况,其中一段笔者初看时随手点作:

> 此次最少者李静山,其次衍东之、李子和、黄蒨园、卫裴毕、王殷吴,最多者许仁山,得正榜二十八人,次何受山,二十一人……

细看始知其中同考官有全书字或号者,有仅简标其姓氏者,"卫裴毕王殷吴",系指六位同考官:卫荣光(静澜)、裴季芳(石麓)、毕道远(东河)、王景淳(清如)、殷寿彭(述斋)、吴焯(质安)。因此此段文字正确标点为:

> 此次最少者李静山,其次衍东之、李子和、黄蒨园、卫、裴、毕、王、殷、吴,最多者许仁山,得正榜二十八人,次何受山,二十一人……

---

① 彭瑞毓:《彭瑞毓日记》,稿本,湖北省图书馆藏。

再如笔者整理莫友芝日记同治元年四月十九日"萧敬甫穆秀才相访"一句时,由于莫氏该日书写随意,没有按照一般习惯将大字书写字号,小字书写其名,而是皆大字书写(四月十九日前后日记皆遵循小字书写其名之惯例),因此我就误点作"萧敬甫、穆秀才相访"①,其实只要再认真推敲一下,就会检出萧穆字敬甫(敬孚),不致将其断为两人了。如果说此处致误还能找到一点原因,那么笔者在整理绍英稿本日记时,②曾将日本人"服部宇之吉、岩谷"点作"服部宇之、吉岩谷",就纯属自己鲁莽灭裂所致了。

其四,人物的代称问题。编制人名索引或研究日记中的人物时,除了要考虑人物的姓名字号外,还要考虑其官称、地望、排行、简称、隐称、代称等,才能将该人信息一网打尽。日记中常见以"湘乡"指代曾国藩,"南皮"指代张之洞,"合肥"指代李鸿章,这就是以地望代称;也有以"夫己氏"指代自己对其不满又不欲明言之人,此典来自《左传·文公十四年》"齐公子元不顺懿公之为政也,终不曰公,曰夫己氏。"杜预注:"犹言某甲。"宝熙在其日记中对袁世凯除了直呼其名,还有"项城""总理""总统""首座""老袁"等不同称呼,其中"项城"系地望,"总理""总统"系官称,"首座"系代称,"老袁"系简称。对徐世昌的称呼,有"城北协理""城北相国""徐相""徐枢相""徐菊相""徐中堂"等,此皆以官称为主,"城北"则是借用《战国策·邹忌与齐王纳谏》中"吾与城北徐公孰美"一语,"城北"往往成为徐姓人物的代称;称"菊相"是因徐世昌号"菊人",又官协办大学士;称"协理"时系因徐世昌身为

---

① 张剑整理:《莫友芝日记》,凤凰出版社2014年版,第78页。
② 张剑整理:《绍英日记》,中华书局2018年版。

内阁协理大臣，称"枢相"时因徐世昌系大学士兼军机大臣。宝熙称毓善为"毓大"，称尚其亨为"尚九"，称尚其承"尚十"，则是根据各自家族中的兄弟排行。称赵尔巽（号次珊）为"次老"，称陆钟琦（字申甫）为"申老"，称刘若曾（字仲鲁）为"仲老"，则是据其字号而来的简称，这里的"老"与年龄和尊敬程度无关，更多显示的是彼此的密切关系。

宝熙稿本日记还有两则记载值得分析：

> 申正至官报局，见仲鲁、璧臣、梧生，知逊位之诏已下，身若冷水，心如死灰，泪下不已。薄暮归，某公又饬人来请，饭后又徒步前往，纯是消极主见，无能为役，为之长叹。亥正归，甚觉疲乏，寸衷摇摇如无所主，子正始就寝。（宣统三年十二月廿五日）

> 柏君夜来，又与翁小莲信一封，交其速寄。（宣统三年十二月廿七日）

这两天的日记天头各有宝熙眉批。十二月廿五日天头批："某公乃醇王，丁巳十二月注。"十二月廿七日天头批："翁小莲乃后公。"大约亦是丁巳十二月批注。后公指溥侗，字厚斋、后斋，他与醇亲王载沣以及宝熙系皇族亲贵，如果没有宝熙后来在民国六年丁巳（1917）的补注，"某公""翁小莲"这种代称或隐语恐无人能够索解。在王朝鼎革之际，遗民们书写或传递文字信息时使用代称或隐语以防不测，亦是常见做法。如明清易代之际，侯岐曾的日记，因涉及当时抗清人物，就用了诸多代称（化名）：

> 端哥原名完淳，今易名炤。先是瑗公依予虬江陈房，已改姓黄，名志华。时惟恐声迹少露，朝夕密通往来，止裁竹

纸一小幅,缄题必呼"黄老"。予则久号"半生主人"矣。遭变来,道义至交远近略尽。其仅存者,俱改易姓名,如张采为山衣道人,姚宗典为虞文身,杨廷枢为庄复。入海诸贤,姑需后纪。①

其亲家夏允彝化名"黄志华",夏允彝子夏完淳化名"夏炤",张采化名"山衣道人",姚宗典化名"虞文身",杨廷枢化名"庄复",他自己则称"半生主人"。另外,其日记还以"车公"代称陈子龙,以"川马"代称仆人侯驯,以"中道人"代称杨廷枢等。

上述诸种因素之外,日记中有时出于其他目的,也常使用代称。如近代名人林庚白的日记,以"C"代称其苦恋无果的对象张璧,以"B"代称和他有过一段情缘的谢冰莹,以"F"代称谢冰莹的丈夫顾凤城,就是因要避讳情感隐私而使用代称。② 总之,代称现象非常复杂,需要细心考求才能揭出真相。

日记是日常生活的点滴记录,内容所及包罗万象,因时代差异,整理者和研究者知识储备有限,有时难免疏漏。笔者在为高心夔日记编制人名索引时,就将李鸿裔与李武选当做了两个人,没有意识到李鸿裔时任兵部武选司额外司员,这就是对官制和时人称呼习惯了解不透所致。

其五,利用日记研究人物的局限性问题。日记是研究人物交

---

① 侯岐曾:《侯岐曾日记》,稿本,顺治三年正月十三日条,上海图书馆藏。又收入《明清上海稀见文献五种》,人民文学出版社2006年版,第486—487页。
② 林庚白:《林庚白日记》,稿本,上海图书馆藏。另参见张剑《谢冰莹与林庚白的一段情缘》,《中华读书报》2022年11月2日,第7版;《爱是一种文学塑造吗——林庚白与张璧情感分析报告》,《中山大学学报》(社会科学版)2024年第1期。

游和经历的重要史料，但由于地位和目的不一，与人见面，有的在日记里根本不记，仿佛相见之事从未发生；有的则恨不得将每句话都详细记录（如日记中记录带领引见时与皇帝的对话，一问一答，句句详细）。一日之内可能发生很多事情，因每人性情及记录习惯不同，什么事重要，什么事不重要，什么事该记或值得记，什么事不该记或不值得记，彼此差异性很大。今人不能以今天认为哪些问题是"重要"的，看日记中有没有关于这些"重要"问题的记述，进而来评估该日记的价值。日记有其自身特性，也有无法克服的局限性，使用时要保持警惕，不能仅凭一人之日记去判断有无，而是要多人日记对读，并广泛联系其他相关史料，始可望窥其全貌。这种现象，当我们对比两位交往密切人物的同时段日记时，即有鲜明的感觉。兹以莫友芝与萧穆①同期日记为例，会发现莫对萧记得很少，萧对莫则记得甚是详细：

1. 同治五年十月初十日

莫友芝日记：晴暖。走飞阁小憩，瞻新建文庙，就廖养泉茶话，还过陈卓人，少谈。遂过王叶唐晚饭。

萧穆日记：早往见莫思翁，与谈良久回寓。日抄《绛云楼书目》十一页。一日晴。

2. 同治五年十月廿五日

莫友芝日记：晴。

萧穆日记：晏起，补抄阮文，食后亦然。陈虎翁来谈，后去。余补录阮太傅《揅经室续集》等作粗毕，以原书送至书局

---

① 萧穆：《敬孚日记》，稿本，上海图书馆藏。今有蒋明恩、黄晨晨整理本《萧穆日记》，凤凰出版社2024年版。

还刘伯山先生,与坐谈久之乃辞出。后又至莫偲翁处,与谈杂事,向翁索何太史子贞《絜园记》楷书拓本一分。翁入室取付,仲武持赠,又与仲武坐谈,久之回寓。灯下晚食后听海翁决案,时江侍翁来谈,久之乃秉烛去。一日晴。

同治五年十月初十日莫氏所记稍详,但见友数人,其中并无萧穆之名,而据萧穆日记,当天他与莫氏相谈良久始回寓。到了十月廿五日,莫氏索性只以"晴"一字了事,而该日萧穆实与莫氏父子互动甚多。莫友芝生于嘉庆十六年(1811),萧穆生于道光十五年(1835),两人差着辈分,两人相识时,莫已是名满天下的学者,而萧不过是一个年轻的秀才,萧心中把莫看得很重,莫则未必将萧放在心上,故日记中出现不对等的记录情况。

相反,检索赵烈文日记和萧穆日记,两人互记对方次数几乎相埒(赵氏日记有12天记了萧氏,而萧氏同日基本对赵也都有记,唯同治七年九月十六日忘记赵氏),这可能由于赵烈文生于道光十三年(1832),两人年龄相仿之故。因此研究萧穆和莫友芝、赵烈文的关系,宜将几人日记对读始少偏差。

徐世昌日记记事之简甚于莫氏,有时越是大事记录越少,甚或不做记录,必须结合其他史料才能更好地理解其人。徐世昌日记里很少提到绍英,但绍英日记中徐世昌出现的次数却超过百次,而且由于逊清皇室和绍英都对徐寄予厚望,凡涉及徐处,绍英往往记载得较为详细。通过绍英日记及费行简《徐世昌》等其他史料,可以对徐世昌与清皇室的复杂关系有更深入的了解,对此笔者有专文论述,[①] 此处不赘。

---

① 张剑:《日记中的历史:绍英眼中的清末民初》,《中华文史论丛》2018年第3期。

陆地日记的虚与实

黄道炫

1945年底，刚刚随着中共大军来到辽宁本溪的作家陆地偶遇了一位姑娘，他在日记里写道："在县妇联发现一位姑娘，一下子把人给憋住了！人长得那样俏丽，仿佛清晨的早霞，满天灿烂；又好像是含苞待放的栀子花蕾，纯洁清香；看那水灵的秀眼，可是黎明的启明星，充溢着青春的魅力。乍见，胸襟为之净化，情不自禁打心眼里喊一声：人生可真是那样美好呵！"[①]陆地写下的感受是如此美好，令人不由得关心他们的未来，想知道有情人是否终成眷属。

陆地打听到姑娘叫朴明霞，朝鲜族，单身的他写下给朴明霞的第一封信，并很快接到回信。看得出来，双方都有进一步交往的意愿。然而，随着国民党军进兵东北，陆地随单位撤离本溪，此后，两人陆续还有通信，但天各一方，本溪很快成了国民党统治区，路途隔绝，音讯渐无。虽然陆地还在思念着朴明霞，但是也不得不接受现实，另外找到意中人，完成了自己的终身大事。

日记就是这样，陆地写下见到朴明霞时的感受时，他不知道后来会发生什么，发出第一封信后的忐忑，收到信后的狂喜，都是第一时间的真实反应，这些都写入了日记，而音讯断绝后的失

作者：黄道炫，北京大学历史学系教授。
① 《陆地文集》第7卷《日记2》，1945年12月16日条，广西师范大学出版社2018年版，第11—12页。

望、犹豫、徘徊，也是人之常情。这就是日记的价值，日记的即时性，让其有了现场感和未知性。不知道结果的茫然，让即时的写作不会有明确的方向性，这就留下了此时此地最接近当事者原始想法的记录。历史叙述最重视时间，日记提供的就是最新鲜的现场时间，这是口述材料和回忆录无法与之相提并论的。后者虽然也是个体讲述，却不具有时间上的现场性，价值不能不大打折扣。在第一时间这一点上，甚至事后生产的很多历史文献、历史档案，都无法和日记媲美。

实事求是地说，前几年初看陆地日记时，感觉并不太好。当时正关注抗战时期中共的三八干部，拿到日记，首先看的就是1938年这一段。正是这一部分，让我大倒胃口。1938年1月1日的日记写道："今年，战争深入展开，舆论界正在大声疾呼：实行全民抗战！但愿政府当局不会再约束同仇敌忾的民情了吧！看《救亡日报》一篇延安通讯：那里，陕北公学、抗日军政大学和青年训练班，都在敞开大门，随时欢迎'到陕北去'的广大青年啊。那里，传开来的《延安颂》，'抗大'校歌多么雄壮，多么激动人心！只要不甘于做醉生梦死的落伍者，谁不为之得到鼓舞呢！"① 且不说这种看起来倒叙的叙述方式和日记的即时性格格不入，关键是日记里出现了《延安颂》，而《延安颂》的产生时间是1938年夏，1938年1月1日的陆地，无论如何不可能知道《延安颂》。显然，日记出现重大硬伤，肯定事后有所修改，这就不能不让人怀疑日记的可信性。

不过，如果撇开1938—1939年这部分日记，看日记的其他部分，感受却会完全不一样。日记有截然不同的两种风格，1938—1939年的日记，有强烈的文学性、故事性，叙事生动，

---

① 《陆地文集》第6卷《日记1》，1938年1月1日条，第256页。

文字讲究，却硬伤不断，让人敬而远之；其他部分则显得克制、写实、分寸感强，具有高度的可信性。为什么同样一个人的日记，会有这么大的差异，让人好奇。

仔细查阅陆地的书信和履历，可以发现，1985年，他曾专门整理1938年的日记，有意发表或出版。他自己将整理后的作品称为"散文形式的东西"①。这也就是为什么这一年多的日记和其他年份日记存在明显风格差异的原因，这一部分日记经过了散文化的处理，增加了故事性，也根据事后的认知做了文字上的调整，硬伤就是这样造成的。这部分日记于1993年出版，②后来出版《陆地文集》时，这部分经过整理的日记放进了文集中，使得日记风格不一，一定程度影响了读者对整个日记的信任。

陆地日记的阅读经历提醒一个十分重要的问题，由于日记属于私人材料，产生、保存、出版存在诸多不确定性。日记写作时不可避免有个人意愿的掺入，这是历史材料生产的常态，尚在阅读者的意料之中。更不可控的是事后的修改。修改的方式有多种，有人喜欢根据事态发展迅速修改，有人会在一段时间后修改，还有人会在日记公开发表时修改，有的则是出版者的修改。这些修改有些可以被有经验的阅读者发现，有些则很难发现。日记的修改可以说是日记真实性最大的敌人。

不过，对日记的修改也不必过于担忧。没有完美的世界，也没有完美的材料，不完美本身就内在于这个世界。历史材料中，档案资料得到最多人青睐，无疑也是最值得重视的。不过，即便是档案资料，价值也不完全一样。一般而言，会议记录、审判笔录、现场报告，这样的资料由于其即时性和客观性，最为珍贵。

---

① 《致解婷》，《陆地文集》第8卷《书信》，第493页。
② 陆地：《青春独白》，漓江出版社1993年版。

但记录者及整理者在制作材料时很可能已经经历了选择,如此一手的材料,也不能说就没有个人意愿的掺入。至于档案中大量的总结报告,由于是事后的总结,撰写者不可避免会根据形势发展选择性地使用和解读材料,已经不再是第一时间的材料。从这个角度看,很难说档案材料就一定比日记更具现场感。其实,历史材料和历史研究者本身就在不断互动,材料是死的,使用者是活的,使用者如何去面对、鉴别和使用材料,才是问题的关键。

既然日记有主观性,那么研究者大可不必非得把日记作为一种客观化材料,而可以在主观化上做文章。不少日记主人会在日记中吐露自己的喜怒哀乐,研究者可以将多种日记结合使用,从中看到社会心态的流变,这是通常的客观化材料无法提供的。日记是人写的,通过日记进入个体的内心世界,可以说是最方便的途径。正因此,重视观念世界的思想史、文化史、社会心态史,尤其是新文化史,对日记的使用会开放得多。日记更多不是用于讲述事实,而在呈现心态和流变,用这样的态度面对日记,或许争议可以少掉很多。

1943年,时为武汉大学学生,后来成为翻译家的杨静远在日记中写道:"晚上看Pepys的日记,觉得别有滋味,看别人的日记!如果我死后我的日记被别人看了,如何是好!"[①] 一代一代人写着自己的日记,看着别人的日记,并担心着自己的日记被人看,又在这种担心下继续书写自己的日记,人类就是如此生生不息。日记联结了过去和现在两个世界,让我们得以穿梭在不同的人生和世界之中,日记里不仅有历史,更有一个个曾经鲜活的人生。激活这些曾经绚烂的生命,对于历史研究者而言,何尝不是一种莫大的幸运。

[①] 杨静远:《让庐日记》,1943年1月8日条,商务印书馆2015年版,第118页。

《近代史资料》总 152 号

执行主编：邱志红
执行编辑：关　康
编　　辑：卞修跃
　　　　　张淑贤

—*—*—*—*—*—*—*—*—*—*—*—*—*—*—*—

通讯地址：北京市朝阳区国家体育场北路 1 号院
　　　　　中国历史研究院行成楼 328 房间
邮政编码：100101
投稿邮箱：jdszl-jd@ cass. org. cn